本书为2015年度河北省社会科学发展研究课题《晚清外交与中国教育变革》（青年项目，课题编号：2015040602）研究成果

| 多维人文学术研究丛书 |

张荫桓与晚清外交

王莲英 | 著

中国书籍出版社
China Book Press

图书在版编目（CIP）数据

张荫桓与晚清外交/王莲英著. —北京：中国书籍出版社，2020.1
ISBN 978-7-5068-7715-2

Ⅰ.①张… Ⅱ.①王… Ⅲ.①张荫桓（1837-1900）—人物研究 ②外交史—研究—中国—清后期 Ⅳ.①K827=52②D829

中国版本图书馆 CIP 数据核字（2019）第 290897 号

张荫桓与晚清外交

王莲英　著

责任编辑	张　幽　李田燕
责任印制	孙马飞　马　芝
封面设计	中联华文
出版发行	中国书籍出版社
地　　址	北京市丰台区三路居路 97 号（邮编：100073）
电　　话	（010）52257143（总编室）　（010）52257140（发行部）
电子邮箱	eo@chinabp.com.cn
经　　销	全国新华书店
印　　刷	三河市华东印刷有限公司
开　　本	710 毫米×1000 毫米　1/16
字　　数	208 千字
印　　张	16
版　　次	2020 年 1 月第 1 版　2020 年 1 月第 1 次印刷
书　　号	ISBN 978-7-5068-7715-2
定　　价	95.00 元

版权所有　翻印必究

序

王莲英的博士学位论文《张荫桓与晚清外交》经过修改与补充之后，即将出版，她打来电话要我作序。我原本性情疏懒，且很"不世故"，不愿，也无能力为他人作序。但经过考虑，我还是欣然接受了。原因有二：其一，这是凝聚了作者很多心血的第一本著作，作为她的导师，我感到很高兴，又有义务就此问题说上几句；其二，现在很多人都热衷于边缘学科或交叉学科等的研究，而原本应为历史主干的政治史，在许多人眼里则成为食之无肉，弃之可惜的"鸡肋"。王莲英毕业后能够继续坚持晚清政治史的研究，精神可嘉。

1840年的鸦片战争以后，世界上几乎所有的资本主义国家都蜂拥而至，大清王朝闭关锁国的大门被打开，被迫走向了世界。近代中国半殖民地半封建的社会历史条件，决定着清政府的外交使节或外交官员，要肩负起更为沉重的外交使命。在近代中国的外交活动中，人们感受更多且刻骨铭心的，是外交上的屈辱与无奈，一次又一次的丧权与辱国。但是在此期间，也曾涌现出了一些颇具民族抗争精神，讲求外交策略，且有一定外交作为或成就的外交官员，如郭嵩焘、曾纪泽、黄遵宪、薛福成、杨儒等。学界对他们的研究较为充分，成果颇丰，这很好，也很有必要。

王莲英在攻读博士学位期间，经过大量的前期学术调查，发现张荫桓在近代中国的历史舞台上发挥了重要作用，具有独特的政治地位，而且资料相对较为充分，经过和我商量后，确定了《张荫桓与晚清外交》

这一博士论文选题。这一选题从张荫桓早年外交历练、担任驻外公使时期的外交思想与实践、任职总理衙门时期的外交地位这几个大的方面进行阐述，对张荫桓各个时期的外交思想与实践进行深入探讨，客观分析他在近代中国外交中的地位和作用。此外，她还对张荫桓在担任驻外公使期间，成功办理华工案交涉，关注侨民的民生及华侨子女教育等问题进行了考察；对张荫桓在清廷外交礼仪变革方面所作出的贡献等，也有自己的研究与论述。这一切，都有助于对张荫桓的整体认识，有助于晚清外交史与政治史的研究。

与郭嵩焘、曾纪泽、黄遵宪、薛福成、杨儒等人相比，张荫桓不但同样担任过清廷驻外公使，而且在总理衙门任职多年，具有更为丰富的外交阅历，更为宽阔的外交舞台，因此，对于张荫桓与晚清外交这一问题，还有继续开拓研究的余地。即使是张荫桓个人的外交能力、手段、风格与晚清外交的关系等，也可再作深入细致的研究探讨。例如，张荫桓在与外国驻华公使交涉时，往往是词锋健锐，极逞口舌之能，同为总理衙门大臣的廖寿恒称其所言"甚辣"。他在与法国驻华公使施阿兰就觐见地点及呈递国书一事交涉时，竟毫不客气地说："法国派尔来，尔愿尽使者之职，便递国书，尔不愿尽职，听之而已。"甚至在私下讥讽说："如此使才，不值一笑。"由此可见其外交风格之一斑。又如，张荫桓虽非科举正途出身，但却深受光绪皇帝的倚重。光绪帝接见俄国公使时，让其亲上纳陛呈递国书，改变以满语宣谕的仪节一事，不但身为总理衙门首席大臣的庆亲王奕劻事先并不知晓，就是身为军机大臣、光绪帝师傅的翁同龢本人，事先"亦不知"，只有张荫桓事先予闻其事，由此又可见其外交地位及对清廷外交政策的影响。

王莲英性格开朗，乐观向上，但在学业上却一直踏踏实实、刻苦努力，读博期间长期奔走于学校图书馆、第一历史档案馆、国家图书馆以及国家清史编委会资料室之间，尽自己最大可能搜集第一手资料。由于有翔实的史料作为基础，她才有可能对相关问题进行细致分析、考证，从而得出客观公允的结论,体现出严谨的治学态度。走上工作岗位后,王莲英一直没有间断对博士论文的修改工作,不断进行完善。同时,她还在博士论文基础上拓展相关领域的研究,深入挖掘张荫桓外交思想与维新思想的关系。希望她继续努力,不断开拓创新,并祝愿她今后的学术道路越走越宽!

王开玺
于北师大丽泽寓所

目 录
CONTENTS

绪 论 ··· 1
　一、选题缘由 ··· 1
　二、研究概况 ··· 4
　三、主要文献资料 ··· 8
　四、思路与方法 ··· 9

第一章　张荫桓早年的外交历练 ································ 11
　第一节　张荫桓从事外交的促成因素 ···························· 11
　　一、张荫桓生平 ·· 12
　　二、从事外交的促成因素 ······································· 17
　第二节　张荫桓早年的外交历练 ································· 22
　　一、地方官时期外交才能的崭露 ································ 22
　　二、短暂的总理衙门历练 ······································· 30

第二章　张荫桓担任驻外公使时期的外交思想与实践（上） ········ 35
　第一节　维护国家尊严、保护国家权益 ·························· 36
　　一、拒绝入境时索阅国书 ······································· 36

1

二、奏请制定国旗 ………………………………………… 37
　　三、积极参与美国驻华公使的选定 …………………… 40
　第二节　完善领事制度建设 ……………………………… 42
　　一、积极交涉小吕宋设领问题 ………………………… 42
　　二、完善无领事地区的管理 …………………………… 51
　第三节　保护华工权益 …………………………………… 53
　　一、华工出国的背景 …………………………………… 53
　　二、清政府对海外华人态度的转变 …………………… 55
　　三、积极交涉美国排华法案问题 ……………………… 59
　　四、为在美华工各案积极索赔 ………………………… 78
　第四节　关注侨民民生 …………………………………… 88
　　一、关注华侨子女教育 ………………………………… 88
　　二、设立华人医院 ……………………………………… 95
　　三、整顿华人社会 ……………………………………… 98

第三章　张荫桓担任驻外公使时期的外交思想与实践（下） …… 102
　第一节　张荫桓的交谊活动 ……………………………… 102
　　一、积极参加驻在国和外国公使举办的公会活动 …… 102
　　二、举办宴会联络外交界人士 ………………………… 108
　第二节　对西方文明的考察 ……………………………… 113
　　一、对西方政治的认识 ………………………………… 114
　　二、对西方经济的认识 ………………………………… 117
　　三、对西方社会的认识 ………………………………… 120
　　四、对西方文化的认识 ………………………………… 124

第四章　总理衙门里的外交要角 ………………………… 129
　第一节　张荫桓的外交实践及思想 ……………………… 129
　　一、马关谈判被拒 ……………………………………… 130

二、成功保护国家利权的谈判——《中日通商行船条约》谈判 …… 146

三、第三期对日偿款的主持者 …… 167

四、胶澳交涉 …… 183

五、旅大租借谈判 …… 196

第二节 改革清廷接见礼仪——以光绪帝接见德国亨利亲王为例 …… 200

一、礼仪改革的强大后盾——光绪帝 …… 201

二、礼仪改革实践 …… 203

三、礼仪改革遇到的阻力 …… 206

四、礼仪改革的评价 …… 209

第三节 富强思想与实践 …… 211

一、富强实践 …… 211

二、"中体西用"的指导思想 …… 217

结　语 …… 219

附　录 …… 223

参考文献 …… 227

跋 …… 238

后　记 …… 240

绪　论

一、选题缘由

第一次鸦片战争以后，中国开始进入半殖民地半封建化状况，清王朝与外部世界的关系发生了急剧变化，昔日"天朝上国"传统的朝贡体系已日趋完结。① 在西方列强的炮火一次次无情的打击下，清政府不得不重新选择一种新的外交制度。1861年，中国近代意义上正式的外交机构——总理衙门设立，这是我国历史上第一个具有与外国进行直接交涉权的中央外交机构。1877年1月，清政府第一个驻外使馆在英国伦敦创设，郭嵩焘成为中国第一位驻外公使，从此，使节走出国门，中国步履蹒跚地走进国际社会中。

何为外交？"外交，通常是指主权国家通过其官方代表，在遵守国际惯例的基础上，为维护自身的利益，采用约定俗成的和平方式，与其他主权国家或由主权国家组成的国际组织所进行的正式的、官方的交往与沟通，以便有效地处理国家关系、参与国际事务。"② 我们做任何事

---

① 关于中国古代外交制度及朝贡制度的研究，参见黎虎：《汉唐外交制度史》，兰州大学出版社1998年版；李云泉：《朝贡制度史论——中国古代对外关系体制研究》，新华出版社2004年版；等等。
② 金正昆：《外交学》，中国人民大学出版社2004年版，第8页。

情都是有目的性的，外交也不例外，"一般而言，任何一个主权国家的外交的目的，都是力图要在外交活动中维护本国的国家利益，或曰维护本国的主权"①。晚清的外交使臣同样肩负着维护国家主权和利益的使命。

中国的近代外交从总体上说是在屈辱、无奈与抗争中进行的，承载着清政府外交使命的中国官员，无疑肩负了重担。这期间涌现出了大批"待凭口舌卫河山"的外交勇士，如郭嵩焘、曾纪泽、黄遵宪、薛福成、马建忠、黎庶昌、何如璋、伍廷芳等。以上这些人物的外交活动及影响早已引起学术界的关注，并已出现了大批的研究成果，但外交官个体的研究较多集中于以上人物，同样身为外交名臣的张荫桓一直处于被忽视的地位。

张荫桓（1837~1900），号樵野，广东佛山南海县人。张荫桓经历不同寻常，他以一地方官员协助李鸿章办理外交，受到李鸿章器重，后来由外官内调进入总理衙门。在李鸿章的保举下于1886—1889年担任驻美日秘（即美国、西班牙、秘鲁）三国公使，在担任驻外公使期间，他积极办理对美交涉，维护中国利权，保护侨民，广泛开展社交活动，考察西方文明；回国后，他继续任职总理衙门，并由非科甲出身升任户部左侍郎，在甲午之后的对外交涉中，到处能看到他的身影。而这样一位重要官员，戊戌政变后却被发配新疆，义和团运动后被赐死于戍所，他的仕宦经历可谓富有传奇色彩。

张荫桓久未引起学术界的广泛关注，笔者分析有以下几点原因：首先，张荫桓的生平著作重新整理出版的并不多见，目前只见到2004年任青、马忠文整理的《张荫桓日记》；其次，有关他的资料比较分散，办理具体外交事务的奏折分散在各处，不易全面获得。张荫桓最高职务做到户部侍郎，以其名义上的奏折比较少，表面上看材料较少，但通过

---

① 金正昆：《外交学》，中国人民大学出版社2004年版，第11页。

广泛搜集有关资料,笔者发现张荫桓颇具外交才能,在总理衙门发挥了不可忽视的作用。笔者通过考察同时代的历史人物和历史事件,逐渐摸索,找到不少关于张荫桓的重要资料,这是笔者写作的重要基础。

对这一人物的研究目前还比较薄弱,虽然大陆和港台地区均有关于张荫桓的论文发表,但多是生平介绍,或是就具体事件论说述评,对于这一人物与晚清外交的互动关系研究明显不足。以张荫桓为专题的学位论文仅有一篇硕士论文,① 该文对张荫桓的外交思想与实践活动进行了初步阐述,属于对张荫桓外交方面进行的初步研究,限于篇幅及作者对有关资料并未全面搜集,该文未能就张荫桓在晚清外交上的地位等问题进行系统阐述,还有更多可以挖掘之处。

对张荫桓与晚清外交这一问题进行深入细致的研究有着重要的历史意义与现实意义。

近代中国面临"三千年未有之变局",外交也被迫提上日程,"弱国无外交",近代的外交就是在屈辱与抗争中进行的。总体来说,晚清的外交人员承载了比其他官员更多、更重的历史使命,通过对张荫桓各个时期外交思想与实践的分析,能具体展现晚清外交的艰难过程,进而反映当时国际、国内的政治形势,对外交史、政治史的研究也是一种促进。

张荫桓生于"开风气之先"的广东,从小就对洋务感兴趣,后来通过种种机遇,走上了办理外交之路。张荫桓在积极办理外交的同时,能够认识到国际大势,在晚清外交礼仪方面进行了大胆的探索与变更,给近代外交输入了新鲜的血液。这种勇于变革的精神体现了他与众不同的一面,也是我们今天看来相当不容易的一面,不仅在当时有重要意义,对当今的外交,尤其是外交改革也会有一定启发。

---

① 罗红希:《张荫桓的外交思想与实践》,湖南师范大学硕士学位论文,李育民教授指导,2007年。

二、研究概况

对于张荫桓的研究，海外及港台学者早于大陆学者。最早研究张荫桓的是美籍华人历史学家何炳棣，他于1941年发表的《张荫桓事迹》①一文，较全面地论述了张荫桓的一生事迹。20世纪60年代以后，港台地区对张荫桓的研究相对增多，有1965年云海的《张荫桓遣戍经纬》，1969年林斌的《红棉老人张荫桓》，1972年祝秀经的《张荫桓其人其事》，1976年云岗的《张荫桓庇托异国》，1977年高阳的《翁同龢给张荫桓的两封信》，1981年沈云龙的《"绝域使才"张荫桓》，1986年左舜生的《记张荫桓》，以及90年代李恭蔚的《张荫桓的早年生涯（一八三七至一八八五）》，"Chang Yin–huan and the 1898 Reform"，"The Background of Chang Yin–huan's［张荫桓］Diplomatic and Reform Careers"，"Chang Yin–huan and the Boxer Rebellion"等，海外及港台学者的研究更多侧重于对张荫桓生平事迹的介绍。

大陆学者对张荫桓关注得稍晚，较早对张荫桓进行研究的是广东学者王贵忱，他在20世纪80年代就将张荫桓的《戊戌日记》书稿加以标点，分四次发表在《广州师院学报》1987年第3、4期和1988年第1、2期上。后来又发表《张荫桓其人其著》②《〈张荫桓戊戌日记〉后记》③，对张荫桓的生平及一生中的著作进行了介绍，对研究其人提供了重要的参考资料。随后是其他学者对一些与张荫桓相关的重要问题的研究和探讨，侧重对史料的详细研读，对细节问题的研究、考证有所深入，涉及保护华侨、甲午战争、旅大租借、戊戌变法、人物关系等一些具体问题，尤其对于戊戌变法的关注最多。④ 在具体问题的考证、研究

---

① 何炳棣：《张荫桓事迹》，《清华学报》1941年第1期（第13卷）。
② 王贵忱：《张荫桓其人其著》，《学术研究》1993年第6期。
③ 王贵忱：《〈张荫桓戊戌日记〉后记》，《新疆大学学报》1998年第3期。
④ 具体文章见参考文献中的论文部分。

方面，大陆学者比港台学者又前进了一步。如在张荫桓与戊戌变法关系方面，范耀登《张荫桓与戊戌维新》① 一文通过分析张、翁和张、康关系，张荫桓在戊戌维新中的表现，及后来遭受迫害，认为张荫桓不是康党，而是属于洋务派。文章认为对这一人物的研究，为深入研究参与戊戌变法的各派系，尤其是研究洋务派与维新派的微妙关系，提供了一个生动的实例。马忠文《旅大租借交涉中李鸿章、张荫桓的"受贿"问题》② 一文认为，虽然根据俄国方面的资料，清廷官员李鸿章与张荫桓在1898年初的旅大租借交涉中接受过俄国人贿赂的说法在史学界颇有影响，然而从目前已知情况看，俄文资料本身尚存在自相矛盾之处。对照《张荫桓日记》《翁同龢日记》等中文文献，俄国人在借款谈判中试图收买李、张之事大致属实；至于俄国档案称旅大交涉中又对李、张二人进行利诱并付款给他们的说法，与中文文献相悖处甚多，其可靠性值得怀疑。这样的新观点，给人一种耳目一新的感觉。

目前关于张荫桓的专著，笔者只见到一部，即李吉奎所著《晚清名臣张荫桓》（广东人民出版社2005年版），这是一部简要而全面的传记。

在相关专著中，涉及张荫桓外交方面的研究很有限，梁碧莹《艰难的外交——晚清驻美公使群体研究》（天津古籍出版社2004年版）第六章《"绝域使才"——张荫桓》和沈云龙《近代外交人物论评》（台北传记文学出版社1981年版）里面的《"绝域使才"张荫桓》，都对张荫桓进行专章描述，内容均相当于张荫桓的一个小的传记。其他的就是单篇学术论文，对具体外交事件进行研究，笔者对所见到的进行了简单分类：

---

① 范耀登：《张荫桓与戊戌维新》，《汕头大学学报》1992年第4期。
② 马忠文：《旅大租借交涉中李鸿章、张荫桓的"受贿"问题》，《学术界》2003年第2期。

1. 出使美国

李恭蔚的"Chang Yin–huan and Sino–American Relations（1886～1889）"①，旨在评述1886～1889年间，张荫桓在美国的外交表现，认为他在美确已尽其最大努力，并为在美华人争取应得之利益，认为张荫桓的公使经验，对他的世界观有重要改变，并促进其改革思想。文章认为张荫桓与美国官员之谈判，态度不卑不亢，有时则颇为强硬，较其前后任之公使，表现更为出色。李恭蔚的《张荫桓的〈三洲日记〉及其出使美国（一八八六至一八八九）》②，旨在分析张荫桓《三洲日记》之内容及价值，从中可以看出其改革思想的来源，张荫桓在美国的见闻，对其世界观和文化观，产生重要影响，三年余的欧美阅历，逐渐扩大了其眼界，使他日后走上了政治改革的道路。

2. 与甲午战争的关系

戚其章《论张、邵东渡与日本广岛拒使》一文，介绍了日本拒使经过和拒使的目的。李恭蔚的"War and Peace：Chang Yin–huan［张荫桓］and the Sino–Japanese War（1894～1898）"一文，叙述了张荫桓于中日战争议和被拒后协助李鸿章办理中日交涉，认为张荫桓是能接受西方思想的人，其外交政策与李鸿章不同，在第三次借款上功劳最大，由此也拉开李、张二人的距离。文章叙述了张荫桓在旅大、胶州湾租借中的表现，对维特的回忆提出质疑，认为张、李对事件的处理又加大了二人矛盾，英、俄的瓜分是中日战争的恶果，加强了张荫桓改革的信念。范耀登《张荫桓与中日〈通商行船条约〉》一文，肯定张荫桓在与日本

---

① 李恭蔚，"Chang Yin–huan and Sino–American Relations（1886～1889）"，《屏东师院学报》1991年第4期。
② 李恭蔚：《张荫桓的〈三洲日记〉及其出使美国（一八八六至一八八九）》，《初等教育研究》1992年第4期，还可见另一版本，"Chang Yin–huan's（张荫桓）San'chou Jih–chi（三洲日记）and His Diplomatic Experiences in America"，*Chinese Culture Quarterly*，Vol. 34，No. 4，1993.

谈判《通商行船条约》过程中所做的努力。任青、马忠文《张荫桓甲午日记稿本及其价值》一文，分析了张荫桓甲午日记稿本的重要性，认为其中多有涉及朝局内幕及张荫桓参与对日议和的记载，是研究甲午战争史的重要资料。王秀俊《张荫桓、邵友濂赴日求和被拒》一文，从广岛议和前日本之态度、广岛拒使之借口、广岛拒使之反思三方面进行分析，解读当时复杂的中日关系。

3. 护侨

范耀登《张荫桓对早期华侨权益的保护》一文，认为张荫桓在任美日秘公使期间，为抵制排华浪潮，保护华侨华人权益，做过多方努力。梁建《张荫桓与中美限禁华工谈判》一文，分析了张荫桓担任驻美公使期间在中美限禁华工谈判中的努力与无奈处境。

4. 旅大租借问题

苏晨《张荫桓与戊戌英德借款和胶州湾、旅大租借》一文，根据张荫桓的亲笔未刊本《戊戌日记》，澄清他在戊戌年被罗织的两项罪名。马忠文《旅大租借交涉中李鸿章、张荫桓的"受贿"问题》一文，对张荫桓在旅大租借中的受贿问题有新认识，前文已述。

5. 西洋观

日本学者板野正高《清季一个外交家的西洋社会观——张荫桓撰〈三洲日记〉札记》一文，从社交、文化、政治等方面分析《三洲日记》中体现出的张荫桓的西洋社会观。李恭蔚"Chang Yin-huan's [张荫桓] Image of the United States and other Nation"一文，根据《三洲日记》对美国的政治和社会的描述，说明了张荫桓对中西文明的不同进行对比，对美国和其他国家进行基本准确的评价，他认为美国正努力成为世界最强国家，西班牙逐渐衰弱，秘鲁存在许多问题，最严重的是腐败，日本乐于变革，这些评价和观察使他的改革思想逐渐形成。

关于张荫桓的研究越来越引起学术界的关注，尤其是在外交方面的整体研究，也出现了硕士论文，这是对张荫桓外交研究逐渐引起重视的表现。但通过搜集、整理各种史料，笔者发现对张荫桓与晚清外交关系进行互动研究还有很大空间，有待进一步深化。张荫桓因为外交起家，在担任驻外公使期间和之后都与晚清外交有着密切的关系，在晚清外交的政治舞台上发挥了重要作用，是一个不可多得的外交人才。在"弱国无外交"的历史时代，他仍能够纵横捭阖，一定有其独特之处。以往关于外交人物研究多关注驻外公使，如曾纪泽、杨儒等，对同样担任过驻外公使的张荫桓却关注不多；同时，学界对国内官员的外交态度、作用等关注相对更少。张荫桓作为一位在国外和国内一直从事外交活动的人物，他对近代外交有何影响，近代政治斗争与他的外交活动及个人命运之间到底有怎样的关系，值得我们去关注，这正是笔者撰写本书的目的。

三、主要文献资料

任青、马忠文重新点校、整理的《张荫桓日记》包括张荫桓出使美日秘三国时期所记的《三洲日记》、1895年的《甲午日记》、1898年的《戊戌日记》以及发配新疆途中由两位押解官王庆保、曹景郕合写的《驿舍探幽录》，是研究张荫桓与晚清外交、政局关系的极其重要的第一手资料；张荫桓的诗文著作《铁画楼诗钞》《铁画楼诗续钞》《铁画楼骈文》也是他留给后人的珍贵的第一手资料。

《清季外交史料》[①]是清末涉外文件的史料辑录，主要涉及光宣两朝，上承道咸同三朝《筹办夷务始末》，内容主要包括军机处、总理各国事务衙门及外务部档案中有关中外交涉的上谕、奏折、廷寄、照会以及条约、咨文等，是研究清末中外关系的重要资料。《清季外交史料》中包含大量的张荫桓在担任驻外公使和总理衙门大臣时期处理外交的奏折，是研究张荫桓外交观点的重要资料。

[①] 王彦威纂辑，王亮编，王敬立校：《清季外交史料》，书目文献出版社1987年版。

分国家、分时段的史料也相当重要。由广西师范大学出版社2006年12月出版的美国政府解密档案（中国关系）《中美往来照会集（1846~1931）》，是研究中美关系的权威资料，其中中美之间关于昭雪张荫桓的多次照会，为我们研究清政府的外交政策以及张荫桓的命运提供了宝贵资料；青岛市博物馆、第一历史档案馆、青岛市社会科学研究所主编的《德国侵占胶州湾史料选编》，是研究中日、中德关系的重要史料，其中有很多关于张荫桓处理中日、中德关系的档案资料，二者一定程度上可以弥补无法查看第一历史档案馆总理衙门档案的不足；故宫博物院编《清光绪朝中日交涉史料》也是研究中日关系的重要资料。

新中国成立后，由中国史学会主编的《中国近代史资料丛刊》，第一次对近代史资料进行系统整理。《丛刊》中《中法战争》《中日战争》《戊戌变法》含有极其丰富的史料内容。张振鹍主编的《中法战争》和戚其章主编的《中日战争》，对原有的材料进行了充实。这些资料对研究张荫桓在各个时期的活动非常重要。

张荫桓这一人物在晚清政治舞台上相当活跃，与翁同龢、李鸿章、盛宣怀等众多重臣有时有往来，对于这些人物的日记、函札、电报等的查阅、搜集就相当重要了。对于人物的研究，众多的稗史也可以起到很好的借鉴作用。总之，关于张荫桓的细节材料越多，这一人物与晚清外交、政局的关系就能够越清晰。

晚清外交还关系到当时的列强，要弄清楚这一问题，深化我们的认识，仅仅利用清政府遗留下来的档案是不够的，还需要关注有关列强保存下来的相关档案资料。将各种档案相互对照，以期得出客观的结论，这也是本课题以后扩展研究要关注的角度。

四、思路与方法

笔者本着对张荫桓这一外交人物的兴趣，在研读大量材料的基础上，把张荫桓与整个晚清外交的大背景进行有机融合。分析张荫桓在这种"弱国无外交"的大背景下,如何在担任驻外公使与任职总理衙门期间在外交上纵横捭阖,具有怎样的外交思想,并对张荫桓在晚清外交上的贡献与历史地位进行一个比较客观的评价。

笔者在学界已有研究基础上,以辩证唯物主义和历史唯物主义为指导,充分运用可考史料,对前人没有深入研究及尚未论及的问题进行细致考察,详人所略,略人所详,尽力贴近张荫桓所处的时代环境,在历史大背景中进行考察,真实反映晚清外交大背景下张荫桓的外交地位与作用。

第一章

张荫桓早年的外交历练

第一节 张荫桓从事外交的促成因素

"天下惟庸人无咎无誉。举天下人而恶之,斯可谓非常之奸雄矣乎;举天下人而誉之,斯可谓非常之豪杰矣乎!虽然,天下人云者,常人居其千百,而非常人不得其一。以常人而论非常人,乌见其可?故誉满天下,未必不为乡愿;谤满天下,未必不为伟人。"① 这是梁启超用来形容李鸿章的一段话,笔者认为用这段话用来形容张荫桓也非常合适。张荫桓的一生事迹从当时到现在一直争议很大,尤其在外交方面,国内时人称赞他的认为他是"绝域使才",②"饶于胆略,尤善外交",③

---

① 梁启超:《中国四十年来大事记》,《梁启超全集》第一册,北京出版社1999年版,第510页。
② 张祖廉:《户部侍郎张公神道碑铭》,闵尔昌:《碑传集补》卷六,文海出版社1973年版,第401页。
③ 蔡乃煌、吴永:《故光禄大夫、尚书衔户部左侍郎、南海张荫桓事状》,国家图书馆藏:《中华历史人物别传集》第61册,线装书局2003年版,第27页。

"谙外交",①"警敏刚决,有冠世之才",②"生平作事不拘绳尺,且以流外官致身卿贰,辇下诸贵人尤疾之,以故毁多于誉,然幹局实远出诸公上"。③ 然而诟病多于褒奖,时有奏章对他进行弹劾。国内时人对于张荫桓的外交评价,带有明显的政治或个人倾向,即亲者赞,疏者弹,因此并不客观。到底应该如何客观地评价他与晚清外交的关系,这就首先需要了解一下他的生平。

一、张荫桓生平

张荫桓（1837～1900）,字皓峦,号樵野、④ 芋庵、⑤ 百石斋主人、⑥ 红棉老人。⑦ 广东南海县人。先世自新会小范里徙居佛山镇,

---

① 赵尔巽等撰:《清史稿》,第四一册,卷四四二,中华书局1977年版,第12437页。
② 中国史学会主编:《戊戌变法》,第四册,上海人民出版社、上海书店出版社2000年版,第320页。
③ 李岳瑞:《春冰室野乘》,沈云龙主编:《近代中国史料丛刊》第六辑,60号,文海出版社1967年版,第259~260页。
④ 《故光禄大夫、尚书衔户部左侍郎、南海张荫桓事状》和《清画家诗史》中均说张荫桓"字皓峦,号樵野",见国家图书馆藏:《中华历史人物别传集》第61册,线装书局2003年版,第25页；李浚之编:《清画家诗史》,中国书店1990年版,第441页。《户部侍郎张公神道碑铭》只提到"张公樵野",没有明确是字是号,见张祖廉:《户部侍郎张公神道碑铭》,闵尔昌:《碑传集补》卷六,文海出版社1973年版,第398页。《南海县志》和《清史稿》中记载是"字樵野",对"皓峦"没有提及,见《南海县志》卷一六,《中国地方志丛书》第181号,第六册,成文出版社有限公司印行1974年版,第1588页；赵尔巽等撰:《清史稿》,第四一册,卷四四二,中华书局1977年版,第12435页。根据笔者分析,《事状》类资料主要由家里人提供,内容丰富而且可靠性更强,因此这里取"字皓峦、号樵野"之说。
⑤ 此号起自张荫桓出使归来之后,在他给盛宣怀的手札中有所提及,"兄自号芋庵以后,赐书呼此可耳"。见王尔敏、陈善伟:《近代名人手札真迹》,香港中文大学出版社1987年版,第122页。此后,在书信往来方面,经常能见到复信者称呼张荫桓的这个号,在《松禅老人尺牍墨迹》亦多见用此号。
⑥ 张荫桓毕生喜欢"虞山派"创始人王翚（字石谷）的书画,以收集到百幅为傲,故自称百石斋主人。
⑦ 李伯元:《南亭笔记》,卷一五,上海古籍书店1983年版,第3页。

所以籍隶南海。现有史料中对于张氏家族有所描述的很少，但从牟伯融的一篇叙事长诗《红棉叹》①中可以略知一二。此诗描述张荫桓"世居佛山清河商"，说明他的先世为商人，并且曾经拥有"中人之产"，后来家道中落。张祖廉为张荫桓撰写的《户部侍郎张公神道碑铭》中称他"幼而奇特，博究书传，锲意于学，无所不窥，性故通侻"。②《故光禄大夫、尚书衔户部左侍郎、南海张公事状》对他少年时代的描述更加精彩，"少负奇禀，倜傥有大志，博涉经史，聪敏过人。下笔数千言立就，每一篇出，虽当世耆宿皆击节叹诧以为弗及"。③《红棉叹》中描写他"四库五车悉贯串，欧风美化总精该"。通过这些记载，可以看到张荫桓在少年时代就博学多才，尤其对外情有所留意。张荫桓早年曾参加科举考试，但没有被取中，于是放弃科举一途，留心洋务。同治三年（1864年），他纳捐为知县，④分发到山东候补，先后受到山东巡抚阎敬铭和继任者丁宝桢的器重，得到重用。同治八年（1869年），张荫桓被派到湖北为候补道并加按察使衔。同治十三年（1874年）署山东登莱青道，两年后协助李鸿章在烟台处理马嘉理案。光绪七年（1881年）升为山东盐运使，不久简授安徽徽宁池太广道。在担任地方大员的幕僚及成为地方官吏之后，张荫桓积累了丰富的经验，包括文书处理、马队训练、河工建设、海防建设以及海关行政等多方面的内容，尤其在担任各关道的时期，更

---

① 汪辟疆：《光宣以来诗坛旁记》，辽宁教育出版社1998年版，第12～15页。
② 张祖廉：《户部侍郎张公神道碑铭》，闵尔昌：《碑传集补》卷六，文海出版社1973年版，第398页。
③ 蔡乃煌、吴永：《故光禄大夫、尚书衔户部左侍郎、南海张荫桓事状》，国家图书馆藏：《中华历史人物别传集》第61册，线装书局2003年版，第25页。
④ 捐纳制度，是清朝的一项弊政，但通过捐纳做官取得良好政绩的人也为数不少，捐纳制度为他们施展个人才能搭建了平台，代表人物有张荫桓、薛福成、郑观应、黄遵宪、丁日昌、杨深秀等。关于晚清捐纳制度利弊的研究，参见尹航：《晚清捐纳制度研究》，吉林大学硕士论文，李书源教授指导，2005年。

锻炼了他的才能。晚清各通商口岸设有关道，关道的主要任务是处理地方上涉及洋务及海防的事务。当时的"洋务"范围相当广泛，凡通商、外交、企业等，都属于洋务范围。遇有对外交涉事件，各关道与外国领事互相协商。由于不断与外国人打交道，张荫桓积累了大量的外交经验，这为他后来在外交方面崭露头角奠定了坚实的基础。光绪十年（1884年），清政府发生"甲申易枢"，阎敬铭进入枢府，同年张荫桓奉诏入京，以"奏对称旨"被赏三品卿衔，在总理衙门学习行走。在此之前，张荫桓的仕途一直都比较顺畅，但因非正途出身，他在总理衙门遭到同列所忌，被参劾而退出总理衙门。光绪十年九月十一日（1884年10月29日），张荫桓被降为直隶大顺广道，虽为降职，但依然在李鸿章身边。在李鸿章的保举下，光绪十二年至十五年（1886～1889年），张荫桓出任驻美国、日斯巴尼亚（当时的音译，即西班牙）、秘鲁三国公使，主要负责办理华工案。在半年时间内，他先后被补授太常寺少卿、通政使司副使、太仆寺卿。出使任满回国后，张荫桓继续在总理衙门任职，并不断升职，归国第二年即被授以大理寺卿。光绪十七年（1892年）十二月，张荫桓任都察院左副都御史兼署礼部右侍郎，十八年（1892年）五月，任户部右侍郎兼管钱法堂事务，仍兼署礼部右侍郎，六月转户部左侍郎兼管三库事务，仍兼署礼部。张荫桓身兼财政与外交重任，发挥着越来越重要的作用，在历次的对外交涉中，几乎都能看到他的身影。由于积极支持维新，戊戌政变之后张荫桓被逮捕并被流放到新疆。庚子义和团运动兴

第一章 张荫桓早年的外交历练

起之时，被下诏"正法"于戍所，① 享年六十四岁。1901年12月29

---

① 据蔡乃煌、吴永所撰《故光禄大夫、尚书衔户部左侍郎、南海张荫桓事状》记载，张荫桓被行刑于戍所的时间是光绪二十六年七月初六日（1900年7月31日）。关于张荫桓死日，有多种记载，经魏长洪、李晓琴考证，亦认为是七月初六日（《张荫桓述评》，《新疆大学学报》1998年第1期）。又，张荫桓之死，到底是谁下令，被谁所杀，有四种不同说法。(1) 慈禧下诏斩杀说。光绪二十六年六月，有明降谕旨，"谕军机大臣等，已革户部侍郎张荫桓，著即行正法。将此由六百里加紧谕令饶应祺知之"。（《德宗景皇帝实录》（七），卷四六五，《清实录》第五八册，中华书局1987年版，第87页）这是比较传统的说法，是见诸《清实录》的官方说法。(2) 载漪矫诏说。"庚子端王载漪窃政，矫诏戮之，孝钦后不知也。回銮时惠潮嘉道吴永召见，后询及荫桓，吴永以庚子某月电旨正法对，后为之怃然。"（中国史学会主编：《戊戌变法》，第四册，上海人民出版社、上海书店出版社2000年版，第320页）近人牟伯融的《红棉叹》中也说道："因果循环庚子年，灭洋扶清义和拳。举贤陶侃原忧国，[新疆巡抚秀水陶勤素公模。（按，引文中说庚子年新疆巡抚陶模为张荫桓"乞赦"，不管陶模有没有为张荫桓"乞赦"过，他的职务"新疆巡抚"的说法是不正确的。庚子年即光绪二十六年，而据钱实甫所编《清代职官年表》第二册，中华书局1987年版，陶模任新疆巡抚的时间是光绪十七年至二十一年十月，显然不在这个时间段。这段时期担任新疆巡抚一职的是饶应祺，饶应祺为光绪二十一年十月署理新疆巡抚，二十二年十月实授，二十八年九月改安徽巡抚。庚子年即光绪二十六年的陶模担任的是陕甘总督，陶模自光绪二十一年十月署理陕甘总督，二十二年实授，二十五年十月奉诏入京，二十六年闰八月改湖广总督。如果陶模果真曾在庚子年为张荫桓"乞赦"过，就应该是在任陕甘总督期间。）] 乞赦逐臣弥岬端。拜疏开尊为君贺，老樵失色酒杯堕。此何世界吾何归，公欲福我反招祸。端徐跋扈战云淘，得疏惊疑气转凶。几失充军二毛子，爱书矫诏害孤忠。"（汪辟疆：《光宣以来诗坛旁记》，辽宁教育出版社1998年版，第14页）这里认为是陶模出于忧国，上奏为张荫桓乞赦以消弭祸乱，反倒害了张荫桓。最后两句说明是载漪矫诏杀害张荫桓。(3) 慈禧一派所遣派的刺客所杀说。"张数年流谪，不变地被幽闭在彼地，然于明治三十三年，当人所共知的团匪事件的时候，他为太后一派所遣派的刺客，乘乱杀死。"（中国史学会主编：《戊戌变法》，第三册，上海人民出版社、上海书店出版社2000年版，第578页）(4) 被义和团所杀说。此说法来自李提摩太（R. Timothy），"我的老朋友张荫桓，他曾任驻美公使及英国女皇维多利亚即位六十年纪念中国特使，因此可以减轻他的惩罚命运，被放逐到喀什葛尔，于一九〇〇年在那里被义和团领导者下令处死"。（中国史学会主编：《戊戌变法》，第三册，上海人民出版社、上海书店出版社2000年版，第567页）笔者比较认可第一种说法，是慈禧下诏斩杀张荫桓，为了充分说明，有必要分析第二种说法。对于第二种说法，笔者认为载漪等人没有矫诏的胆量，也没有矫诏的必要，因为他们完全有能力用煽惑的办法达到让慈禧下诏诛杀张荫桓的目的。载漪等人在慈禧下诏的过程中应该起到了非常重要的作用。光绪二十六年五月二十五日（1900年6月21日），在载漪、徐桐等的煽惑下，清政府招抚义和团，利用他们的反帝热情对外宣战，七月间，已有多位大员因为反对围攻外国使馆和对外开战遭到诛杀。此时，以载漪、徐桐等人长期仇视与洋人有交往的外交人员的态度，极有可能是此一班人怂恿慈禧发出"杀张"谕旨以泄愤的，尤其是徐桐，他早在戊戌年间的闰三月二十七日（1898年5月17日）就曾上《特参户部侍郎张荫桓奸贪误国事》一折，要求"将张荫桓立予严谴，禁锢终身，勿贻后肘腋之患"。（中国第一历史档案馆，档案号：03-5359-082，录副奏折，《徐桐奏为特参户部侍郎张荫桓奸贪误国事》，光绪二十四年闰三月二十七日）从慈禧角度来看，因为张荫桓以外交起家，与洋人联系非常多，又因戊戌维新与康有为联系密切被抓，新仇旧恨纠结在一起，使得已经对八国宣战的慈禧在载漪等人的鼓噪下下了诛杀令，以求稳固地位。可以说，张荫桓因维新被捕，因外交被杀。第三种和第四种说法都是外国人所听信的传言，并没有可靠依据。

15

日，在英、美驻华公使的数次请求之下，罪名得以昭雪，被开复原官。① 张荫桓是一个颇有争议的人物，时人和今人对他均有褒有贬，这也从不同侧面反映出这个人物的特点，说明他是一个非常值得研究的人物。

---

① 张荫桓死后昭雪是在英美干预下实现的。光绪二十七年五月十六日（1901年7月1日），美国驻华公使柔克义（W. W. Rockhill）照会庆亲王奕劻和李鸿章，请求开除张荫桓罪名，赏还原衔，"上年六七月间中国诛戮各大员时，曾将从前发遣新疆大员张荫桓亦经诛戮，追忆一千八百八十五至八十九年间，张大臣奉使本国时尽心尽力，使两国邦交日愈加厚，无论公私各事无不使人心悦佩服。计由本国回华迄其受刑时虽已十一载，本国华盛顿人民闻其被戮犹无不均为悼惜，本国国家亦以心契之友今已云亡，中国如此宣力之臣竟弃市，深为悲惘，此等宣力大员不得善终，本国大伯理玺天德深以为贵国大皇帝猝然刑一多年出力之大员另有确据，不过系因彼时地方变乱摇动之所致，嗣后必将推公允予昭雪，是以嘱本大臣转请贵王大臣据情入奏，请将张荫桓一切罪名开除，赏还原衔，追予谥典，诚能允如所请，本国国家与人民更以贵国素敦睦谊，向于交涉一切悉秉至公系为格外有据也。"（《中美往来照会集（1846~1931）》，第9册，广西师范大学出版社2006年版，第224页）五月十七日（7月2日），英国公使萨道义（E. M. satow）也照会总理衙门："前总理衙门大臣张荫桓曾经发往新疆交官管束，上年六月间在新疆地方被害，张大臣前因我大君主临御六十年庆典，由中国朝廷特派往贺，经英廷颁给殊荣宝星，是以深为本国朝廷所赏识，又为本国前欧宝两大臣所佩服，况当发遣新疆时人皆以为非其罪也，均望日后开复录用；且该员在配已经两载，秽戾厥祭，乃当肇乱之时竟遭杀害，凡属英国旧识无不惨悼不已，本大臣查此情形，谅中国大皇帝必不能不以义理优待老臣，应请贵王大臣秦明请旨将前已革户部左侍郎张荫桓开复原官，以昭雪而见大公。若皇上恩建泉台，则我英廷士民莫不心悦诚服矣。"（《李鸿章全集》，第16册，奏议十六，安徽出版集团、安徽教育出版社2008年版，第324页）总理衙门对于美、英两国的照会并没有重视，李鸿章于一个多月后的六月二十三日（8月7日）才上《追复张荫桓原官折》，向慈禧太后禀报情况，其中交代了美、英两国公使照会的大致内容，他认为美、英两国为张荫桓请求昭雪是因为"张荫桓前曾出使英、美两国，与彼人士颇能联络，是以英、美政府令其使臣代为呼吁"，为了既要给美、英两国面子，又要给清政府找个合适的台阶下，李鸿章给清政府出主意，从发遣上谕上做文章，"溯查张荫桓发遣时所奉上谕，并无不可赦宥之罪，谨将英、美使照会录呈御览，可否格外施恩，将张荫桓开复原官，以敦英、美两国邦交"。（《李鸿章全集》，第16册，奏议十六，安徽出版集团、安徽教育出版社2008年版，第323页）李鸿章请求清廷鉴于美、英两国的意见，从维护邦交角度考虑，开复张荫桓原官。但此折上后，久久不见消息。七月十四日（8月27日），柔克义再次照会总理衙门进行催问。"本年西七月初一日，本大臣曾照会贵王大臣，以美国政府甚欲昭雪前驻美之中国钦差张荫桓一切罪名，赏还原衔等因，迄今未准见复。兹再言及于此，系因本国国家以此事为紧要，如贵王大臣愿为打电入奏，本国国家甚为心感。兹甚盼不日有好音见复"。（《中美往来照会集（1846~1931）》，第9册，广西师范大学出版社2006年版，第327~328页）针对美国的追问，第二天，奕劻、李鸿章回复说"此事业经本王大臣具折据情陈奏，批旨再行备文知照可也"，（《中美往来照会集（1846~1931）》，第9册，广西师范大学出版社2006年版，第329页）即前面提到的李鸿章的奏折。到了十月十二日（11月22日），清政府还是没有发出消息，美国驻华公使已经换成了康格（E. H. Conger），他再次照会外清政府外务部那桐、联芳："现已经三月，尚无音信显明中国政府有意秉公宽允此忠贤之臣，是以本国政府特嘱本大臣再致贵部大臣照会请转为入奏"。（《中美往来照会集（1846~1931）》，第9册，广西师范大学出版社2006年版，第384页）就这样，在美国多次照会的情况下，清政府于一个多月后的十一月十九日（12月29日）发布上谕，为张荫桓平反，"据奕劻等奏，英美两使臣，请将张荫桓处分开复等语，已故户部左侍郎张荫桓，著加恩开复原官，以敦睦谊"。（《德宗景皇帝实录（七）》，卷四九〇，《清实录》，第五八册，中华书局1987年版，第474页）并于十一月二十三日（1902年1月2日）照会康格进行说明。十一月二十七日（1月6日），康格照会清政府外务部，"西正月初二日，接准贵王大臣照会内称钦奉电旨前出使美国大臣张荫桓开复原官，并阅悉电旨内谕明系因英美两国使臣所请，是以加恩开复等因。本大臣兹已按电旨之意转达本国政府，并先达知贵王大臣。本国政府阅悉之余，必定以得有此旨深为欣悦"。（《中美往来照会集（1846~1931）》，第9册，广西师范大学出版社2006年版，第396页）最终，张荫桓平反昭雪一事真正得以实现。显然，清政府对于张荫桓的平反昭雪，完全是在外力的压力之下进行的。从接到美、英照会到下旨开复，用了整整半年的时间，而且中间经过美国公使的多次催促才给以回信，采取的是一种消极的态度。张荫桓的昭雪上谕中对于美国所要求的"追予谥典"根本没有提及，仅仅是"开复原官"，而且上谕中明确指出此次为张荫桓开复原官的目的是"以敦睦谊"，露骨地说明只是为了满足美、英公使的愿望和请求，给他们面子，难怪有人说："此种词令，著于谕旨，国家体面何在？"（徐凌霄、徐一士著：《凌霄一士随笔》（一），山西古籍出版社1997年版，第337页）进一步反映了中国近代外交的可悲局面。

二、从事外交的促成因素

张荫桓从一个非正途出身的小吏发展成了总理衙门的外交能员,这种现象的出现有其客观的时代背景,包含有时代因素、地域因素、当时的经世思潮影响、清政府对外交人才的急需以及张荫桓的个人才华等,这些因素综合起来,使得张荫桓外交才能得以展现。

(一) 时代因素

十七八世纪的欧洲发生了一系列重大变化:英国资产阶级革命、产业革命、美国独立、法国大革命等,资本主义取得了迅速发展。而中国虽然在 14 世纪就产生了资本主义萌芽,但是庞大的中央集权制帝国是独立的,在很大程度上同世界其他国家和地区没有太多联系。当外部世界发生翻天覆地的变化之时,中国还沉浸在自给自足的缓慢发展之中。到了 19 世纪中叶,随着西方资本主义迅猛发展,迫切需要打开国外市场,于是列强就把目光集中到了人口众多、地域广阔的中国。而此时的中国江河日下、吏治腐败、营务废弛、社会矛盾尖锐,清王朝正面临着统治危机,对于外国的野蛮侵略只能屈从。从此,中国开始了半殖民地半封建的进程。

张荫桓生于道光十七年(1837 年),正值鸦片战争前夕,从他刚一懂事,中国就开始了半殖民地半封建化的进程。自儿时起,他接触到的就是关于中国被动挨打的信息。1843 年 7 月 22 日,《南京条约》签订,中国割地赔款、开放五口;1843 年 10 月 8 日,《虎门条约》签订;1844 年 7 月 3 日,中美《望厦条约》签订;1844 年 10 月 24 日,中法《黄埔条约》签订;1845 年英国强迫与上海苏松太道签订《上海租地章程》,首开强占"租界"之先;等等。这种负面信息的接踵而来,使张荫桓从小就对了解外情产生了浓厚的兴趣。

"非常之世,必有非常之人走着非常之路,以达到个人的欲望和目的，并对社会发展起着新的促进作用。"① 张荫桓就在这种历史大背景之下，走到了清廷的政治舞台，发挥了自己的才能。

（二）地域因素

广东地处东南沿海，早在1757年，清政府就指定广州为中国唯一的对外贸易口岸。在这个华洋交汇之地，由于长期的耳濡目染，人们见多识广，熟悉外情，对于外来文化能够有一种兼容并包的思想。生活在开风气之先的对外贸易口岸，广东人既不排拒外来文化，也不盲目崇拜，与深处内地的国人不同，他们具有明显的开化思想，而且能够不断接受新事物，懂得如何与洋人打交道。

张荫桓从小就生活在这个开放的世界中，对于外情的熟悉已经是很自然的了。因此，山东巡抚丁宝桢在保荐张荫桓的奏折中说，其人"籍隶广东，生长海隅，熟悉洋务，而于炮台、机器各事，在粤时常与西人讲求，闻见极多"。② 显然，生长在广东，熟悉洋务，成为张荫桓能够晋升并参与外交事务的先天优势。

地域因素在清政府选拔熟悉外情人才条件中的重要性不容忽视，比如在选任驻外公使时，清政府就把注意力集中在广东沿海地区，"时谓粤人通洋务，故使臣多粤籍"。③ 后来张荫桓能够担任驻美国、西班牙、秘鲁三国公使，除了李鸿章的保荐及他本身的才能外，"籍隶广东"应该也是一个重要因素。

（三）当时经世思潮的影响

鸦片战争前后，"激荡于社会之中且能代表时代发展方向的思想潮流是经世致用思潮"。④ 经世致用强调学以致用，关心现实，参与现实。

---

① 夏东元：《盛宣怀传》，四川人民出版社1988年版，第1页。
② 丁宝桢：《调张荫桓、文天骏片》，《丁文诚公奏稿》卷一一，《丁文诚公遗集》，光绪十九年（1893年）京师刻本，第20页。
③ 沃丘仲子著：《近现代名人小传》，上册，北京图书馆出版社2003年版，第124页。
④ 黎仁凯：《近代中国社会思潮》，河南人民出版社1996年版，第1页。

统治阶级上层的一部分官员和中下层官僚或普通士大夫中具有忧患意识的先进代表，在日趋严重的社会危机和民族危机面前，以积极的入世精神和参政意识以及强烈的社会责任感提倡经世致用之学，主张研究社会现实问题并致力于改革社会。他们著书立说，以其言论、文章倡导经世实学。统治阶级上层的经世派代表人物有陶澍、林则徐、徐继畬等；中下层官僚或普通士大夫中的经世派代表人物有龚自珍、魏源、包世臣、姚莹等。这些人在中西文化第一次大冲突、大碰撞之后，开始睁眼看世界，发出了"师夷长技以制夷"的呐喊。以此为开端，揭开了千年古国学习西方的历史。

张荫桓生活在这样的时代中，自幼勤奋好学，"博究书传，锲意于学，无所不窥"。少年时代的张荫桓"于中外大势，经远应变之方，熟考详稽，尤能得其要领，视彼章句俗学则弃若土苴，夷然不屑"。① 他对外情非常感兴趣，关注"经远""应变"的方略，是典型的具有经世致用思想的一种体现，说明他当时受经世致用思想的影响很大。正是在这种理念的指导之下，"少应童试不遇，年仅弱冠即弃科举"，② 并未继续执着于钻研八股文。

除了当时的时代背景外，还要注意一点，广东是开风气之先的地方，早在嘉庆年间，身为两广总督的阮元为了开广东学界新风，培养经世实学的人才，开办新式书院学海堂，此后广东学风为之大改。这种新式书院的办学宗旨是培养"经世之具"的人才，此后广东一直沿袭这种传统。在这种风气的影响下，生长在广东的张荫桓虽然没有最终取得功名，但对于经世思想的接受和学习能力自然也会很强。他对于阮元的政绩、经世思想的传播一直非常推崇，在任驻外公使时还有所回忆：

---

① 蔡乃煌、吴永：《故光禄大夫、尚书衔户部左侍郎、南海张荫桓事状》，国家图书馆藏：《中华历史人物别传集》第61册，线装书局2003年版，第25页。
② 《南海县志》卷一六，《中国地方志丛书》第181号，第六册，成文出版社有限公司印行1974年版，第1588页。

"阮文达督粤时，弛洋米入口之禁，乡人赖之，又建学海堂，课士经术词章，咸有成就，遗泽恐长。"① 张荫桓对经世思想的秉承可以说是阮元的"遗泽"之一。

沈云龙这样评价张荫桓："尽管荫桓并非科第出身，但诗文书画，无不擅长，才具开展，而无头巾习气，又生长海隅，曾与西人讲求泰西政情及炮台机器的技能，如此深邃于国学而又能了解列国大势和西方格致之学，在当时确是一位学兼中西能开风气之先的崭新人物。"②

（四）清政府对外交人才的急需

在当时的历史背景下，清政府急需外交人才，但外交人才的培养是一个相当漫长的过程，只能从现有人才中进行选拔或由熟悉外情的大臣推荐通洋务的能员。当时京城中用八个字来形容官场中最容易晋身的四种人，即"帝师王佐，鬼使神差"。③ "帝师"指为幼帝授读的师傅；"王佐"指当红的恭、醇两邸（恭亲王奕䜣、醇亲王奕譞）的亲信；"鬼使"指总理衙门行走或驻外使臣；"神差"指神机营的差使。在这四种身份中，除"鬼使"外，其他三种身份在当时社会均为地位显赫、风光体面的差使。"鬼使"这一称谓，源于当时顽固派对洋务派的攻击，完全属于贬义。尽管成为"鬼使"很容易进身，但这一职务仍然让科举正途出身的人退避三舍，因为在夷夏之防的氛围之下，他们不屑于谈洋务，认为与外国人打交道更是让世人鄙视，因此无人愿意担任使职。从科举正途出身的官员中选拔外交人才遇到了困难，洋务大员又将目光转移到了非科举出身但又熟悉外情的人身上。李鸿章认为，"科目人才虽辈出，不尽娴习于折冲，出使东西洋各国，关系綦重，情形迥

---

① 任青、马忠文整理：《张荫桓日记》，世纪出版集团、上海书店出版社 2004 年版，第 329~330 页。
② 沈云龙：《近代外交人物论评》，台北传记文学出版社 1981 年版，第 68 页。
③ 陈康祺撰，晋石点校：《郎潜纪闻初笔二笔三笔》（下），中华书局 1984 年版，第 485 页。

异，所有主客强弱之形势，刚柔操纵之机宜，必须历练稍深，权衡得当，庶足以维国体而固邦交，不必专于文学科目中求之，致有偏而不举之患"。① 于是，清廷将外交人才的选拔范围扩大，非科举出身而又通晓洋务者就有了施展才华的机会。对于急着进身的非科甲人员来说，成为"鬼使"也是个人发展的好机会。

（五）自身的才华

张荫桓本人能诗善画，具有很高的文学和艺术才华。时人对于他在文学素养方面的赞许是非常一致的。"博涉书史，能文章"；② "博涉经史，聪敏过人"；③ "颇负文誉，山水超逸"；④ "才气恢张，文词赡丽"；"所制沈博绝丽，翰詹中鲜其媲"；⑤ "吐属风雅，亚于词林，临事明敏"；⑥ "骈散文诗皆能卓然成家，余力作画亦超逸绝尘，真奇材也"。⑦ 正是凭借自己的才华及时势的需要，张荫桓最终得到了崭露头角的机会。两朝帝师翁同龢对张荫桓在文学方面的才能大加赞赏，他曾在光绪二十三年十二月十六日（1898年1月8日）的日记中这样赞叹道："观樵野和樊云门诗四首，真绝才也。"⑧ 这可以说是对张荫桓文学才华的最高褒奖。

---

① 杜保祺：《健庐随笔》，《民国笔记小说大观》第一辑，山西古籍出版社1995年版，第197页。
② 《南海县志》卷一六，《中国地方志丛书》第181号，第六册，成文出版社有限公司印行1974年版，第1588页。
③ 蔡乃煌、吴永：《故光禄大夫、尚书衔户部左侍郎、南海张荫桓事状》，国家图书馆藏：《中华历史人物别传集》第61册，线装书局2003年版，第25页。
④ 李浚之编：《清画家诗史》，壬上，中国书店1990年版，第25~26页。
⑤ 沃丘仲子著：《近现代名人小传》，上册，北京图书馆出版社2003年版，第124页。
⑥ 刘体仁著，张国宁点校：《异辞录》，山西古籍出版社1996年版，第167页。
⑦ 李岳瑞：《春冰室野乘》，沈云龙主编：《近代中国史料丛刊》第六辑，60号，文海出版社1967年版，第259页。
⑧ 翁同龢著，陈义杰整理：《翁同龢日记》，第六册，中华书局1998年版，第3079页。

第二节　张荫桓早年的外交历练

在时代的机遇之下，张荫桓由一位捐班监生发展成为中外瞩目的外交能员，这个过程中，他也是经历了无数次的外交历练，才能够在总理衙门彻底站稳脚跟。这些外交历练机会的获得都得益于他遇到了数位"伯乐"，包括阎敬铭、丁宝桢、李鸿章。这些人物的提携使他能够在地方和总理衙门中得到锻炼，为以后外交活动的展开积累了丰富的实践经验，这是他一笔宝贵的人生财富。

一、地方官时期外交才能的崭露

张荫桓在二十七岁时捐纳了一个知县，分发在山东候补，在等待分发知县时，住在济南做道台的舅父李宗岱（字山农）家里。恰逢山东巡抚阎敬铭要起草一份奏章，他本人起草以后不满意，就交给李宗岱，张荫桓得知此事，就代为撰写了一份，阎敬铭看后非常满意，立即接见张荫桓，并聘他入幕。《鞠谷亭随笔》对此有记载："南海张樵野侍郎［荫桓］，起家小吏，同光时，随其舅氏李山农观察（即道台）［宗岱］于济南，落寞无聊，时朝邑阎文介公为山东巡抚，励精图治，留意人才，风采凛然，属吏皆严惮之。一日，有应奏之事，属幕府起稿，凡数易，俱不惬意，公自为之，亦觉未当，因以嘱李山农观察，李归，为张言之，张固工文词，请于李，试为之，稿成，李以呈文介，意不过塞责，文介阅竟，见其叙事明通，悉中肯綮，深为嘉许，盖章奏重在明显简要，上见之，或交军机，或交部，大抵无不准之理，不必文采纷纶也。文介问李，何人属稿，李以张对，遂令进见，与谈，大洽，文介刚傲不易相处，张乃因势利导，倍加倚重"。张荫桓以文采见长受知于阎敬铭，由此得到重用。当时山东教案迭起，阎敬铭就交给张荫桓处理，张荫桓"操纵得宜",① 这可以看成是他外交生涯的发端。

(一) 外交发端——济南美教会置产纠纷中维护"条约权利"

美国传教士莫约翰和洪士提反二人在济南府泺源书院旁购得房屋一所,想要建立讲经堂及医院,遭到书院师生反对并发生殴打事件。知府委派张荫桓等五人查办此事。最初张荫桓等人答应"若将所买之房退让,允为另寻别房互换",但该教士对于房屋比较挑剔,想在繁华大街上寻房,未获同意。对于后来寻到的东门内一处房屋,二人认为"处地甚卑湿,不堪居住";对另一处"坐落道署首府署中间之小巷内"②的房屋也不满意,所以一直没有最终结果。总之来说,传教士想选择繁华地段的房屋作为传教的最佳场地。

中英《天津条约》第十二款规定:"英国民人,在各口岸并各地方意欲租地盖屋,设立栈房、礼拜堂、医院、坟墓,均按民价照给,公平定议,不得互相勒掯。"③ 根据最惠国待遇原则,美国也享有同样的权利。当莫约翰向时任美国驻华公使安吉立(J. B. Angell)询问传教士有无在中国内地置地权利时,安吉立对此的解释是,条约中"出现的'并各地方'的这一短语,指的是同各口岸连在一起的地方,从来都是作这样解释的"。另外也承认:"我们的教士被允许在内地取得产业,与其说是根据权利,倒不如说是由于容忍。""严格地说,我们并没有要求将济南府任何地方作为我们自己场所的条约权利"。④ 这说明在美国驻华公使心中,长久以来的外国传教士内地置产,是由于中国的默许,但并没有条约上的依据。严格遵照条约成为张荫桓据理力争的有力

---

① 黄濬:《花随人圣盦摭忆》,上海古籍书店1983年版,第464~465页。
② 中国第一历史档案馆、福建师范大学历史系合编:《清末教案》,第二册,中华书局1998年版,第333页。
③ 王铁崖:《中外旧约章汇编》,第一册,生活·读书·新知三联书店1957年版,第98页。
④ 中国第一历史档案馆、福建师范大学历史系合编:《清末教案》,第五册,中华书局2000年版,第152页。

依据。

一个月后，张荫桓被委派专办此案，他紧紧围绕条约规定，竭力维护中国利益，扼杀传教士的嚣张气焰。他对前来协商的莫约翰等人说，"此后所有应行商议者，只应向其商议，不必往见济南道台"。并对莫约翰说，"尔等从前所议者，均作为废论，前任抚院所允者，亦均难指望照行。此案须从新另行商办，按新任抚院意见，不允另寻房互换，只允将房价照数交还。我等尚可通融，仍将东门内房间换给，现时尔等若不允从，则再无别法可商。嗣后亦不能与尔等再商"。这种方法使得莫约翰只能选择退还原房或选择条件较差的东门内房间，不能任由他为所欲为。当时莫约翰对张荫桓的回答非常吃惊，他气愤地反驳："贵委员较抚院职分犹崇否？于抚院盼咐能弗遵从否？既如此，我等即不必徒费议论矣。"① 张荫桓当时大怒，拍案而起，拂袖而去。这样，双方商谈不欢而散。在《故光禄大夫、尚书衔户部左侍郎、南海张公事状》中，对此事有详细描述："美教士莫约翰在泺源书院旁购民房改建教堂，士民大閧。莫诣抚署请谒，周中丞（山东巡抚周恒祺）偕公出见，莫出券请验，公阅券署嘉庆年号且无地方官印，语之曰：'此未税之契，例不得管业，汝来何意？'莫言愿退还此房，请以他处互易。公曰：'退还则可，互易则不可。'时中丞方升漕督，虑事纠葛，属觅官地相易，公以条约所无，不可许，此端一开，后难应付。及任中丞（山东巡抚任道镕）来，公力请坚持。莫诡造诬词，激公使达总署，公曰：'鼫鼠技穷矣'，拒之益力，莫竟无如之何。"② 张荫桓紧紧抓住"条约所无"这一关键，据约与争，维护了国家利益，也体现了其在外事活动中坚持原则的特点。

---

① 中国第一历史档案馆、福建师范大学历史系合编：《清末教案》，第二册，中华书局1998年版，第334页。
② 蔡乃煌、吴永：《故光禄大夫、尚书衔户部左侍郎、南海张荫桓事状》，国家图书馆藏：《中华历史人物别传集》第61册，线装书局2003年版，第27页。

在张荫桓任职山东期间,他一直对于此事没有让步,后来他被简授安徽徽宁池太广道,驻扎芜湖,才放手此事。济南美教会置产纠纷拖了两三年,最终以美国换地,赔偿三千两的方式解决。① 这一结果与前期张荫桓的外交努力不无关系。

济南教会内地置产案的交涉是张荫桓外交的发端,首次凸显了张荫桓泼辣的外交性格。他能够抓住问题的关键,据理力争,不给外国觊觎中国利权的任何机会,导致传教士与美国驻华公使的无可奈何,维护了中国的主权。但是整个交涉过程中也表现出了他外交不成熟的一面,即在外交礼仪的运用方面不够得体。如在双方发生辩论过程中,对对方有嘲讽语言;在发生争执之后,拂袖而去等。他的这些做法很容易授人以柄,造成新的外交障碍。

(二) 筹办海防

同治六年(1867年),继任山东巡抚一职的是原山东布政使丁宝桢,张荫桓为阎敬铭幕僚时的表现就已经得到了丁宝桢的认可,于是继续为丁宝桢重用,并被派任训练马队协助剿捻。张荫桓表现出色,被丁宝桢保荐至候补道,从当年的《呈湖北遇缺尽先题补道张荫桓履历单》中,我们就可以看出张荫桓在此之前的主要事迹:

> 张荫桓现年三十三岁,系广东南海县人,由监生在山东军营捐输米石,以知县选用。同治二年,经升任山东巡抚丁宝桢委办营务,三年四月,因克复淄川白莲池、攻剿东昌降匪出力,经前任山东巡抚阎敬铭保奏,奉旨赏加同知衔;五年四月,遵例报捐分发指省湖北试用;十一月,因攻剿黄崖案出力,经前任山东巡抚阎敬铭保奏,奉旨俟到湖北省

---

① 由此,外国传教士在中国内地置产问题引起清政府重视,光绪八年五月十七日(1882年7月2日),山东学政张百熙上《奏陈限止传教士之法在于禁止民人擅卖房产给教士折》,得到光绪帝批准,对于洋人从民人手中买房置产的做法进行了根本性限制。见中国第一历史档案馆、福建师范大学历史系合编:《清末教案》,第二册,中华书局1998年版,第361~362页。

后，归军功候补班尽先补用，并赏戴花翎；七年七月，因剿办直泉、防守黄河出力，经山东巡抚丁宝桢保奏，奉旨免补知县，以同知仍留湖北补用，并赏加知府衔；八月，因克复饶阳出力，经丁宝桢保奏，奉旨免补同知，以知府仍留湖北补用，并赏加道衔；十一月，因东军肃清捻匪出力，经丁宝桢保奏，奉旨免补知府，以道员仍留湖北，遇缺尽先题补，并赏加按察使衔；八年三月十六日，经吏部带领引见，奉旨著准其免补知府，以道员仍留湖北，遇缺尽先题补，并加按察使衔。①

从这个履历单中可以看出，张荫桓的拔擢主要是由于军功以及治河的功劳。不久，张荫桓被派遣到湖北汉口，汉口也是一个华洋交汇之地，对于他外交方面的历练也有帮助。

同治十三年（1874年），丁宝桢筹办海防，急需人才，他认为"湖北候补道张荫桓识力过人，从前在东省随臣剿贼有年，调练黑龙江马队、管带追剿及防守黄河均为得力。该道籍隶广东，生长海隅，熟悉洋务，而于炮台、机器各事，在粤时常与西人讲求，闻见极多，足资襄赞"，于是上奏请求将其调回山东，以"收臂指之助，实于海防大有裨益"。② 张荫桓获准回到山东，协助丁宝桢办海防。光绪元年（1875年），张荫桓奉丁宝桢之命到天津向北洋大臣李鸿章请示构筑防御工事事宜，这应该是他与李鸿章的第一次会面。丁宝桢在光绪元年十月初一日（1875年10月29日）的奏折中记载："臣前因筹办海防，当经奏调湖北道员张荫桓来东差委，旋派赴烟台，会同登莱青道龚易图总统师船，候补道李宗岱，周历口岸，察度形势，密筹布置禀办，并令张荫桓赴津与北洋大臣李鸿章禀商一切。兹据该道等禀称，东省海防，与他省异，津、沪、闽、粤皆有内河通海，自以通海之河为海口重地，应筑炮

---

① 中国第一历史档案馆，档案号：04-01-13-0315-030，《呈湖北遇缺尽先题补道张荫桓履历单》，同治八年。
② 丁宝桢：《调张荫桓、文天骏片》，《丁文诚公奏稿》卷一一，《丁文诚公遗集》，光绪十九年（1893年）京师刻本，第20页。

台，严兵驻守。"① 据丁宝桢奏稿，此后，张荫桓与李鸿章继续在海防问题上有所接触，"臣规画既定，复查候补道张荫桓明干勤能，勇于任事，即饬派总办防务，会同龚易图在登莱口岸设局储料，……惟山东在北洋之内，所有一应经费，应须取给北洋"。② 李鸿章在光绪元年七月二十五日（1875年8月25日）的《复丁稚璜宫保》函中说道："张道在天津，炎歊方盛，业经遍查机器局章程，携归烟台，想已禀商尊处核办。"对于张荫桓的工作热情给予了肯定。从李鸿章的书信中，可以看出张荫桓表现相当积极。在修筑炮台方面，张荫桓积极为李鸿章出谋划策。"张道面称，拟雇洋匠董其役"，张荫桓提议雇用洋匠，但李鸿章主张稳妥，他听说沈葆桢在建台湾安平炮台时就是雇用的洋人，"糜费至十数万尚未造成"，认为此事应当谨慎、稳妥进行。张荫桓还积极向李鸿章提供省工建议，"张道面呈，委员查勘潍、昌之交有白浪河，形势相宜，费工尚省，未知复勘后可即定议否"。③ 不管张荫桓的建议最后是否被李鸿章采纳，他的灵活头脑得到了李鸿章的赏识，为以后进一步接触打下了良好的基础。

丁宝桢对于威海卫的海防建设最为重视，但由于山东经费不足，只能将希望寄托在北洋水师饷力充足之时。此时，张荫桓向丁宝桢上陈，有必要在烟台和威海卫港口之间修筑通伸冈炮台，他的建议得到批准，在他的主持下，通伸冈炮台于光绪二年（1876年）动工，光绪四年（1878年）建成，"计筑台九座，圩墙二百九十五丈，又建石望楼一座，大小营房二十一座，用款六万八千有奇"。总工程动用关库银六万两，

---

① 丁宝桢：《筹办海防折》，《丁文诚公奏稿》卷一二，《丁文诚公遗集》，光绪十九年（1893年）京师刻本，第12页。

② 丁宝桢：《筹办海防折》，《丁文诚公奏稿》卷一二，《丁文诚公遗集》，光绪十九年（1893年）京师刻本，第16页。

③ 《李鸿章全集》，第31册，信函三，安徽出版集团、安徽教育出版社2008年版，第294~295页。

其余八千两为张荫桓所筹集垫付,"工巨而费省",① 得到了丁宝桢的极大称赞。这个炮台"酌用西法",② 筑造坚实,是完善海防建设的过渡建筑,在威海卫最终被建成海军基地之前起到了海防作用。张荫桓一直对通伸冈炮台的建成比较得意,在任驻外公使时期的日记中还对此有所回忆:"北洋形胜,威海卫岛屿环拱,天然一水寨也。乙亥筹防之初,东抚丁文诚(丁宝桢,谥号文诚)欲就此为水师之基,饬余赴津商李傅相,以山东独力难支,俟北洋饷力既裕乃办,山东自为计,宜先在烟台筑炮垒,所以有通伸冈之役,兹北洋海军以威海卫为提督驻处,仍前议也。"③

（三）阻止西方侵略企图,维护国家主权

光绪二年（1876年）,张荫桓任署登莱青道,他的外交范围更加扩大,得到了更多的锻炼机会。据《故光禄大夫、尚书衔户部左侍郎、南海张荫桓事状》记载,丁宝桢对于张荫桓的才干赞赏有加,"丁文诚公尝语人曰：'余子录录,能办事者惟张某耳。'"《事状》中称赞张荫桓"饶于胆略,尤善外交",为维护国家主权与外国人据理力争,阻止了西方国家的侵略企图。

（1）阻止英国领事在租界内设立马头捐,维护国家税权。张荫桓署理登莱青道时,英国根据中英《烟台条约》在新增通商口岸芜湖设立租界,当时英国领事提出在租界内设立马头捐的无理要求,张荫桓予以坚决反对,英国公使便控诉于总理衙门,"北洋大臣驰书诘问"张荫桓,告诫他"勿坚执",张荫桓顶住压力,"屹不为动,卒以力争寝其

---

① 蔡乃煌、吴永：《故光禄大夫、尚书衔户部左侍郎、南海张荫桓事状》,国家图书馆藏：《中华历史人物别传集》第61册,线装书局2003年版,第26页。
② 中国第一历史档案馆,档案号：03-5110-640,录副奏折《吏部为湖北候补道张荫桓留于山东仍归原班补用事致军机处知会》,光绪二年六月初十日。
③ 任青、马忠文整理：《张荫桓日记》,世纪出版集团、上海书店出版社2004年版,第372页。

事"。张荫桓凭借自己的胆略和才能，以条约为依据，成功阻止了由英国人在中国领土内征收捐税，保护了国家税权。

（2）争回旅民义塚之区，维护国家领土主权。义塚，为旧时埋葬无主尸体的公坟。烟台福山县境内有一块用来埋葬闽浙等南方旅民遗骨的义塚之区，早被英国人所觊觎，"英人以诡谋串夺福山令（即烟台福山县县令）印契"，得到了那块土地，无助的旅民诉诸张荫桓求助，张荫桓据理力争，与"英领事往返驳诘"，最终使英国"返地销券"，"三省旅民至今德之"。张荫桓成功索回义塚之区，不仅仅是对旅民的诉求有了交代，更重要的是维护了国家领土主权。

（3）消患无形，维护国家矿权。潍县的煤矿一直被外国人垂涎，当地邑绅陈介福购买机器进行开采，雇用了一名叫"腰剑"（应为音译）的外国人。此人骑马在路上疾驰，踢踩到了路上玩耍的孩子，其桀骜的态度激起了当地乡民的愤怒并引发骚乱。不久，外国人借此机会以要求赔偿进行滋扰，企图"乘间攫其矿利"。眼看民情激愤，事态将要扩大之时，恰逢张荫桓经过潍县，他首先"召陈绅至切责之"，并寻找富裕商人垫还欠"腰剑"之款，断绝与外人联系，使外人攫取矿利的阴谋难以得逞。处理好对外事宜之后，张荫桓主张潍县应该"兴煤井之利"，加强自我发展，以造福当地，维护国家利益。张荫桓对事件进行了妥善处理，不仅平息了事态，还提出了潍县"兴煤井之利"的规划，做到了"仓卒定变，消患无形"，① 维护了国家的矿权。

（四）协助李鸿章参与条约谈判

张荫桓与李鸿章开始接触要得益于山东巡抚丁宝桢的大力推荐。早在同治九年（1870年），丁宝桢就曾经向李鸿章推荐过张荫桓，当时张荫桓为湖北候补道，为湖广总督李瀚章的幕僚。虽然由于人数所限，张

---

① 蔡乃煌、吴永：《故光禄大夫、尚书衔户部左侍郎、南海张荫桓事状》，国家图书馆藏：《中华历史人物别传集》第61册，线装书局2003年版，第27页。

荫桓没能被李鸿章选派，但通过丁宝桢的推荐，他给李鸿章留下了"明干耐劳"①的好印象，为以后的接触打下了良好的基础。同治十三年（1874年），张荫桓在丁宝桢的奏保下，奉调回山东协办海防。光绪元年（1875年），他到天津向李鸿章请示构筑防御工事的事宜，开始了他与李鸿章的正面接触。

光绪二年（1876年），张荫桓奉派至烟台协助李鸿章与英人谈判马嘉理案，换约之时，张荫桓"外顾邦交，内保国体，措置裕如"，给李鸿章留下了良好的印象，李鸿章"由是奇之"。②张荫桓在这次谈判中的表现为他在外交方面得到李鸿章的重用奠定了坚实的基础。

二、短暂的总理衙门历练

光绪六年二月十九日（1880年3月29日），已任四川总督的丁宝桢继续向上保荐张荫桓，他对张荫桓的评价是："器局开展，才具闳通，治事精密，究心世务。前在山东、湖北总理营务，兵勇咸服。嗣在山东署理海关道，于通商事务，操纵合宜，华洋辑睦。洵为为守兼优，举重若轻，堪任司道之才。"③光绪七年三月初六日（1881年4月4日），山东巡抚周恒祺奏保张荫桓，称赞他"才猷练达，强干有为，堪以委署"。④同年，张荫桓被简授署理山东盐运使。九月，张荫桓又被简授安徽徽宁池太广道，驻扎芜湖关。根据中英《烟台条约》，芜湖为通商口岸，张荫桓上任之后，着手整顿积弊，税收大增，取得了显著的

---

① 《李鸿章全集》，第30册，信函二，安徽出版集团、安徽教育出版社2008年版，第65页。
② 《南海县志》卷一六，《中国地方志丛书》第181号，第六册，成文出版社有限公司印行1974年版，第1589页。
③ 丁宝桢：《保举人才堪备任使折》，《丁文诚公奏稿》卷一八，《丁文诚公遗集》，光绪十九年（1893年）京师刻本，第51页。
④ 中国第一历史档案馆，档案号：03-5159-023，录副奏折《山东巡抚周恒祺奏为委令林述训署理山东按察使、张荫桓署理盐运使事》，光绪七年三月初六日。

政绩。

1883年，中法战争爆发，第二年，清廷发生"甲申易枢"，恭亲王被开去一切差使，代之而起的是礼亲王世铎、户部尚书额勒和布、户部尚书阎敬铭、刑部尚书张之万、工部左侍郎孙毓汶的新军机处成员。总理衙门也相应做了人事调整，朝廷急需人才。张荫桓以"材略瑰异，洞识世务"①被举荐，与江苏江安粮道张富年、浙江宁绍台道薛福成同时被召见。在被召见过程中，"皇太后召问安徽荒田，荫桓奏对称旨"，②于是张荫桓成为三人中的佼佼者，被授予三品卿衔，留在总理衙门学习行走，以备出使外洋，从此开始了他的京官生涯。张荫桓能够脱颖而出，主要是由于他本人的专对之能，但身为他最早的"伯乐"——阎敬铭入主军机，对于张荫桓仕途的顺畅也起到了重要作用。

张荫桓能够进入总理衙门，得益于阎敬铭和丁宝桢对他的不断提拔，因此，张荫桓一生中对于这两位"伯乐"的恩情矢志不忘，在他的《铁画楼诗钞》《铁画楼诗续钞》和《铁画楼骈文》中，不乏关于二位恩人的相关诗文。③

中法战争中，张荫桓任职总理衙门，他对中法战争的形势有一番独到的见解，翁同龢在日记中这样写道："晚张樵野来谈，此人似有文采，熟海疆情形，其言切实，盖雨生（即丁日昌）得意人，余曾于若农（即李文田）、雨生处识之。伊云法之议及，实畏埃及兵事不了也。[山东威海卫，戚大将军备倭所筑，东距旅顺、西距烟台各二百里，必当设重镇。此岛可泊兵船铁甲。精铁出外洋，山西所产运脚太重，又不

---

① 张祖廉：《户部侍郎张公神道碑铭》，闵尔昌：《碑传集补》卷六，文海出版社1973年版，第399页。
② 《南海县志》卷一六，《中国地方志丛书》第181号，第六册，成文出版社有限公司印行1974年版，第1589页。
③ 见国家图书馆藏，张荫桓撰：《铁画楼诗钞》，光绪二十三年（1897）京都刻本；《铁画楼骈文》，光绪二十三年（1897）京都刻本；《铁画楼诗续钞》，光绪二十八年（1902）观复斋刻本。

分条板，难用。对外国人切不可说夸大语气矜语。]"①

作为总理衙门一员，张荫桓与李鸿章互为表里，力主议和。李鸿章与法国海军舰长福禄诺（F. E. Fournier）于1884年5月6日在天津订立《中法简明条约》五款，后面附有续约，约定限期撤兵，但李鸿章并没有向清廷汇报限期撤兵一事。此后，事情生变，法国声称中国并没有按约定撤兵，双方战事又起。法国要求中国赔偿，但清廷并不清楚此中细节，因此拒绝赔偿，并于7月19日任命曾国荃为全权大臣，赴上海与法使详议条约。法国想得到包括赔款在内的各种权益，使曾国荃感到棘手，不得不向李鸿章求援。李鸿章知道中国理屈，于是设法转圜。对于赔偿问题，李鸿章于六月初二日（7月23日）致电曾国荃，"无论曲直，求恩赏数十万，以恤伤亡将士，似尚无伤国体"。② 李鸿章于六月初六日（7月27日）在《复张樵野京卿》函中说道："执事值此时艰，赞襄机要，但冀焦头烂额，救熄燎原，中外蒙福不浅。鸿章以丛谤之身，只有竭力修备，捍御疆圉。"③ 张荫桓为此事积极奔走。在总理衙门默许下，曾国荃答应赔款五十万两，但主政者不允赔款，战争形势急转直下，七月初三日（8月23日），李鸿章又致电张荫桓请求设法救助，"昨夜电悉。内意仍不许曾允之五十万，断难转圜。小村（即邵友濂）申刻来电，闻巴使（即德国公使巴兰德，M. A. S. Brandt）受法廷申斥，并撤去全权。其意不拘银数多少，略予体面便可下台，与丹崖（即阎敬铭）二十九电略同。此时法不在银而在转场也。邵谓可否作为众商口气，为保护商务起见，众商情愿输助若干，乞赐了局等语。鸿不

---

① 翁同龢著，陈义杰整理：《翁同龢日记》，第四册，中华书局1992年版，第1832页。
② 《李鸿章全集》，第21册，电报一，安徽出版集团、安徽教育出版社2008年版，第200页。
③ 《李鸿章全集》，第33册，信函五，安徽出版集团、安徽教育出版社2008年版，第403页。

敢擅请，惟台、闽战事在即，一被夺据，非旦夕所能收回。谢既出京，无可与语。丹崖恐即回德。祸在眉睫，能否转商丹、星诸老，设法回天，径电丹崖酌办，勿作十成煞笔，但少迟无及矣"。① 由此更可见李鸿章对于张荫桓的倚重。

但是，他们的积极奔走并没有挽回当时的败局，随着马江船厂被毁，和议彻底破裂，于是主和派遭到言官的交章弹劾。张荫桓由于在战争中与李鸿章互为表里，也成为众矢之的。同时，张荫桓低微的出身以及锋芒毕露的个性早就引起清流的注意，"侍郎躬操权柄，锐意任事，又恃枢援，意气不免骄矜，为人侧目。当时风尚，京朝九列清班，除满蒙外，汉则居恒甲科出身，少则亦由门荫，家阀隆重，罕有杂流厕入，侍郎以外职崛起，至于卿贰，即不露锋铓，亦难久安于位，况机锋四露，遇事任性耶？"② 给事中孔宪谷奏参张荫桓与邵友濂私通信函泄漏朝廷秘密，朝廷撤销张荫桓的总理衙门差事，并牵连总理衙门多人。光绪十年七月十五日（1884年9月4日），上谕发下："总理各国事务衙门大臣，办理中外交涉事件，必须体用兼备、能持大体之人员，方足胜任。周家楣、吴廷芬，在该衙门行走年久，办事未能合宜；崑冈于洋务未能讲求；周德润于应行公商事件，辄单衔陈奏，其为不能和衷，已可概见；张荫桓屡经参奏，众望不孚；陈兰彬年力渐衰，难胜烦剧；均着毋庸在总理各国事务衙门行走。"③ 其实，张荫桓在总理衙门任职的时间从光绪十年五月十五日（1884年6月8日）到同年的七月十四日（9月3日），仅仅三个月。

张荫桓由内官外调，降为直隶大顺广道。光绪十年九月十二日

---

① 《李鸿章全集》，第21册，电报一，安徽出版集团、安徽教育出版社2008年版，第266页。
② 黄濬：《花随人圣盦摭忆》，上海古籍书店1983年版，第465页。
③ 朱寿朋撰，张静庐点校：《光绪朝东华录》（二），中华书局1958年版，总第1781页。

（1884年10月30日），张荫桓上谢恩折："臣猥以庸材备员卿秩，愧涓埃之未报，方兢惕之时深，兹复渥荷温纶补授今职，自天闻命倍切悚惶。伏念直隶为畿辅要区，道员有监司重任，如臣梼昧，深懼弗胜，惟有吁求宸训，敬谨遵循。俾到任后，于一切应办事宜，矢慎矢勤，以期仰答高厚生成于万一。"① 奏折中充满报效朝廷的决心。张荫桓任直隶大顺广道一职虽然是降调，但依然在李鸿章治下，这其中很可能是李鸿章对他有所保护及对其才能的赏识，以便随时发挥其外交才能。光绪十一年（1885年）六月，在李鸿章的保举下，张荫桓以三四品京堂候补，出任新一任驻美国、西班牙、秘鲁三国公使。

张荫桓早年的外交历练，给他带来了很多机遇与挑战，经过这些历练，张荫桓能够对外交事务更加游刃有余，为他日后成为清廷中的一位外交要员打下了基础。张荫桓最重要的机遇还是李鸿章提供的，就是出使三国，这是他外交生涯中的重大转折，奠定了他后来在总理衙门中的重要地位。

---

① 中国第一历史档案馆，档案号：04-01-13-0355-51，宫中档硃批奏折《张荫桓奏为奉旨补授直隶大顺广道谢恩事》，光绪十年九月十二日。

第二章

张荫桓担任驻外公使时期的外交思想与实践（上）

同为近代外交家的薛福成对外交使臣的责任与素质有所论述："大抵使臣宣国威，觇敌势，恤民瘼，宜与庙堂谋议，翕然相通。至于造船制炮之法，练兵储才之要，或考其新式，或侦其密计，以告我将帅而为之备，繄惟使臣是赖。无贤相之识与度，不可以为使臣；无贤将之胆与智，亦不可以为使臣。"① 薛福成指出使臣的责任是维护国家利益，考察国外的先进军事技术以为我所用，这就要求使臣应该具有相当高的才能、度量、胆识和智慧。出任使臣的人，应该是综合素质比较高的人，只有这样，才能真正担当重任，切实维护国家权益。清政府派出的驻外使节，绝大部分都是在国内具有较高才能的人，张荫桓也是其中之一。他在担任公使期间，尽职尽责，积极履行使职，为国家争得了权益，并认真考察西方文化，是一位合格的使臣。

---

① 丁凤麟、王欣之编：《薛福成选集》，上海人民出版社1987年版，第418页。

第一节 维护国家尊严、保护国家权益

一、拒绝入境时索阅国书

光绪十三年三月初四日（1886年4月7日），张荫桓一行人抵达旧金山，"正在搬运行李，而税司黑假以索阅国书为词，阻碍登岸"，张荫桓当时就反问道："税关无接阅国书之权，若欲展阅，须予我以能阅凭据。"他让驻旧金山总领事傅烈秘与黑假进行辩论。而此时正好旧金山各会馆的商董前来迎接，于是张荫桓就下楼与商董们说话，但傅烈秘与黑假"周旋甚久，而税司之见仍未销融"，张荫桓就采取强硬态度，警告黑假"迟迟不登岸，或原船回华，未尝不可，国书则断难给阅"。最终，总查官天年"婉请登岸"，① 此事才算暂时告一段落。

美国方面自知理亏，第二天便派天年与黑假前往张荫桓驻地道歉。"黑假寒暄后，自言前日登岸时并无索阅国书之事，当系传话之讹，因船来甚速，未及迎迓，以致失礼"，并向张荫桓"乞函致外部为之解铃"。此时黑假一下变得谦逊温和，失去了当时在港口的嚣张气焰。张荫桓并没有因为他的道歉而忘记维护自己民族的尊严，半开玩笑半讽刺地说，"国书非尔等所能阅，尔有命运当总统时接阅不迟"。黑假此时还不停地说没有索阅国书之意，张荫桓质问天年，天年只能"唯唯"，② 替黑假解围。四月初五日（5月8日），张荫桓在会晤外部时，直接

---

① 任青、马忠文整理：《张荫桓日记》，世纪出版集团、上海书店出版社2004年版，第9页。
② 任青、马忠文整理：《张荫桓日记》，世纪出版集团、上海书店出版社2004年版，第10页。

"诘问金山税司阻碍登岸事,又特给予照会"。① 国务卿贝雅德(Thomas F. Bard,又译作拜亚德、柏亚德)② 在回文中"为金山税司引咎,而仍不免左袒"。但在光绪十三年六月二十四日(1887年8月13日)张荫桓赴西班牙处理外交返回美国,到达纽约税关时,贝雅德就"已先咨户部转行税关照料,与抵金山时情形顿异"。③ 旧金山与纽约税关态度的迥异使张荫桓感慨道:"美亦以此补过也。"④ 可见,张荫桓的据理力争维护了国家的尊严,使美国不得不对中国的使臣以礼相待。

张荫桓的据理力争,体现了一位使节的民族气节,维护了国家和民族的尊严,也为他在美国和中国赢得了声誉,"华侨闻之,气为之壮"。⑤ 连前美使镂斐迪(F. F. Low)也在张荫桓面前"痛诋税务司之谬"。⑥ 李鸿章在后来致张荫桓的信函中极力赞扬他的行为,张荫桓还将此事记载在日记中,傅相"颇嘉余不为税司所屈",⑦ 为自己坚定立场感到自豪。

二、奏请制定国旗

国旗是一个国家的象征和标志,在国际交往中,恰如其分地升挂本

---

① 任青、马忠文整理:《张荫桓日记》,世纪出版集团、上海书店出版社2004年版,第18页。
② 贝雅德,在《张荫桓日记》中被称为"虮蝮",日记中对于美国国务卿布勒恩称为"咘嚏"。在近代史料中,我们可以发现中国人在外国人的音译名字旁加上"口"或"虫"等带有侮辱性的偏旁,以示对外国夷人的一种蔑视,反映了清政府"天朝上国"的自大思想。
③ 任青、马忠文整理:《张荫桓日记》,世纪出版集团、上海书店出版社2004年版,第19页。
④ 任青、马忠文整理:《张荫桓日记》,世纪出版集团、上海书店出版社2004年版,第199页。
⑤ 蔡乃煌、吴永:《故光禄大夫、尚书衔户部左侍郎、南海张荫桓事状》,国家图书馆藏:《中华历史人物别传集》,线装书局2003年版,第61册,第28页。
⑥ 任青、马忠文整理:《张荫桓日记》,世纪出版集团、上海书店出版社2004年版,第9页。
⑦ 任青、马忠文整理:《张荫桓日记》,世纪出版集团、上海书店出版社2004年版,第40页。

国国旗有助于维护本国的尊严与荣誉。张荫桓对于国际法有一定的了解，在刚刚出发赴美之时，他发现船上没有置备国旗，但国旗"为入口不可少之物"，于是他命令同行的两位"工绘事，善渲染"的随员"就船旗之光洁者裁制如式"，① 及时地解决了船上悬挂国旗的问题。就使馆升旗一事，在出使之前张荫桓特地咨询前任公使郑藻如，本来他是打算在使馆升旗的，但鉴于"美都各使馆皆不升旗"，而且"中国历任从同，似不宜独表异"，② 于是使馆平日升旗的想法就作罢，只在特殊节日时才升旗。在他的《三洲日记》中，关于升旗的记载有多处："署中循例贺朔升旗"；③ "今日为可仑比亚（即哥伦比亚）开国之日，循例为之升旗致庆"；④ "恭逢皇上万寿，……各使馆循例升旗，……竟日款接，尚不觉疲，使馆既升旗，今日诸华商行栈亦升旗"；⑤ "署中升旗贺节"；⑥ "上元节，升旗庆贺"；⑦ 等等。每次海上航行，张荫桓都要下令高悬国旗，以示郑重，可见对国旗的关注程度之高。

尽管张荫桓如此关注国旗，但当时中国并没有正式的代表国家的海外国旗，国内的官商旗帜也没有差别。经过两年多的外交历练，张荫桓越发感觉到一国拥有正式国旗的重要性。他在光绪十四年十月二十四日

---

① 任青、马忠文整理：《张荫桓日记》，世纪出版集团、上海书店出版社2004年版，第5页。
② 任青、马忠文整理：《张荫桓日记》，世纪出版集团、上海书店出版社2004年版，第21页。
③ 任青、马忠文整理：《张荫桓日记》，世纪出版集团、上海书店出版社2004年版，第303页。
④ 任青、马忠文整理：《张荫桓日记》，世纪出版集团、上海书店出版社2004年版，第309页。
⑤ 任青、马忠文整理：《张荫桓日记》，世纪出版集团、上海书店出版社2004年版，第312页。
⑥ 任青、马忠文整理：《张荫桓日记》，世纪出版集团、上海书店出版社2004年版，第324页。
⑦ 任青、马忠文整理：《张荫桓日记》，世纪出版集团、上海书店出版社2004年版，第360页。

(1888年11月27日)的日记中写道:"外国旗式最为郑重,颜色绘画咸有等差,亦有官商之别。美则有总统旗识、水师部旗识、水师提督及部下各官旗识,商旗则一律也。"而中国官商旗帜没有分别,国外对于中国旗式也不清楚,以至于刊登出来的中国旗都是错的。"英官书局温士德送阅现刊各式,请余鉴定,所刊龙旗绘画未精,缺去红珠",只能"属参赞检查《会典》,别绘一纸示之"。① 针对这种情况,张荫桓一直对国旗的样式问题有所思考。

1888年,清廷编成北洋海军,同年9月30日奏准的《北洋海军章程》第十三章,针对北洋海军舰船的国旗做了明确的规定。"西洋各国,有国旗、兵船旗、商船旗之别。而国旗又有兵、商之别"。现在中国兵船、商船皆日见增多,"时与各国交接,自应重定旗式,以崇体制"。西方以长方旗式为贵,中国的"兵船旗"和"各口陆营国旗",也应改成长方式,"照旧黄色,中画青色飞龙"。② 这个规定和张荫桓改革旗式的想法不谋而合,虽然北洋海军的旗式改革只涉及了舰船旗,没有涉及代表国家形象的海外国旗,但这一行动对张荫桓很有启发。第二年二月(1889年3月),善后局拟定了四个大小不一、同一样式的海军旗,并咨会了张荫桓。对于北洋海军的旗式改革,张荫桓很赞同,"国旗长方式,尤壮观",他改革海外国旗的想法又被触动了,"海外旗式亦拟奏明仿制也"。③ 光绪十五年四月二十七日(1889年5月26日),张荫桓致电总理衙门,"臣奉使海外,例张国旗,而南北美洲每以中国旗式官商一致为诧。盖诸华商久经循用斜幅龙旗,遇中国庆典及臣出入岛境辄高悬以为荣耀,未便抑令更张,而西俗国旗最为郑重,亦不宜无

---

① 任青、马忠文整理:《张荫桓日记》,世纪出版集团、上海书店出版社2004年版,第343页。
② 张侠、杨志本等编:《清末海军史料》,下册,海洋出版社1982年版,第504页。
③ 任青、马忠文整理:《张荫桓日记》,世纪出版集团、上海书店出版社2004年版,第370页。

所识别,且章程(指《北洋海军章程》)内亦有巡历外洋与各使臣相涉之事。今北洋海军国旗既以长方为式,臣在海外敬悬国旗亦拟用长方式绘画仍旧,此外各华商仍令永远遵用斜幅龙旗以示等差"。① 他认为,海外商旗还可以继续沿用原来样式,但对于国旗,就应该采用郑重的长方式以示尊崇。他的这个建议很快得到清政府的批准。此后,中国国旗的样式、颜色、规制等基本确定下来,并照会各国一体遵行。

张荫桓以自己奏定的海外国旗样式得到批准而感到兴奋,在光绪十五年九月初八日(1889年10月2日)的日记中还写道:"出山丹曲,余语杨、龚登舵楼眺览形势,并观新制长方式国旗,此余奏定者也。"② 自豪之情溢于言表。我国国旗史上应为张荫桓书上浓重一笔。

三、积极参与美国驻华公使的选定

光绪十五年,美国驻华公使田贝(C. Denby)的任期将满,需要重新选任驻华公使,张荫桓致电总理衙门,询问意见。四月初一日(1889年4月30日),总理衙门致电张荫桓,"美使除德尼不要外,余听之"。③ 四月十二日(5月11日),李鸿章接张荫桓电,指明何天爵有意充任驻华公使,但张荫桓认为"何天爵谋充驻使,恐不易驾驭",李鸿章要求张荫桓设法筹办。总理衙门的基本要求是阻止德尼充使,但对于何天爵谋充驻使,李鸿章想知道总理衙门的意见,于是致电总理衙门,"德无耗,何极横,已设法婉阻,何来愿否?乞示"。一个多月之后,总理衙门致电李鸿章,"但阻德尼",并说道,"钧意恶何,祈达

---

① 王彦威纂辑、王亮编、王敬立校:《清季外交史料》,卷八〇,书目文献出版社1987年版,第29页。
② 任青、马忠文整理:《张荫桓日记》,世纪出版集团、上海书店出版社2004年版,第421页。
③ 王彦威纂辑、王亮编、王敬立校:《清季外交史料》,卷八〇,书目文献出版社1987年版,第10页。

第二章 张荫桓担任驻外公使时期的外交思想与实践（上）

署，内外一气云"，① 总理衙门希望得到李鸿章对于何天爵的真实想法，如果反对何来华，主张国外以张荫桓为代表的驻外团体以及国内的总理衙门、北洋大臣内外一致，形成统一的意见，对于中国不欢迎的驻华公使共同予以抵制。李鸿章于四月十六日（5月15日）致电总理衙门，"何天爵虽通华语，狡猾实甚，前充参赞署使，迭次来津议事，稔知其奸，樵野曾谓其种种挑拨口舌及一切逾分之事，皆指前署使而言，此次纽约诸富商欲来华谋办铁路银行诸务，咸拥戴之，恐将来不易驾驭，又与新外部布连（即 James G. Blaine, 译作布勒恩）至好，布连曾著论丑诋华工，何未必于弛禁有益"。② 这份电报中李鸿章参考张荫桓对于何天爵种种不良事迹的汇报，以及他自己对于时局的判断，对何天爵充使表示极力反对。于是总理衙门于第二天明确致电张荫桓，"北洋以何天爵狡猾，恐难驾驭，希设法阻之"。③ 后来，总理衙门听说美国有派德尼为驻华公使的说法，于四月二十五日（5月24日）致电张荫桓，"闻美欲派德尼为华使，此人在朝鲜簸弄煽惑，声名甚劣，可向外部探问，告以西人有此谣传，中国闻之，甚不愿，冀可先发阻之"。④ 张荫桓迅速于第二天回复总理衙门，讲述了美国在驻华公使候选人问题上的一番周折，"美初拟派格兰忒（即格兰特, U.S. Grant）子使华，甚佳，续改拟士蔑，庚辰来华订约者，甚坏，极费力乃派往日本。何天爵又继而钻营，外部袒之，格意使奥，当举何甲申在京诸诳语及借款已罢合同不缴，贵署拒不接见各节，密达总统。现有暂留田贝之说，未闻德

---

① 王彦威纂辑、王亮编、王敬立校：《清季外交史料》，卷八〇，书目文献出版社1987年版，第15页。
② 王彦威纂辑、王亮编、王敬立校：《清季外交史料》，卷八〇，书目文献出版社1987年版，第19页。
③ 王彦威纂辑、王亮编、王敬立校：《清季外交史料》，卷八〇，书目文献出版社1987年版，第20页。
④ 王彦威纂辑、王亮编、王敬立校：《清季外交史料》，卷八〇，书目文献出版社1987年版，第26页。

尼，贵署如不愿，当明阻，何来愿否，乞示"，并提示总理衙门可按照国际公法的要求进行处理，"公法不能指定要谁，然可指定不要谁，权在贵署，美京有案"。① 这样就使复杂的问题简单化了，对于中国所不欢迎的驻华公使人选完全可以依据中国的意愿予以否决，这是符合国际公法的正当行为，这就使得公使的选定问题得到了妥善解决。因此，张荫桓对国际公法的熟练运用给国际问题的解决带来了方便。

第二节　完善领事制度建设

领事的职务。一般地说，领事的主要职务大致可分为以下四类：（一）保护本国和本国侨民[个人和法人]在驻在国的利益，特别是监视有关条约的执行和保护侨民生命财产的不受非法侵害；（二）促进本国和驻在国的贸易和文化关系的发展；（三）给予本国侨民以及入港、入境的本国船舶、飞机和其人员以所需要的协助和援助；（四）办理公证、签证、认证以及有关户籍登记[侨民的出生、死亡和婚姻登记]等项法律手段。② 从以上领事的职务可以看出，设立领事，对于保护本国侨民有着重要的意义。张荫桓在完善领事制度建设方面，做出了自己的极大努力。

一、积极交涉小吕宋设领问题

（一）交涉小吕宋设领经过

光绪十二年七月初四日（1886年8月3日），张荫桓初到驻美国、

---

① 王彦威纂辑、王亮编、王敬立校：《清季外交史料》，卷八〇，书目文献出版社1987年版，第27页。
② 周鲠生：《国际法》，下册，商务印书馆1976年版，第579页。

西班牙、秘鲁三国公使任上，便接到小吕宋（今菲律宾）华商的"求设领事禀，情词甚急"。① 从此开始了他争取小吕宋设领的历程。

此事得到了李鸿章的热切关注，并时常与张荫桓函电往来。"李傅相函询小吕宋能否设领事"。② "得李傅相九月十二日书，论经营南岛及小吕宋设领事官事。与十三日来电恰相印证"。③ "复北洋书，商小吕宋领事经费"。④ "同日得李傅相函，论小吕宋设领事，宜请香帅派员，筹虑周密"。⑤

此前，总理衙门听到过商民的这种请求，并已于五月派出王荣和、余璛为查岛委员，赴小吕宋实地勘查，了解情况。二人于七月初八日（8月7日）抵达小吕宋，"该埠商民迎迓甚恭"。⑥ 张荫桓电告参赞延龄（号希九）"属达外部并示以中国将为设官保护"，⑦ 表明中国的立场。从"希九电述外部言小吕宋宜设领事"⑧ 和"日外部于小吕宋设领事之举无异议"⑨ 等记载可以看出，西班牙（即"日国"，即日斯巴尼亚的简称）外部对此事态度比较积极。

---

① 任青、马忠文整理：《张荫桓日记》，世纪出版集团、上海书店出版社 2004 年版，第 42 页。

② 任青、马忠文整理：《张荫桓日记》，世纪出版集团、上海书店出版社 2004 年版，第 63 页。

③ 任青、马忠文整理：《张荫桓日记》，世纪出版集团、上海书店出版社 2004 年版，第 76 页。

④ 任青、马忠文整理：《张荫桓日记》，世纪出版集团、上海书店出版社 2004 年版，第 77 页。

⑤ 任青、马忠文整理：《张荫桓日记》，世纪出版集团、上海书店出版社 2004 年版，第 101 页。

⑥ 任青、马忠文整理：《张荫桓日记》，世纪出版集团、上海书店出版社 2004 年版，第 69 页。

⑦ 任青、马忠文整理：《张荫桓日记》，世纪出版集团、上海书店出版社 2004 年版，第 68 页。

⑧ 任青、马忠文整理：《张荫桓日记》，世纪出版集团、上海书店出版社 2004 年版，第 79 页。

⑨ 任青、马忠文整理：《张荫桓日记》，世纪出版集团、上海书店出版社 2004 年版，第 98 页。

但事情并不是这样简单。光绪十三年闰四月十三日（1887年6月4日），张荫桓偕延龄和两个翻译会晤外部，表达了"愿速发准照"的愿望，并举古巴为例进行说明，"从前古巴初设领事，承派大臣伊巴理前往招呼，古巴总领事开办极为顺手"，并强调"此次小吕宋开办，不必特派大臣前往，但愿切实致小吕宋总督一函，属其帮助领事办事"。西班牙外部此时也积极表态，"谓总督固应函托，更有稔交得力之人，亦为致书，必令领事易于称职，大可放心"。① 表面上看，西班牙外部对设领一事给予了支持，但接下来的事情却并不顺利。

两天后，西班牙商务总办米阿斯来见张荫桓，给张荫桓泼了一盆冷水，"论及小吕宋设领事，为条约所不载，此为藩部专政，恐难照行"，张荫桓与他辩论很久。首先，张荫桓从米阿斯所提的条约入手进行反驳，他认为条约中虽没有涉及关于设立领事的内容，但"亦并未声明小吕宋不准设领事"，因此清政府此次要求设领并不违反条约规定；其次，他又从公法讲求平等的角度进行辩驳，"'两国商民彼此侨居，均全获保护身家'，明系公法，彼此报施之义，岂得为日国设领事在中国为按约，中国设领事在日国口岸为违约耶"，并对米阿斯所说的"华人久受甲必丹管束，若中国设官辖之，恐多不愿，尔时必生事端"的无稽之谈进行了坚决的否定，"答以华人断无不乐隶华官治辖之理"；第三，向米阿斯保证中国在小吕宋设立领事决不妨碍西班牙政权。之后，米阿斯又问"究竟中国要设领事在小吕宋是何意"？张荫桓总结了两点：一为保护华民，二为拓展商务。二人辩论很久才结束谈话，虽然最后米阿斯说这是"朋友私谈，并非公事，外部、藩部如何意见，我亦不知"，② 但这样的插曲足以让张荫桓担心。

---

① 任青、马忠文整理：《张荫桓日记》，世纪出版集团、上海书店出版社2004年版，第170页。

② 任青、马忠文整理：《张荫桓日记》，世纪出版集团、上海书店出版社2004年版，第171页。

因此，张荫桓在谈话之后针对谈话内容积极进行准备，"小吕宋设官一事，米阿斯若必挟条约为言，余亦以条约与论"，既然米阿斯处处以条约为言，张荫桓也就反复研究条约内容，紧紧抓住条约中对我有力的条款作为证据进行辩论，并指出西班牙在履行条约过程中的违约之处。"约内第四十七款'中国商民至小吕宋贸易应与最优之国一律相待'，此明文也，而日官所收身税、路税，自丁卯换约起至甲申共十八年该岛刊发新例止，共征华人银七百零七万八千一百六十一元二角四仙，专征华人每人岁纳九元六仙。甲申后乃兼征西人每人一元五角，华人则四元五角，计至丁亥共四年。又长征银五十二万零八百三十六元。又路照一项，西人每征四角五，华人每征则一元二五，又须预纳一年身路税，无理之甚。即与西人比较将四角五除去，实长征华人八角。自丁卯至丁亥廿一年共银七十二万九千一百七十元四角，预纳之身、路税犹在外也。路照谅非尽人而请，此项姑为约之耳。又每华人征医院费二角五仙，甚微，自丁卯换约至本年廿一年共征银二十二万七千八百六十五元七角五仙。此项与甲申以前之身、路税，均系独征华商，甚违一律优待之约。此中人数，就去年正月至九月数目共计华人四万三千四百零三人，逐年清计，尚不止此数也"。① 这个分析清晰地指出了西班牙政府在履行条约方面并没有做到对中国商民的贸易活动"与最优之国一律优待"，显然属于违约，这就有力地反击了米阿斯所谓的"守约"论调。

如果严格按照条约行事，中国完全有要求在小吕宋设领的权利。同时，西班牙政府对华工滥征路税、身税，违反了条约规定，中国政府有权利依据条约进一步为华工此前的损失索赔，这就是张荫桓"索偿已往、禁遏将来"的办法。

---

① 任青、马忠文整理：《张荫桓日记》，世纪出版集团、上海书店出版社2004年版，第173页。

张荫桓还上书光绪帝，阐明自己在小吕宋设领问题上的观点。首先，一定要行使使臣选派领事的权利。"出使通例，使臣有选派领事之权，若奉使之国不能设官，则此例直同虚设。况小吕宋华商贸易本有专条，臣仍有词可措"。张荫桓认为选派领事是使臣的责任，如果西班牙不让设立领事就相当于使臣的选派领事权形同虚设，因此必须依据贸易专条继续要求设立领事以保护华商。其次，他阐明了自己在改革小吕宋领事管理方面的设想。一、小吕宋与美国和西班牙首都相距遥远，"轮飙迢递，声息纡迟"，张荫桓建议将南洋群岛"领事应办事宜归粤督臣兼顾"，理由是"南洋群岛商务悉从粤港枝分，广东形胜，近控六洋，得督臣就近经营，似可照顾周到"。他的这一建议早前就已得到粤督张之洞的认可和支持。二、提出领事经费的解决办法和领事候选人问题。关于经费，张荫桓认为尽管"有该岛华商自愿筹费之说"，但仍应该"请酌拨公款以符体制，此与光绪五年新加坡设领事先拟筹费，卒请拨款情事略同"。对于领事候选人问题，张荫桓认为"领事之选则非张之洞酌定，难期呼应灵捷，臣奉使三国，分设六署，用人本多，第得力者不能远离，生疏者不敢遽派，故须以此事累张之洞也"。① 他提出的这套方案，既符合当地实际，又能提高工作效率，被光绪帝采纳。

接下来，张荫桓就积极与外部进行联络、催办设领一事。闰四月二十七日（6月18日）是西班牙外部见客之期，张荫桓派延龄到外部催促，"外部果以藩部作宕，而仍自任安排妥当"，他意识到了问题的严重性，觉得"此中波折诚难卒办"。张荫桓清楚西班牙藩部不愿让中国在小吕宋设立领事是"以小吕宋地方官禀牍屡屡以中国设领事为于该岛有损，无非为违约滥征起见"。② 第二天，张荫桓与米阿斯晤谈一时

---

① 王彦威纂辑、王亮编、王敬立校：《清季外交史料》，卷七一，书目文献出版社1987年版，第10页。
② 任青、马忠文整理：《张荫桓日记》，世纪出版集团、上海书店出版社2004年版，第177页。

许,米阿斯终于说出了其中的"隐谋","实虑设官后不能违约滥征华税"。① 这与张荫桓的猜测是一致的。

张荫桓一直在做积极的努力,五月十八日(7月8日),外部谟烈邀约会晤,张荫桓偕延龄与翻译同往,携带充分的证据,打算与外部进行有力的辩驳。他们"携条约及该部因小吕宋设官事叠次回文,又小吕宋官报、督署岁刊征收华人税册、议院前日新议各国领事条例以备折辨",但见面后"谟烈绝不提条约,力言国家甚愿意,我亦愿意,但藩部以土人不愿为阻,与我意见两歧,现正跨踌撮合,迟数日当备文知照,再请晤谈",② 这样,把责任完全推到了藩部那里,采取了拖延战术。无奈张荫桓在西班牙时间有限,还要巡视其他国家,只能把任务暂时交代给部下,并"电李傅相述小吕宋事,请转属日使助力",③ 希望西班牙驻华公使能帮助事情顺利解决,使两部门尽快"撮合"。

设立领事是极其艰难的过程,这样的事情并非只有张荫桓一人经历过,近代很多外交使臣都遇到过这样的情况。途经英国时,驻英公使刘瑞芬就向张荫桓讲述了设立领事的艰难过程。如"新架坡(即新加坡)设领事一事,郭筠仙并未办竣,曾劼侯接任后始为合尖,至新金山等处则已言明不再设矣。南洋群岛近邻闽粤而西人总以中国设官为虑,曩过巴黎蔼堂亦言香港设领事一事,外部首肯而藩部梗议,当日噶拉巴拟设领事,商诸外部亦未拒驳,终为藩部所挠,正与西班牙机局略同……"④

六月二十六日(8月15日),张荫桓返回美国之后第三天,即着手

---

① 任青、马忠文整理:《张荫桓日记》,世纪出版集团、上海书店出版社2004年版,第178页。
② 任青、马忠文整理:《张荫桓日记》,世纪出版集团、上海书店出版社2004年版,第183页。
③ 任青、马忠文整理:《张荫桓日记》,世纪出版集团、上海书店出版社2004年版,第184页。
④ 任青、马忠文整理:《张荫桓日记》,世纪出版集团、上海书店出版社2004年版,第196页。

小吕宋设领一事,"检该岛官报之歧视华人显违条约者及本年该国新定领事条规,交科拟稿致谟烈"。① 三个月以后的九月二十三日(11月8日),"希九书言续晤谟烈小吕宋设官事,语较切实,寄到问答略节,谓致藩部文已属以必须照办,藩部亮不固执,然事属政务,恐须政府会议,是于藩部之外又添一政府作宕局"。② 这是延宕伎俩的继续。对于这种延宕战术,处于水深火热之中的华民非常焦急,多次禀呈张荫桓,张荫桓很无奈,发出"华商求设领事之情弥急,何日慰之也"③ 的感慨。但他并没有停止工作,一直在索偿与设领方面做努力,光绪十四年三月初二日(1888年4月12日),"复希九书,附寄给日外部索偿照会。华人寓居小吕宋自前明至今曾遭土人虐害者,《瀛环志略》仅记明万历三十一年一案。顷查日人孖田尼士臣尼高拿嘉庆八年在小吕宋岛所著《小吕宋记》,尚有康熙四十八年一案、乾隆二十二年一案,均极惨酷。日人敦拿士近佐嘉庆二十五年在马得力所著《小吕宋记》亦及其事,皆足补《瀛环志略》之遗,亦即为现在与日国辨论张本"。④ 张荫桓从西班牙文献上寻找华人在小吕宋受害的证据,以补中文记载之不足。

设领的过程如此艰难,但总理衙门与粤督张之洞意见还不统一。本来张荫桓希望通过总理衙门与西班牙驻华公使进行沟通,使设领问题能够顺利解决,但总理衙门意在持重,光绪十四年二月初二日(1888年3月14日),奕劻等上折对小吕宋设领表示缓议。奏折中对设立领事总结

---

① 任青、马忠文整理:《张荫桓日记》,世纪出版集团、上海书店出版社2004年版,第199页。
② 任青、马忠文整理:《张荫桓日记》,世纪出版集团、上海书店出版社2004年版,第226页。
③ 任青、马忠文整理:《张荫桓日记》,世纪出版集团、上海书店出版社2004年版,第254页。
④ 任青、马忠文整理:《张荫桓日记》,世纪出版集团、上海书店出版社2004年版,第271~272页。

出"四难",一是"发端之难","此议创始于张荫桓,乃该大臣亦已心知其难,叠次函牍未敢固执前说";二是"筹费之难",对于把经费都摊给华商的做法,总理衙门感到没有保障,而且这种例子在古巴、新加坡都出现过,"现在使费支绌万分,何以应之";三是"管辖稽查之难","在他国荒远之地,治为人服役之民,该国既非情愿照设,将事事妒忌掣肘。倘设官而权不我操,彼凌虐者如故,该领事远既不能呼吁出使大臣,近亦难以谘禀粤中大吏,势成孤立,与不设同";四是"恤商除弊之难","倘有不肖人员,习染外洋服、食、居、处之奢靡,以领事署经费为名,事事苛派,无艺是使华民重受其困,反为国家敛怨,转不如饬下使臣责问外部,申明约束,尚不失保护之意"。总理衙门的意思是:"计此数端不能不长虑,却顾相度目前事势,似不宜发之太急,收束为难。况缅、暹、南掌、西贡等处腹内之地,已虞他人鼾睡,而我转图羁縻其腹外零星之小岛,窃恐未获实济,先启嫌疑。"从这"四难"中,便可看出总理衙门对于设领问题的不重视,并且将此事的交涉责任推到粤督和出使大臣张荫桓二人身上,"该督于此事规画经年,此次奏称先行试办一处,余俟次第推广,请由臣衙门转商日使,催发凭照,诚欲力为其难而不肯遽寝其议。惟是日廷既未允从,而该国驻京使臣向无遥制外部之权,纵令日与磋磨,亦属于事无济。臣等公同商酌,应仍请旨饬下出使大臣张荫桓再与日国外部申理前议,切实妥商,如能确有把握,再行酌核开办,以免窒碍而慎事机。至各埠华人动招侵(字体残缺,疑似"侵"字)侮,现仍应由出使大臣力持定约,随时商之外部,严禁土人滋扰,保护商民,并就各处本有会馆,公举绅董,随事禀商该大臣核办,以资联络。其原奏所陈设官一年以后就地筹款举办各节,究竟能否经久,源源接济,应俟议办有期,再由该督会同出使大臣详为区画，妥定章程，奏明办理。"① 总理衙门缺乏对张荫桓强有力的支持。但同时粤督张之洞的咨奏却意在远拓，即采取强硬措施，但又提不出什么好办法。于是，总理衙门和张之洞纷纷责难张荫桓。尽管如此，张荫桓依然在做最大的努力，"屡属希九与外部往返商榷"。② 五月二十七日（7月6日），西班牙外部以"小吕宋设官事，外部无可推展，特贻书驻华公使代达总署，申明藩部专政而于外部叠次。允诺之言，抹煞不提，意以总署催余速办，故为此釜底抽薪之计。前次总署复奏，方谓与日使磋磨无济，兹日廷乃令日使面达总署。有此宕笔，数年心血均付子虚矣"。③ 这样，在没有后盾支持的情况下，张荫桓花了近两年时间苦心经营的小吕宋设领计划落空了。《清史稿》中记载张荫桓"与日廷争论小吕宋设官事，卒如所议"，④ 是不准确的。

虽然设领没有成功，但张荫桓是个务实的人，光绪十五年四月初七日（1889年5月6日），他继续向西班牙外部索偿对华滥征款，"此案窃虑日廷久宕，前数日已函属希九将索偿该岛滥征之稿译送外部，希九迟疑审慎。此稿搁置三年，现在情形如此，若并此不发，更无以对华民"。⑤ 尽管设领不成，张荫桓还是要为小吕宋的华民讨回公道。

（二）小吕宋设领失败原因透析

张荫桓在小吕宋设立领事的过程中花费了很大的精力，但他的努力

---

① 中国第一历史档案馆编：《光绪朝硃批奏折》，第一一二辑，中华书局1996年版，第699~700页。
② 任青、马忠文整理：《张荫桓日记》，世纪出版集团、上海书店出版社2004年版，第279页。
③ 任青、马忠文整理：《张荫桓日记》，世纪出版集团、上海书店出版社2004年版，第303页。笔者认为，此处引用的"申明藩部专政而于外部叠次。允诺之言，抹煞不提"一句的句读有误，应该为"申明藩部专政，而于外部叠次允诺之言，抹煞不提"。
④ 赵尔巽等撰：《清史稿》，第四一册，卷四四二，中华书局1977年版，第12436页。
⑤ 任青、马忠文整理：《张荫桓日记》，世纪出版集团、上海书店出版社2004年版，第386页。

最终落空，原因有诸多方面：

第一，在小吕宋设立领事会对西班牙政府的财政有很大影响，因为有了领事为华工作主，会限制他们滥征华税，而且"伊国岁阙巨款，藩部所由争，而吕官假公济私，亦多不便"。① 吕督滥征华人国用岁阙数十万，"中国设官则局面顿改"，② 这是西班牙政府百般阻挠清政府设领小吕宋的根本原因。

第二，清政府对小吕宋设领问题重视不足，甚至在统治阶层内部没有形成统一的意见，总理衙门主张持重，粤督意在展拓，走的是完全相反的路线，使得张荫桓无所适从，必然会影响到他工作的力度。在这一问题的交涉上，张荫桓希望总理衙门与西班牙驻华公使进行沟通，但总理衙门最终把责任推给了张荫桓，缺乏对张荫桓强有力的支持，使得张荫桓在海外孤军奋战，难成势力。

第三，由于客观条件的限制，清政府驻外公使一人兼管数国，要不停地奔波于各国之间，使得设领的交涉只能暂时移交部下，影响交涉的力度和进程。

小吕宋设领虽然没有成功，但是张荫桓和其他总理衙门人员的设领努力并没有白费，他们的艰难交涉为后来使臣的进一步交涉提供了宝贵的经验，为小吕宋最终成功设立领事奠定了基础。

二、完善无领事地区的管理

（一）可以不必设领的地方派商董管理

对于可以不必设立领事的地方，张荫桓主张设立商董来保护华民利益。比如"巴拿马、哥浪两埠相接，华人营生于此者垂五千人，商多

---

① 任青、马忠文整理：《张荫桓日记》，世纪出版集团、上海书店出版社2004年版，第178页。
② 任青、马忠文整理：《张荫桓日记》，世纪出版集团、上海书店出版社2004年版，第175页。

工少,故不为彼族所轻"。在这种"商多工少"的地方,华人的利益受到严重侵害的情况相对较少,他的前任"郑光禄曩倩(应为"请")美总领事为照料,尚能顾全生意",于是,他想到再"于华商中择殷实公正者,设正副商董两人为众商领袖,略如檀香山之式"。① 这样会更加有利于保护华商利益,方便联络。

(二) 继续沿用设置代理领事的方式

领事有两大类:职业领事和名誉领事。代理领事,即领事代理人通常属于后者,"许多政府把他与名誉领事同等对待。一个名誉领事通常是接受国的一个当地居民,在那里有他自己的工商企业,或某种私人职业。他在以前可能没有什么领事方面的经验或训练。一般认为最好他是派遣国的国民……但是如果他是接受国或是第三国的国民,那么,对其委任须得到接受国政府明确的赞同。不管怎样,要求他去履行的职责总是有限的,他将接受酬金或开支津贴而不拿政府的固定薪金。他可以由主管领事馆的官员提名,并在他的管辖下工作,并将由外交部任命"。②

清政府在国外设立代理领事有一段时间了,并不是张荫桓首创,"秘鲁代理领事三处:嘉士马埠为秘人嘉黎卢,米些埠为美人麦克拿,而堆介益地埠为江苏上海人徐云高,由来久矣",设立代理领事是考虑到了当地的实际情况,由于"华人散处各埠,既不能随地设官,只可派人代理",张荫桓也非常赞同这样的方式,而且继续沿用,因为代理领事不仅了解当地的实际情况,而且从经济角度考虑,"亦省节经费之一道"。③

这种不设职业领事,而采用商董、代理领事进行管理的办法,是一

---

① 任青、马忠文整理:《张荫桓日记》,世纪出版集团、上海书店出版社2004年版,第290页。
② 〔英〕戈尔·布思主编,杨立义、曾寄萍、曾浩等译:《萨道义外交实践指南》,上海译文出版社1984年版,第307~308页。
③ 任青、马忠文整理:《张荫桓日记》,世纪出版集团、上海书店出版社2004年版,第320页。

种因地制宜、实事求是的做法，不仅使华民在海外的生产、生活有了保障，而且在很大程度上解决了清政府经费不足的问题。以清政府当时的情况，财政和涉外人力都有限，不可能在每一地区都设立领事进行管理，而且也要综合考虑接受国当地的实际情况。用商董和代理领事管理华民就很好地解决了这个问题，在当时不失为一种最为实际的选择。

对于华工众多的地方，张荫桓积极要求设立领事，或派商董，或寻找代理公使，但对于条件不适合设立领事的地方，也很无奈。如光绪十四年七月初十日（1888年8月17日），"通惠公所代杜希猷埠诸华工求设领事，并呈送杜拉备、简答备、直金烈打三田寮华工禀词，大致以寮主虐待"，但当地的情况是，"杜希猷华工最盛，然寮主多非秘人，秘廷威力不能及，即设领事而地方官无权助理，亦非领事一手一足能使寮主俯首听命也"。因此，张荫桓认为"固是经费绌支，而事势亦有轩轾，只可详筹良法，然后发手"，①没有提出很好的解决办法，当然，这需要清政府与接受国共同协调才能够解决。

第三节 保护华工权益

一、华工出国的背景

（一）华工出国的原因

19世纪初，奴隶贸易被废止，引起了北美洲、西印度群岛和南美洲的种植园和矿场的劳动力严重不足，为了找到能保证经济发展的廉价劳动力，殖民者便很快着眼于千百万的中国人身上。

---

① 任青、马忠文整理：《张荫桓日记》，世纪出版集团、上海书店出版社2004年版，第315~316页。

除了国际原因,国内的的重重问题也是导致华工出国的重要原因,主要有以下几方面:

(1) 人口过剩。所谓人口过剩,是相对于一定的生产力水平而言。中国历史上的人口过剩,主要是相对于农业社会经济的承载力而言。清兵入关之后,采取垦荒、减赋等措施,生产发展,人口急剧增长。人口过剩具有双重的影响,即土地和通货膨胀的压力。由于土地并不随着人口的增长而增加,人口越多,人均土地面积就越少,土地不足导致农产品供求失衡,导致通货膨胀,迫使大量的人口外出谋求生存。

(2) 自然灾害频仍。中国是一个多自然灾害国家,仅就晚清时期来说,据陈高傭等编的《中国历代天灾人祸表》统计,道光二十年至宣统三年（1840~1911）间,中国共计发生水灾236次,旱灾140次,震灾数百次,风灾40次,虫灾在农作物生长季节更是常见。自然灾害的频繁造成了人们移居海外的趋势,尤其是在南部沿海地区,那里与外部世界早已建立联系。

(3) 鸦片贸易。西方向中国走私鸦片的非法贸易,使中国白银逐渐枯竭,财政制度受到严重扰乱,白银大量外流,大大加重了农民的赋税负担。

(4) 阶级矛盾激化与社会危机。西方资本主义侵略和封建剥削加重,导致阶级矛盾激化和社会动乱的爆发。十八九世纪,爆发了多次大规模起义,其中最著名的是1796年爆发于川、鄂、陕交界地区的白莲教起义;19世纪中叶爆发于鲁西、冀南间淮河地区的捻军起义;以及1851~1864年席卷大半个中国的太平天国起义等。这些起义震撼了清政府的统治根基,也对经济产生了严重的破坏,毁灭了大量农田,大批农民流离失所,从而产生了移居海外的念头。

(5) 发财梦的驱使。1848年,在美国加利福尼亚发现金矿的消息传到广州、香港等地,街头到处都充斥着到美国去开矿可发财的广告,于是东南沿海地区有大批人奔赴旧金山。

（二）华工出国的方式

在这种国际和国内环境下，华工通过各种渠道谋生海外。一、赊单，系广东话，意为"赊欠船票制"，也称赊票，即指那些因无力支付现金的人由中国商人或外国公司支付船票费用出洋。为华工支付船票费用的人将从工人的亲属或未来雇主那里取得补偿。① 但从中国出洋的人绝大部分是由商人或掮客资助和控制的。以加利福尼亚为例，"旧金山的中国商人于1876年估计，加利福尼亚境内共有148000中国人。这个数目当中，只有一小部分人是自由移民，或者是由他们的亲友代付票船的移民。其余的人全都是在赊单制度之下被引进美国的"。② 由于债务关系，这些赊单工的命运被牢牢地控制在苦力掮客的手中。二、通过苦力贸易被掠卖到各地。以美国为例，从19世纪50年代开始，美国殖民者从我国东南沿海地区非法掠卖华工，在通商口岸设立"招工所"，或通过美国在中国内地的洋行采用威逼利诱的方式拐骗、掠夺青壮年男子，称为买"猪仔"。苦力贸易从贩卖到运输，其中的利润高得惊人。"由于苦力供不应求，市价不断提高、贩运苦力的利润越来越大，使这种商业投机活动形成狂潮。运输苦力的航运投机商贪图暴利，超额滥载，根本不顾苦力死活，不择手段地加以野蛮迫害"。③ 三、通过"合法"途径出国。以美国为例，1868年中美《蒲安臣条约》签订以后，规定两国人民可以自由移民，美国签订这个条约的目的是为了满足本国对廉价劳动力的大量需求，因此，这个条约也在一定程度上为美国拐骗华工铺平了道路。

二、清政府对海外华人态度的转变

中国在明代出现海禁，大体经过"洪武年间确立海禁；永乐年间

---

① 陆国俊：《美洲华侨史话》，商务印书馆1997年版，第29页。
② 陈翰笙主编：《华工出国史料》，第四辑，中华书局1981年版，第284页。
③ 陈翰笙主编：《华工出国史料》，第四辑，中华书局1981年版，第196页。

的弛禁；明中期的再禁及隆庆以后的开放"① 四个阶段。清朝入关以后，继续沿用了明朝的的海禁政策，阻止华民出洋谋生。1655 年以后，清廷曾多次颁布禁海令，不许片帆入海，违者立置重典。虽然后来海禁政策时宽时严，但直到 1858 年，清政府才明令准许华人自由出洋，承认其定居海外的权利。1860 年中英《续增条约》第五款又明文规定华人可移居海外，"戊午年定约互换以后，大清大皇帝允于即日降谕各省督抚大吏，以凡有华民情甘出口，或在英国所属各处，或在外洋别地承工，俱准与英民立约为凭，无论单身或愿携带家属一并赴通商各口，下英国船只，毫无禁阻"。②

虽然清政府允许华人出洋谋生，但对于海外华人的保护相当不力。中美订立《天津条约》时，美国全权大臣列威廉的代表甲必丹杜普与直隶总督谭廷襄之间有一段谈话，内容涉及中国遣使保侨的问题：

甲必丹杜普提议中国应派领事赴美，以保护照料中国侨民。

总督——敝国习惯，向不遣使国外。

杜普——但贵国人民在太平洋岸者人数甚多，不下数十万。

总督——敝国大皇帝抚有万民，何暇顾及此区区漂流海外之浪民。

杜普——此等华人，在敝国开掘金矿，颇有富有者，似有保护之价值。

总督——敝国大皇帝之富，不可数计，何暇于此类游民，计及锱铢。③

由此可见当时中国政府对于外国移民的态度。

但随着中国对外战争的屡次失利，外交上处于被动之势，清政府的

---

① 晁中辰：《论明代海禁政策的确立及其演变》，《中外关系史论丛》第三辑，世界知识出版社 1991 年版。
② 王铁崖编：《中外旧约章汇编》，第一册，生活・读书・新知三联书店出版社 1957 年版，第 145 页。
③ 陈翰笙主编：《华工出国史料》，第四辑，中华书局 1981 年版，第 134 页。

一些高级官吏改变了对国际事务的看法，移民问题也受到清政府的进一步注意。19世纪中叶，华侨问题的突出使清政府不能不改变对移民漠视的态度，进而采取了保护华侨的措施。

美国的华人问题。19世纪中叶，中国移民开始被吸引到加利福尼亚开采金矿，在那个动荡不安的淘金热初期，任何人都有机会，因此少量华人的出现并没有对白种人的利益造成直接的威胁。60年代，华工又投入到艰苦的修建东西太平洋大铁路的工程中，成为一股重要的劳动力量，此时对于华人的赞扬不绝于耳。但随着华人数量的不断增多，再加上他们吃苦耐劳，不怕工资低，他们的工作机会明显增加，在劳动力市场上对白人造成了严重威胁，于是美国社会对于中国人的种种负面宣传增多，加上清政府对海外华人漠不关心，排华的趋势越来越强。1873年，美国经济危机爆发，社会矛盾日益激化，在整个19世纪70年代，排华事件此起彼伏。

古巴的华人问题。古巴也出现虐待华工的问题，虽然早在1864年，清政府就与西班牙政府（当时古巴是西班牙属地）签订了贸易条约，而且在1873年准许西班牙招华工到古巴做工，但古巴华工的遭遇极其悲惨。总理衙门曾派出以陈兰彬为负责人的调查团到古巴进行实地调查。经过四年的交涉，1877年，中国政府与西班牙签订条约，保证改善华工的待遇。

秘鲁的华人问题。秘鲁的华工有十多万人，遭受非人的虐待，李鸿章曾派容闳前往秘鲁调查，容闳写了一份完整的报告，并附有劳工遭受虐待的照片。1873年，秘鲁公使请求与中国订立通商友好条约，遭到李鸿章的驳斥。1874年6月26日，李鸿章与秘使签订通商条约及《查办虐待华工专条》，清廷在秘鲁设官势在必行。李鸿章曾上奏："我若无使臣在彼，则华工相隔七八万里，其保护与否、除弊与否，乌从而知之，即知之又乌从而拯援之，合无仰恳天恩，迅派正使、副使前往秘鲁，按照条约等件，凡遇可以为华工保护除弊之处，随时商同该国，妥立章程。是此日在水火，十数万之华人将死而得生，既危而复安也。"①

在这种情况下，总理衙门奏请派遣外交使臣驻美国、西班牙、秘鲁三国保护华民。奏折中说道：

> 诚以日国、秘国于华工多方虐待，若不派员驻扎，随时设法拯救，不独无以对中国被虐人民，且令各国见之，亦将谓中国膜（应为"漠"）视民命，未免启其轻视之心。臣等参考各国情形，必须照约于各国就地设领事等官，方能保护华工。既欲设领事等官，必先简派大臣出使彼国，方能呼应。古巴境地暨秘鲁国之地均与美国相近……且近年奏选学生出洋肄习西学，所驻哈富（即哈佛），即系美国境地，亦有交涉应办之件。此时欲遣使日国、秘国，必先遣使美国，方能取程前进，逐层开办。是美国及日国、秘国遣使一层，均难稍缓，而三国同时遣使，不易骤得多人，似以请派使臣二员合办三国事宜，为较便。②

这样，中国派出了驻外公使处理华工问题。由于外交人才的缺乏，只能是一人兼使地域较近的三国。

华工问题成为派遣美日秘公使的主要原因和直接原因。此后，保护海外华人尤其是华工成为驻外使节的一项重要任务。"假使排华气氛加剧，中国外交官又怎能保护华侨呢？他们既无法消除当地社会中排华情绪的增长，也不能阻止排华法律的通过。唯一的行动方针是保护受害者"。③ 但这种保护受害者的行为对于清政府来说已经是一种进步。

---

① 王彦威纂辑、王亮编、王敬立校：《清季外交史料》，卷二，书目文献出版社1987年版，第17～18页。
② 王彦威纂辑、王亮编、王敬立校：《清季外交史料》，卷四，书目文献出版社1987年版，第17～18页。
③〔澳〕颜清湟著，栗明鲜、贺跃夫译：《出国华工与清朝官员——晚清时期中国对海外华人的保护（1851～1911）》，中国友谊出版公司1990年版，第230页。

三、积极交涉美国排华法案问题

(一) 美国的排华运动与排华法案

如前所述,华工在初到加利福尼亚时,由于那里到处是大片尚未开发的荒原,人口稀少,劳动力奇缺。美国要开拓西部边陲,需要大量的劳动力,中国移民的到来,正好满足了他们对劳动力的需要,因此受到当地人的欢迎。但随着时间的推移,这种情况发生了转变。

"1848年加利福尼亚发现金矿后,从美国东部转到西部的白人移民人数在100万以上。有些人,特别是较早到达的人,在很短时间内成为暴发户。表层金矿很快就被淘挖殆尽,只有较大的公司用机器深挖,才能找到黄金,所以一些晚到的人淘不到多少金子,大失所望。而那些年,在金矿区淘金、挖金的中国侨民,人数多的时候约有一两万。他们由于刻苦细作,往往在一些白人已经弃而不用的地方,还能继续淘出一些金子。在金矿区的白人,除了一些称王称霸、独占采矿权的人以外,有相当数量没有采到金子的白人,看到华侨居然能继续找到黄金,就产生了嫉妒之心。排华的现象首先在金矿区出现不是偶然的。"①

1873年,美国经济危机爆发,社会矛盾日益激化。1874年到1875年间,加利福尼亚的工农业出现衰退,当西部铁路建设和矿山开发告一段落时,不再大量需要华工时,他们就开始大肆排华。

这一阶段发生了多起暴力排华运动,如1871年的洛杉矶惨案、1877年暴徒围攻旧金山华埠、1880年的丹佛排华暴力事件、1885年的石泉大惨案、1885年的塔科马和西雅图的排华暴力事件等。②

随着暴力排华的声浪越来越高,要求美国排华立法的呼声也不断出

---

① 李春辉、杨生茂主编:《美洲华侨华人史》,东方出版社1990年版,第202~203页。
② 详见李春辉、杨生茂主编:《美洲华侨华人史》,东方出版社1990年版,第207~211页。

现。可以说，驻美公使最重要的工作就是进行反对排华的谈判。1879年，美国国会通过一项排华法令，禁止中国劳工继续移民。1868年的《中美续增条约》（即《蒲安臣条约》）第五条规定："大清国与大美国切念民人前往各国，或愿常住入籍，或随时来往，总听其自便，不得禁阻，为是现在两国人民互相来往，或游历，或贸易，或久居，得以自由，方有利益。"① 由于这一法令与《续增条约》相抵触，因此被海斯（Rutherford·Birchard·Hayes，拉瑟福德·伯查德·海斯）总统否决。

但到了1880年，正是美国大选之年，海斯总统为了争取连任，争取更多的选票，立即遣使赴华商谈修约事宜。他派出密执根大学校长安吉立、帅腓得、笛脱克三人代表团于1880年8月9日到达北京，与中国政府全权大臣、总理衙门大臣宝鋆、李鸿藻进行谈判。光绪六年十月十四日（1880年11月16日），《中美续修条约》签订，其内容为：

第一款　大清国、大美国公同商定，如有时大美国查华工前往美国，或在各处居住，实于美国之益，有所妨碍。或与美国内及美国一处地方之平安，有所妨碍。大清国准大美国可以或为整理，或定人数、年数之限，并非禁止前往。至人数、年数，总须酌中定限，系专指华人续往美国承工者而言，其余各项人等，均不在限制之列。所有定限办法，凡续往承工者，只能令其按照限制进口，不得稍有凌虐。

第二款　中国商民，如传教、学习、贸易、游历人等，以及随带并雇用之人，兼已在美国各处华工，均听其往来自便，俾得受优待各国最厚之利益。

第三款　已在美国各华工，及他项华人等，无论常居暂住，如有偶受他人欺侮之事，美国应即尽力设法保护，与待各国人最优者，一体相待，俾得各受按约应得之利益。

---

① 陈翰笙主编：《华工出国史资料汇编》，第一辑，第四册，中华书局1985年版，第1320页。

第四款　两国既将以上各款议定，美国如有时按照所定各款妥立章程，照知中国。如所定章程与中国商民有损，可由中国驻美钦差大臣与美国外部公同妥议。中国总理衙门亦可与美国驻京钦差大臣，公同妥为定议。总期彼此有益无损。①

大意就是清廷同意合理地限制、暂停但不绝对禁止中国劳工移民美国。

"这项条约的缔结向美国政府提供了一个限制以及最终排斥中国移民的合法依据。由于这项条约，中国驻美的外交官更难保护当地华侨了。这项对中国不利的条约之签订，是以下三个因素相结合的结果，即希望与美国保持友好关系；缺乏驻华盛顿中国公使的专家意见；不了解美国华人的困难。"② 清政府天真地以为修约可以缓解美国排华情绪，使美国华工的处境得到改善，但却没有想到通过这个条约，美国可以施行节制华工入境的政策。美国的排华形势非但没有因为这个条约的签订而得到好转，反而在这个条约的基础上逐步升级。

1881年，美国国会不顾1880年修订的中美条约，制定停止中国移民二十年的法案，张荫桓的前任公使郑藻如针对排华法案进行了积极的交涉与强烈抗议，1882年4月4日，阿瑟（Chester·Alan·Arthur，切斯特·艾伦·阿瑟）总统认为该法案不合理，最终予以否决。为了争取议案获得总统同意，国会对原议案做了一些变动，把禁止华工入美的时间从二十年缩短为十年，5月6日，总统批准了这一法案。这是第一个排华法令，不仅"暂停"各种华工入境十年，而且其他留学、贸易、旅行人等赴美，必须持有中国政府的凭证，美国任何一州不得允许中国人取得美国公民资格。

---

① 陈翰笙主编：《华工出国史资料汇编》，第一辑，第四册，中华书局1985年版，第1326~1327页。
② 〔澳〕颜清湟著，栗明鲜、贺跃夫译：《出国华工与清朝官员——晚清时期中国对海外华人的保护（1851~1911）》，中国友谊出版公司1990年版，第232页。

1884年7月，美国国会又通过了对1882年排华法的修正法案。该修正案更强化了允许先前到来的入境移民离开美国和回国的规定，同时阐明该法适用于一切华人而无论他们的国籍为何，这就进一步限制了中国人重来美国。至此，1880年的《中美续修条约》名存实亡。

（二）"自禁华工"倡议的出炉

最先提出自禁华工建议的是中国驻旧金山领事欧阳明，对此，张荫桓的接任者崔国因在其日记中有所记载："阅旧案，自禁华工之说，始于光绪十一年十二月。金山领事欧阳明禀请其意，因美国苛制不已，加以焚杀，不如自禁。远害所见亦是。以后，总理衙门亦有此意。张大臣遂与美外部商办，既有头绪，于十三年二月出奏。嗣粤省华商及寓美华商禀于两广总督，以为不宜。请奏饬详议。遂于十四年六月，会同巡抚出奏，由张大臣从新详议。美廷遂自立苛禁各例。"①

1885年，郑藻如提出"自禁华工来美节略"，② 指出了提出这一想法的几点原因：

（1）华人安全难以保障。"寓美华人以西境为最多，贸易亦最盛"，"土人一旦有事，华人定必先遭其祸，……盖留此而自贻日后之忧，不如去此而暂受目前之苦也"。并且认为"现在情势，各处杀机陆续萌动，纵一时暂能遏抑而终久必难保全，纵别境可望相安而西境必难无事"。

（2）认为美国法律太宽，无法真正保护华民。"其国法律太宽，地方官之权不尽能行于百姓，朝廷之权又不能尽行于地方官，诚恐今日各案不过先示其端，异日祸患更难测矣"。

（3）华工利用各种机会赴美的仍无法减少。"华工之由美国回籍或

---

① 崔国因著，刘发清、胡贯中点注：《出使美日秘国日记》，黄山书社1988年版，第93~94页。

② 王彦威纂辑、王亮编、王敬立校：《清季外交史料》，卷七九，书目文献出版社1987年版，第32~36页。

他往者，自己虽不再来，或将执照卖于年貌相若之人顶名而来，或并无执照而串通关役行贿而来，或由英属之域多利边界偷越而来。故自举行限制之后，去者虽不乏人，而为数不见其减，此又招疑取怨，未尽出于无因者也"。

他认为，"为今之计，欲免华工后祸，似非先杜来源不可，欲杜来源，似非中国自禁不可"。

郑藻如陈述了自己的三大观点：

(1)"先正自禁之名"。郑藻如认为，华工赴美本来不应该禁止，"今日拟禁非为美民助虐，实为吾民救灾耳"，这种"似类于自弃条约"的做法，"必显揭美国未能保护之咎，历叙华人迭次受害之惨，申明不得不急筹拯救之故，然后吾之自禁乃为有名"。并且指责美国"近来焚杀、驱逐，巨案迭出，地方官既不防维于先，又不严办于后。是中国之待美民皆奉条约为依归，美国之待华民视条约为虚设"，因此主张"将华工之既回本籍者，禁其勿再来美，以免复履危机。此外华工由美他往并非回籍者，不入我国自禁之例"。郑藻如认为这样"仗义执言、情理兼尽"，一定会使美国"自省"，"未必复设苛法以重招万国之议"，使其他国家"亦鉴吾心未必议为曲意徇人而别作效尤之想"，况且"他日万一悍然不顾，竟禁华工再来，是又禁止之权在人，于我无预，更不若由我自禁之为愈矣"。

(2)"实筹施禁之法"。郑藻如担心直接的谕文通告很可能导致华民不听从，于是主张由总理衙门请求英廷协助，"饬令香港英督，无论何国轮飘船只，凡有香港开往美国各埠者，一概不许搭载华工"，这样才有实在把握。

(3)"分别应禁、不应禁之人"。郑藻如明确指出："此次所拟禁者只系华工一种，其余条约应准往来自便人等一切不禁"。辨别是否是华工，有两种方法："一请美国仍准驻港领事自发华商执照，一则凡有华人欲来美国贸易者，拟令金山各埠华商开具其人姓名、年貌，禀由金山总领事缮发印照，寄给本人携交港中美领事覆验，以凭登舟"。

郑藻如还概括了自禁华工的五点意义："拟禁华工其义有五，愚民自投陷阱而我设法以闭之，事属保民，筹办宜急，一也；西人轻藐华民，谓非来洋无以养命，今我自禁，以示无求于彼，可争体面，二也；我国毅然自禁，隐示不相甘服之情，美国君相或者翻然力图整顿，则留美华人皆受其益，三也；美民闻我自禁，怨毒亦可稍平，四也；华商财产、身家皆在美国，非收盘不能旋里，而收盘之法必须以渐而退，否则大伤。今华工不来，则美民之因华工而并恶华商者或可稍释，五也"。

光绪十二年七月初四日（1886年8月3日），总理衙门照会美国驻华公使田贝（C. Denby），首先谴责了美国没有保护华工的行为，"查华工向居美国者，按约应得往来自便，及一切保护优待之益，其回籍暨他往者，美国均给以复来照据，原亦循约办理之意。无如近来驱逐焚杀，巨案迭出，地方官既不防维于先，又不严办于后，迄今日久，未结一案，受者切骨，闻者痛心，是贵国空有保护之名，华工未沾保护之益。中国之待美民，皆奉条约为依归；美国之待华民，视条约为虚设也"。又提出了自禁华工的想法，"今中国欲议一自禁之法：凡未曾赴美之华工，严禁不准前往。业经回籍之华工，如无眷属、财产在美者，禁其勿再赴美，以免复履危机。现仍留美之华工，以及条约所载应听往来自便人等，务请永远照约办理。此禁止华工之大概也"。[①] 对于详细的章程，需要由驻美公使与美国国务卿进行商定。

谈判制定章程的任务就落到了新任公使张荫桓身上。

（三）限制华工案的艰难交涉

1. 新条约的签订及流产

张荫桓对郑藻如提出的"自禁华工"主张最初比较赞同，"自禁华

[①] 陈翰笙主编：《华工出国史资料汇编》，第一辑，第四册，中华书局1985年版，第1370页。

工赴美，所以远祸机而保生命，法甚善也"。①

张荫桓刚一上任，就与美国政府进行接触。张荫桓认为总理衙门致田贝的照会"大要有三：一曰未曾赴美华工禁不准来；二曰业经回籍华工，若无眷属、财产在美，禁勿再往；三曰现仍寓美华工，须责美国照约保护。"② 详细章程的制定需要由他与美国外部妥定，其中涉及的细节问题会很多。

继1884年的排华法案修正案之后，美国紧接着又通过了一项针对该修正案的补正例——《补正限制华工章程》。③ 张荫桓在光绪十二年七月十五日（1886年8月14日）的《致外部函稿节略》中阐明，"上议院所议《补正限制华工章程》未能遵照条约，将不入限制之华人分别优待"，并且对于"种种不便应另酌议之处，逐条标明节略"，此节略紧紧依据续约进行辩驳。

《补正限制华工章程》第二款中规定，"自此补正新例准行之后，十年内暂停华工由别国口岸等处来美"。张荫桓认为这是另行起限，如此递年增加，前面的时间又不扣除，与永远禁止没有差别，与《中美续增条约》第一款"并非禁止主义"相悖；第三款中要求华工注册领照，张荫桓认为这与美国国例不符，而且"非向来立例体制"，与《中美续增条约》第二款"已在美国华工均听其往来自便，俾得受优待各国之利益"不符；针对第四款"华工由别国口岸来美，称系假途前往别国，须赴进口处之税务司或委员报明一节"，张荫桓认为所有假道美国华工，仍应照章认准中国领事官护照为凭，这样才能避免发生差错；第五款中规定，"凡华工以外之华人，仿照华工一式具呈照相注册发

---

① 任青、马忠文整理：《张荫桓日记》，世纪出版集团、上海书店出版社2004年版，第147页。
② 任青、马忠文整理：《张荫桓日记》，世纪出版集团、上海书店出版社2004年版，第120页。
③ 朱士嘉编：《美国迫害华工史料》，中华书局1958年版，第98～99页。

给，须与所给华工执照无异"，这也与中美续约第二款"中国商民，如传教、学习、贸易、游历人等，均听其往来自便"相悖；针对第七款"凡中华搭客附船来美，税关确查来客实系照上所载之原文，体貌相符，例应得来美者，始准登岸一节"，张荫桓认为，"以后中国拟有善章给与例准来美之华人执照，到境呈验时，该关似应照例准其登岸，无庸赴公堂投诉，以省讼累"；第八款"此例准行后九十日外，每水每五十吨船，只准载华人一名，不得逾额一节"，针对赴美华人限制轮船吨位、人数，张荫桓认为这也是不合理的，"例准来美之人，又有回美执照，自不必限以吨位"。对于所有这些"实于中国商民有损"①的限制条例，张荫桓据理力争。

紧接着，张荫桓结合对这个《补正限制华工章程》的意见、总理衙门的"自禁华工"方针以及从前三约，开始草拟意见稿。"臣函商总理衙门，令臣握定续约与之争辩"，"彼以限制设词，我以保护立论，从前三约，概不更动"。②

光绪十三年二月二十四日（1887年3月18日），张荫桓拜会美国国务卿贝雅德，递交列举了一切情况的十五条建议。"饭后赴外部晤蚋蝮，申明总署自禁华佣要以保护，末缀减米税、交逃犯两款，共十五款，草议付蚋蝮斟酌"。③ 双方开始正式谈判。"蚋蝮意在限制，余意在保护"。④ 光绪十三年三月二十日（1887年4月13日），贝雅德提出了他的四款主张，"第一款，以二十年为限；第二款，以父母、正妻、

---

① 陈翰笙主编：《华工出国史资料汇编》，第一辑，第四册，中华书局1985年版，第1371~1374页。
② 陈翰笙主编：《华工出国史资料汇编》，第一辑，第四册，中华书局1985年版，第1357页。
③ 任青、马忠文整理：《张荫桓日记》，世纪出版集团、上海书店出版社2004年版，第142页。
④ 任青、马忠文整理：《张荫桓日记》，世纪出版集团、上海书店出版社2004年版，第145页。

儿女为眷属，以产值千元为财产，惟须报明税司，该税司遵现时之例，或自后所立之例，给予回美执照；第三款，言约内所定章程专为华工而设，不与传教、学习、贸易、游历诸华人有碍，又订明华工或前赴他国，或自他国取道来美，仍旧享受假道之权利，惟须遵守美国政府自后所立章程；第四款，则言此约互相遵守，以二十年为期，按批准互换之日起，期满之日，倘彼此于六个月以前不将停止限制之意备文知照，则仍展二十年，等语"。① 但对于张荫桓提出的保护华工、清积案、减米税、交逃犯的要求却是或驳或拖。双方就是在这种"限制"与"保护"的分歧中进行不断磋商，但始终没有达成一致。光绪十三年三月二十九日（1887年4月22日），张荫桓前往西班牙，六月二十四日（8月13日）回到纽约，谈判中断了近四个月。随着美国总统大选临近，美国排华运动又逐步升级，为了赢得民心，争取选票，克利弗兰（Grover·Gleveland，格罗弗·克利弗兰）总统下令贝雅德重开谈判。经过艰难的谈判，光绪十四年二月初一日（1888年3月13日），张荫桓与贝雅德签订新的《限禁华工条约》。② 主要内容：

第一款　兹彼此议定以此约批准互换之日起，计限二十年为期，除后开章程所订外，禁止华工前往美国。

此款美议院拟增现"已自美回籍华工，无论曾否领过仍准回美执照，新约施行，亦在限禁之例等语"。③

第二款　寓美华工，或有父母、正妻、儿女，或有产业值银一千元，或有经手账目一千元未清，而欲自美回华、由华回美者，不入第一

---

① 任青、马忠文整理：《张荫桓日记》，世纪出版集团、上海书店出版社2004年版，第152页。
② 王彦威纂辑、王亮编、王敬立校：《清季外交史料》，卷七九，书目文献出版社1987年版，第36～38页。
③ 第一款和第二款后面的补充条款增加，是由于美国共和党议员对条约不满，提出修正，执政的民主党为了争取民心，提出了比共和党更为苛刻的两条补充条款，并得到总统批准。

款限禁之例，但华工于未离美境之前，须先在离境口岸详细缕列名下眷属、产业、帐目各情，报明该处税务司，以备回美之据，该税务司须遵现时之例或自后所立之例，发给该华工按此约章应得回美执照，但所立之例不得与此约款相悖，倘查出所报各情属伪，则该执照所准回寓美国之权利尽失，又例准回美之权利限以一年为期，以离美之日起计，倘有疾病或别有要事，不能在限期内回美国者，则可再展一年之期，但该华工须将缘由禀报离境口岸中国领事官，给与凭批作为妥据，以期取信于该华工登岸处之税务司。

此款美议院拟增"此项华工或由陆路或由水程回美，如无此款，所订回美执照呈关查验不准入境等语"。

第三款　此约所定限制章程专为华工而设，不与传教、学习、贸易、游历诸华人等现时享受来寓美国利益有所妨碍，此项华人倘欲自行申明例准来美之利益，可将中国官员或出口处他国官员所给执照并经出口处美国领事官签名者呈验，作为以上所叙例准来美之据，华人假道照章准行。

第四款　查光绪六年十月十五日中美在北京所立华人来美续约第三款，本已叙明，兹复会订，在美华工或别项华人无论常居或暂住，为保护其生命财产起见，除不准入美国籍外，其余应得尽享美国律例所准之利益，与待各国人最优者一体相待无异，兹美廷仍允按照第三款所订，尽用权力保护在美华人身命财产。

第五款　中国属民前在美国荒僻之境被恶党不法之徒戕害身命、损失财物，事出意外，在美廷例不应赔，在中国亦不愿有如此等案件索此赔款，今者美廷悯惜其事，顾念两国多年友谊，两国均愿笃固邦交，薄纾该华人所遭惨虐，虽美廷按例不应赔偿，姑勿深谕，兹美廷应允，准于一千八百八十九年三月一号以前将银二十七万六千六百一十九元七角五仙在华盛顿都城缴送大清钦差大臣代政府核收，作为清偿以上所叙损失各款，并分派受害之华人及其家属。

第六款　此约彼此互须遵守，以二十年为期，敬俟大清国大皇帝、大美国大伯理玺天德批准互换之日起计至限期届满，倘于六个月以前彼此并不将停止限禁之意行文知照，则限期再展二十年为期。

张荫桓在光绪十四年二月初三日（1888年3月15日）的奏折中总结道，条约"首阐总理衙门自禁华工赴美之义，酌以年限，次及寓美华人有眷属财产者，任便往来，即佣趁他国华人，亦准假道。其最要则明定保护华人身命财产之款，就光绪六年续约，而引伸之，一切利益与待最优之国同，但声明不入美籍而已"。① 但这项看似符合两国要求的条约最后却流产了。以下试析国内外各方的反应。

（1）华商纷纷禀请拒绝新约。在张之洞署下当译员的邝其照针对张荫桓与贝雅德签订的条约草议写了《商务刍言》一文，此文代表华商列举出二十四条理由对条约进行全面抨击。"是禁华工，则不啻禁华商，准此新约例而核计之，二十年而外，美国当无华人足迹矣"。② 他们还担心这样下去，其他国家也会仿效美国，禁止华工入境，"美约若不准行，则后患可绝，美约而若准行，则阶厉无穷矣"。③ 而且华工每年寄回家的仰事俯畜之资，要超过千百万两，这是一笔巨大的财富。光绪十四年（1888年）八月，香港、羊城、金山等埠的业外洋生理行商又致总理衙门《商务续言》一文，接《商务刍言》继续进行禀请，要求拒批新约，"是不独维持商务，而于国计民生亦大有裨益"。④

（2）粤督张之洞上奏反对新约。张之洞针对华商的纷纷禀请，也

---

① 陈翰笙主编：《华工出国史资料汇编》，第一辑，第四册，中华书局1985年版，第1375页。
② 陈翰笙主编：《华工出国史资料汇编》，第一辑，第四册，中华书局1985年版，第1394页。
③ 陈翰笙主编：《华工出国史资料汇编》，第一辑，第四册，中华书局1985年版，第1398页。
④ 陈翰笙主编：《华工出国史资料汇编》，第一辑，第四册，中华书局1985年版，第1392页。

上奏请求拒批。"查广东人满为患,无业游民,皆恃出洋为谋生之路,就美国而论,华人十余万众,日用饮食,无一不取资于中土。推而至于南洋群岛,比比皆然。是华民谋生之路愈广,则中国货物之销流愈多,华工以力作而获值,华商即以贩运接济而收其利。事本相因,财不旁落,未有禁华工,而不碍于华商者也。又况美既作俑于先,难保南洋各岛不踵行于后。"① 指出张荫桓所订条约与郑藻如"自禁"本意不同,"详核郑大臣原议,所谓自禁者,乃中国自行其禁令,盖欲暴其恶于众,而示以不甘之情,使美之君相翻然而自省也。讵意张大臣即本自禁之说,而与之变约。……夫曰自禁,则因何而自禁,可以宣播于众,如何禁法,可以自操其权,一经立约准禁,即是美有应禁之权,而中国无不愿意,实与郑议有毫厘千里之差"。②

(3) 李鸿章主张设法批驳。光绪十四年六月十六日 (1888 年 7 月 24 日),李鸿章致电总理衙门,"闻各国谤怨沸腾,遍布说帖,舆论正哗,皆盼此约不批准互换。……可否设法批驳互换,庶免外洋各国各岛争起援引饶舌"。③

对于华商的不断禀请,以及朝廷大员对于新约的意见,总理衙门也不敢奏请批准。光绪十四年六月十七日 (1888 年 7 月 25 日),总理衙门致电张荫桓,"续订新约禁华工往美,限廿年,较庚辰约称,并非禁止前往者迥异。闻各国谤怨沸腾,遍布说帖,本署暂不能奏请批准"。④

总理衙门并不是拒绝批准新约,但就在总结需要互相商明的条款的

---

① 陈翰笙主编:《华工出国史资料汇编》,第一辑,第四册,中华书局 1985 年版,第 1378 页。
② 陈翰笙主编:《华工出国史资料汇编》,第一辑,第四册,中华书局 1985 年版,第 1384 页。
③ 陈翰笙主编:《华工出国史资料汇编》,第一辑,第四册,中华书局 1985 年版,第 1379 页。
④ 陈翰笙主编:《华工出国史资料汇编》,第一辑,第四册,中华书局 1985 年版,第 1379 页。

过程中，美国民主党在第一条和第二条后面又分别补充了更加苛刻的条款，禁止中国人再次来美，即使是暂时离开美国也不例外。美国做出这种违反国际公法的行为，还照样催促中国将新约尽快批准画押。9月19日，田贝照会总理衙门，要求奏请批准新约，"适接本国外部电，称上下议院已议定各华人不准来美，现尚在俟国主批允画押等因。据看电内之意，国主画押与否，系俟中国于新订之约能否立即批准。现因此事本国人心焦急，纷纷议论，适值上下议院不日亦将散会，是以贵国即须定明能否批准。本国与贵国素来和睦，自应保全睦谊，况此新订之约均系照贵国所请者，请贵王大臣立即入奏，请即批准，并希速行知照本大臣。如于四十八点钟内未准见复，本大臣即以中国未批准电复本国也"。① 第二天，总理衙门立即照会田贝，对美国单方面通过补充条款的做法提出抗议，并指出新约中有三条需要美国给以答复，"日前与贵大臣晤谈后，连日将新约中尚须商明之条列为三款，正在缮成节略间适接贵大臣八月十四日照会，具悉一切。贵国因新闻纸言中国不肯批准新约，上下议院遽行自立章程，本衙门闻之初犹未信，是以前赴贵馆面询，贵大臣亦以为必无此事，今阅来文乃知传闻不虚，殊非意料所及。查此事关涉两国立约，不能不格外慎重，应俟贵大臣将本衙门所问三条详晰备文答复后乃可将新约奏请批准，此事如能从速议定，亦本衙门之所甚愿。想贵国素敦睦谊，必不肯以议院一面自立新章催促中国，为期太迫，致本衙门难于办妥也"。② 这三条即"一、此约虽两国意见略同而百姓不服，如能酌减年限稍慰其心，办法更顺手，限满两国以为不必更动，尽可展期；二、第二款大致妥协，惟订约以前回华之工如有眷产，亦可禀报中国领事补给，凭批回美；三、回华工人在美财产不及千

---

① 《中美往来照会集（1846~1931）》，第7册，广西师范大学出版社2006年版，第27~28页。
② 《中美往来照会集（1846~1931）》，第7册，广西师范大学出版社2006年版，第28~29页。

元者，作何办法，亦应商及"。① 田贝马上给以回复，称无权添改新约，要请示本国。"昨阅贵衙门来文，本大臣于两国新约候批一事，曷胜深惜，按贵王大臣办法不过不欲批准之意。文内所称欲于此约增改，如欲增改，必须再经上议院会议可否准行。本大臣原无从新立约之权，故于专待中国批准之约不能与贵王大臣谓为应否添改，兹已照来文转知本国，惟俟本国有何回示也"。② 这样，中国政府只能等待美国外部的回复。

美国在西方报纸的传闻中，认为中国就是拒绝批准新约，于是单方面废除新约，于10月1日通过了一项更为苛刻的新法令——《斯科特法案》（因议员斯科特 Scott 提议而得名）。这一法案的主要内容是："第一款，不准美国人招徕他国人订立合同来美佣工，并不准设法协助来美，违者照犯法论；第二款，声明此项合同一切视为废纸；第三款，凡立此项合同者，罚银一千元；第四款，禁船户运载此项工人来美，违者按所载名数，每名罚银五百元。"③ 美国的这种做法显然是违反国际公法，而且是早有准备的。这是因为克利弗兰总统为了争取连任，在即将到来的总统选举中，为了争取到太平洋沿岸各州的选票，采取强硬的排华立场，这是美国迅速抛出《斯科特法案》的最直接原因。

2. 张荫桓交涉方针的转变

（1）建议总理衙门取消"自禁"。总理衙门在收到关于美国国会通过此项法案的急电后，于光绪十四年八月初七日（1888年9月12日）致电张荫桓，要求他与美方进行"力辩"："美约因众说纷纷，故未遽

---

① 王彦威纂辑、王亮编、王敬立校：《清季外交史料》，卷七七，书目文献出版社1987年版，第3页。
② 《中美往来照会集（1846~1931）》，第7册，广西师范大学出版社2006年版，第29~30页。
③ 任青、马忠文整理：《张荫桓日记》，世纪出版集团、上海书店出版社2004年版，第353页。

准。月朔田使来问,答以新约与六年续约不符,尚须斟酌,一时未能定夺,想已电答彼国,尚无续信。新约不过暂缓批准,彼遽另立新例,殊属违约背好,无此办法,尊处应与力辩。"① 张荫桓也理解总理衙门的难处,"此时准则众论纷纭,驳则自禁矛盾,宕则美自立例,总署亦颇难决"。② 张荫桓多次与美外部进行抗议、辩论,但均无济于事,"新约无可再商,新例亦难驳改"。③

综合国内意见,张荫桓认为,"自禁"虽由中国首先提出,但最后所订条约为中国各方面所不能接受;更严重的是,美国趁中国没有批准条约之机,擅自单方面制定更为严厉的法案,并且获得通过,这样他之前制定的新约也不为美国所接受。为了摆脱这种两难现状,张荫桓认为应该结束新约,重新谈判。光绪十四年九月十八日(1888 年 10 月 22 日),张荫桓致电总理衙门,表达了自己的观点:"美既废新约,宜乘机结束。乞照会田贝,以约款不厌详慎,兹美不允再商,废约立例,且不照庚约条款,然则中国自禁,犹难全凤好,恤商民。前年照会三端应作罢论,俟议院前遵庚约所定,十年禁限满日或另订约或别立善章。现寓美华人望保护,毋再焚杀,新约违理处另布,希达外部云云。似此则国体、民情、公法尚能兼顾也。"④ 九月二十二日(10 月 26 日),他再次致电总理衙门:"美废新约不再商,八月二十六日议院谕文寄回,转呈明不允再商意,此间亦接外部复文。现华人入境、假道均窒,尚烦诘

---

① 王彦威纂辑、王亮编、王敬立校:《清季外交史料》,卷七七,书目文献出版社 1987 年版,第 3 页。
② 任青、马忠文整理:《张荫桓日记》,世纪出版集团、上海书店出版社 2004 年版,第 322 页。
③ 任青、马忠文整理:《张荫桓日记》,世纪出版集团、上海书店出版社 2004 年版,第 345 页。
④ 王彦威纂辑、王亮编、王敬立校:《清季外交史料》,卷七七,书目文献出版社 1987 年版,第 10 页。

问。贵署自禁照会西报久播，故请乘机结束。"① 主张消除"自禁"这一说法在国内外的影响。十一月二十五日（1888年12月27日），他再致电总理衙门："新约废后，经议院另案议准，外部九月即照，请收发。"② 对于张荫桓取消"自禁"方针的做法，张之洞深表赞同。光绪十四年十二月二十七日（1889年1月28日），张之洞致电张荫桓，"郑议自禁，未晓工商维系关键，谬极。今日事甚难处，执事本三端立说，具见调剂苦心。鄙奏为粤民生计起见，虽未悉底蕴，亦只就事论事，非敢苛责。阁下当邀亮鉴美，不应创例废约，据绝商改。我趁此撤去自禁章程，以后便可从新另议，是极。似宜另筹抵制之法，稍示报复"。③

（2）强硬抗议美国自行立例行为。在趁机废约的同时，张荫桓对美国自行立例的做法进行强硬抗辩。光绪十四年十二月二十五日（1889年1月26日）、十五年正月二十六日（1889年2月25日）、六月初十日（1889年7月7日），张荫桓三次照会美国国务卿，进行强硬抗议。这三次照会稿每稿都在千字以上，最长的是第三次，字数多达三千。④ 他在这三次照会中指出该法令不仅完全违反光绪六年续约，而且美国政府从道光二十四年（1844年）中美立约之初，所有的中美条约都是由美国从它自身利益出发而签订的，美国对其他国家的所作所为，不能证明国会的行动就是正确的。他还指出中国在这次定约中没有错，"议院议定新例时，中国政府正在细核新订约款，然后恭呈御批。此系续修光绪六年之约，载有限制华人来美，华工寓美，往返美国，并假道

---

① 王彦威纂辑、王亮编、王敬立校：《清季外交史料》，卷七七，书目文献出版社1987年版，第17页。
② 王彦威纂辑、王亮编、王敬立校：《清季外交史料》，卷七八，书目文献出版社1987年版，第17页。
③ 苑书义、孙华锋、李秉新主编：《张之洞全集》，第七册，河北人民出版社1998年版，第5321页。
④ 陈翰笙主编：《华工出国史资料汇编》，第一辑，第四册，中华书局1985年版，第1411～1422页。

美境，暨赔偿华人损失各款。经于光绪十四年二月初一日画押后，交上议院核准，并增添句语，本大臣随即寄回中国。迨总理衙门拟添商三端，知照田使，本署亦曾照会贵部在案。讵田使与贵部并未照复，而前总统竟于光绪十四年八月二十六日批准议院新例矣。窃维中国政府，亦如上议院，所拟添商，本事理之常，且候贵部照复，以定可否，亦非无理。贵前任于本年正月二十九日文称，议院以本国日报载有英伦电信，谓中国不允批准新约，遂遽信为不允确据。当时两国音问常通，并无梗塞，且外交内治，国有常经，当国者，乃倚他国新闻为政耶？当新例定议时，议院外部，非不知中国原无不允之意，至添商各端，贵政府意见若何，迄今我国政府固未准见答一言。光绪十四年八月二十日，本署转行添商照会贵部，及今亦无照复"。张荫桓进行了有理、有力、有节的抗辩。李鸿章对张荫桓的坚决态度很满意，曾致电夸奖张荫桓，"华工驳议详确有劲"，并希望张荫桓一定嘱咐下任驻美公使崔国因"照此辨论，徐冀转圜"。①

3. 张荫桓交涉方针变化的原因分析

张荫桓在对美交涉的过程中，对于"自禁"华工主张有了一个比较明显的变化，由最初的主张"自禁"，到后来的建议总理衙门取消"自禁"主张。这种变化的产生有以下几方面原因：

（1）对于华工的保护，清政府内部没有具有远见和协调一致的总政策，使得张荫桓在遇到反对声之后无所适从、孤立无援。"自禁华工"之议由郑藻如正式提出，经过总理衙门批准施行，并且由总理衙门向美国驻华公使田贝发出正式照会，张荫桓与美国外部的谈判，完全是秉承总理衙门意见。随着条约的草签，国内传来总理衙门大臣、地方大员和众多华商的种种反对之声，总理衙门收到这些来自各方的反对意

---

① 《李鸿章全集》，第22册，电报二，安徽出版集团、安徽教育出版社2008年版，第526页。

见，一下子没有了主意，不敢贸然批准新约，这让张荫桓很被动。此时，社会各方把矛头指向了签约的张荫桓，使得张荫桓压力很大。光绪十四年八月十五日（1888年9月2日），张荫桓致电总理衙门为自己喊冤，"自禁本殊庚约，郑使建议所言之各口腾谤，不知有此三端，且不知有庚约，冤甚"。① 他认为他的对美交涉完全是遵循总理衙门"三端"和"庚约"②，最后他却成为众矢之的，这是他所始料不及的。光绪十四年十一月初九日（1888年12月11日），张荫桓在日记中记载了李鸿章在给他的回复函中的话，李鸿章安慰他说，"美约之事以发自郑光禄，定于总署"，他是蒙受了不白之冤，并"以韩平原忠于谋国，谬于谋身"的典故进行比拟，使张荫桓的心里多少得到了安慰。③ 由此，他对"自禁"的主张产生动摇。

（2）美国政府不合公法的单方面行动使张荫桓认识到它的贪婪本质，促使他意识到必须趁机撤回"自禁"主张，不能助长美国的嚣张气焰。虽然清政府是出于保护华工的好意而推行"自禁"，但美国政府却未经中国同意，变本加厉地废约立例，而且单方面执行新例，完全不顾中美旧有条约，不把中国放在眼里；同时国内反对新约声浪很高，这两种现象使张荫桓认识到"自禁"方案的施行，不仅没有达到中国人所希望达到的保护华工的目的，反而更加助长了美国的排华气焰，于是他决定趁此时机废弃"自禁"主张，与美国政府重新谈判，讨回公道。

（3）张荫桓本人对于"自禁华工"主张有一个逐步认识的过程。在与美方接触的初期，他最直接的想法就是秉承总理衙门的"自禁"

---

① 《李鸿章全集》，第22册，电报二，安徽出版集团、安徽教育出版社2008年版，第377页。
② "三端"即光绪十二年七月初四日（1886年8月3日）总署给田贝照会中提出的三点主张；"庚约"即1880年《中美续修条约》。
③ 任青、马忠文整理：《张荫桓日记》，世纪出版集团、上海书店出版社2004年版，第346页。

方针,他在光绪十三年三月初二日(1887年3月26日)的日记中写道:"总署纳郑光禄之议,自禁华工赴美,所以远祸机而保生命,法甚善也。"① 他的想法也很简单,认为只要自禁华工赴美,就能起到保护华工的作用。但随着事态的发展,情况并不是他想象的那样简单,中国单纯的目的不但没有达到,美国反而出台了更为苛刻的对华方针。此时的张荫桓才认识到,"自禁"只是中国一厢情愿的办法,不管怎样,美国都会时刻以它的利益为转移,不会顾虑中国的想法。因此,他意识到不能再实行"自禁"华工政策,应该根据中美之间的旧约争取签订两方均能接受的条约。

对于郑藻如提出"自禁"华工赴美的主张,他的认识发生了变化,他认为郑藻如提出"自禁"主张与1880年的《中美续约》本来就有矛盾,虽然郑藻如是出于保护寓美华工的好意,但"自禁"华工是一种冲动状态下的行为,并不能彻底解决问题。张荫桓在光绪十四年六月十七日(1888年7月25日)的日记中写道:"自禁之议倡于郑光禄,其致总署函云:此举虽我自弃约,然我不禁而人禁之,不如自禁之为愈。郑光禄当日未尝不知自禁与庚辰续约有异。余初抵美时,美议院议例限禁华人,原有二十年之说,余力驳之。钞稿寄总署,自禁云者,有激而为。"并打了一个形象的比喻,"譬之邻里之间,比邻以我家童騃往扰为嫌,至于挥斥而棰楚之,我乃愤不令往,其势不能告邻人曰我暂禁一半日,过此仍相扰也。此理可以相喻"。② 张荫桓用这个形象的比喻来对中美之间的限制华工问题进行说明,指出这种做法是不明智的。

实际上,张荫桓在秉承总理衙门"自禁"华工方针的同时,一直有一个自己的想法,即让华人自愿设法回华,他打算让领事"布告华

---

① 任青、马忠文整理:《张荫桓日记》,世纪出版集团、上海书店出版社2004年版,第147页。

② 任青、马忠文整理:《张荫桓日记》,世纪出版集团、上海书店出版社2004年版,第310页。

人之老病无业者，各谋归计"，"华人果否成行，原不必强，但领事有此告白，则彼族知中国并不愿华人流落海外，或当默化其凶焰，此鄙意也，与总署自禁、美国限禁迥不相侔"。① 他的这种政策与"自禁"不同，他主张加强归国宣传，但提倡自愿归国，并不强制，希望借此使美国知道中国政府对于保护华人的态度。但张荫桓的外交中心还是继续执行总理衙门的方针，他的这个想法只能作为一种辅助政策施行。

事实证明，不管是"自禁"华工赴美，还是发布公告让华工自愿归国，都不能满足美国禁止华工赴美的欲望，美国自行立例的行动彻底粉碎了中国人对美国的幻想。

此后，张荫桓一直致力于反对斯科特法，直到任满归国。美国禁止华工入美的行为遭到了国内的抵制，当时的美国民间组织就组织活动反对美国禁止华工入美。张荫桓在光绪十五年八月十八日（1889年9月12日）的日记中有所记载："费城有善会曰'隅内威所比事'，会首罗付，次曰威路格士、曰俪士，共万人。以美禁华佣为不公，联集众善士，俟议院开议时力争，先于九月七号即本月十三日在干捏底吉省聚论，以书来告。足见美廷此举，未能尽洽民心，然公道究难湮没也。"②

四、为在美华工各案积极索赔

19世纪80年代是美国对华政策由自由移民时期向歧视限制时期的转变阶段，这一时期排华运动愈演愈烈，不断升级，排华法的采用给排华运动火上浇油，许多极端分子把他们的行动视为"合法"，用暴力驱逐华人，组织示威游行，煽动群众暴乱。这些人烧杀抢掠，无恶不作，还能逍遥法外，更加鼓励了排华暴行。1885年的石泉（Rock Springs）

---

① 任青、马忠文整理：《张荫桓日记》，世纪出版集团、上海书店出版社2004年版，第121页。
② 任青、马忠文整理：《张荫桓日记》，世纪出版集团、上海书店出版社2004年版，第417页。

惨案①就是在这样一种高涨的排华风潮中发生的。

（一）石泉案索赔

1. 石泉案的发生

1885年9月2日，美国怀俄明州发生了震惊中外的石泉惨案。据称，白人工人多次要求华工和他们合作，进行罢工斗争，但华工认为他们的受雇公司对他们还不坏，给了他们与白人同样多的工资，因此不忍心进行罢工，于是他们拒绝了白人工人的要求，这就为他们的悲惨遭遇埋下了祸根。当天下午，一群持枪的白人暴徒，在光天化日之下追杀华工，28人当场被杀害，15人受重伤，更多的人被赶出家门，财产损失高达147000美元。②

9月5日，《纽约时报》以名为《怀俄明石泉城发生排华血案》的快讯报道了这起惨案的惨状："在唐人街残烧着的余烬里，躺着十具烧焦的、不成形的尸体，这些尸体还依然散发着令人作呕的恶臭。另外还有一具这样的尸体躺在附近的鼠尾草丛中，这显然是淘气的男孩子们从灰烬中拖过去的。再搜索一番，又发现了另外五具清国人的尸体，这些人是在逃跑中被追他们的人用来复枪子弹杀死的……"③

石泉案的交涉主要由驻美公使在美国与美国外部直接交涉，同时总理衙门通过美国驻华公使进行间接交涉。当时的驻美公使为郑藻如，下一任为张荫桓，这起事件由这两任公使经手，历时三年。

惨案发生后，郑藻如与美国展开了激烈、强硬的辩论，他采取果断行动，派出驻旧金山领事和驻纽约领事对惨案进行详细调查，并将调查结果向总理衙门进行汇报："此案因轮车公司在洛士丙冷［系洋文］地方挖煤，工价华贱土昂，公司辞去土人工头数名。七月廿四，土人闻

---

① 石泉，为意译，中文材料中均称洛士丙冷，是对英文Rock Springs的音译。
② 阎广耀、方生选译：《美国对华政策文件选编》，人民出版社1990年版，第217页。
③ 郑曦原编：《帝国的回忆——〈纽约时报〉晚清观察记1854～1911》（修订本），当代中国出版社2007年版，第361页。

信,突到洛士丙冷华人寓所焚杀,闻毙华人多命,即委黄锡铨等往查。先经洋官将尸埋葬十八,接锡铨草禀称启棺亲验,华人全尸五具,余或头、或腰、或手足、或数骨、或焚焦零碎,细验约廿具,伤者十人,尚无大碍。现赶查损失财等情,俟续禀确情到日,力催外部办凶、追赃。"① 1885年10月9日,总理衙门照会驻华公使田贝,提出抗议:"使美国大臣郑电称,七月二十四日,贵国洛士丙冷地方突有土人聚众滋事,焚毁华人寓所,伤毙华人多命。当经委员往查已毙华人,先经贵国地方官埋葬,开棺检验,全尸五具,余或头、或腰、或手足、或数骨、或焦焚零碎,细验约二十具,伤者十人等各因。本衙门查《续修条约》第三款内载,已在美国各华工及他项华工等,无论常居、暂住,如有偶受他人欺侮之事,美国应即尽力设法保护等语。此次华人在洛士丙冷地方无故受此荼毒,案情重大,该处官员未能随时保护,实属有违约章。相应照会贵大臣速电外部,缉拿凶犯,从严治罪,并查明焚毁房屋、财物,照数赔偿,以敦睦谊而安人心。"② 光绪十二年十月二十六日(1885年12月2日),总理衙门收到郑藻如新的汇报情况:"洛士丙冷案,查因洋工停工挟价,屡恨华工不从,七月廿四早,故占华工所挖煤穴,殴伤华工三。未刻又攻华人住处,毙廿八,伤十五,焚掠七百余华人之财物、房屋,值十四万七千七百余元。已与状师订稿,今日照请外部办凶、赔偿、抚恤。倘外部授意田使来探口气,乞严词绝之,或冀美廷上紧办理。全案极繁,另文钞呈。"③ 在总理衙门的支持下,郑藻如积极展开交涉,把重点放在惩凶、赔偿、抚恤三大问题上,并于11

---

① 中国第一历史档案馆编:《清代军机处电报档汇编》,第4册,中国人民大学出版社2005年版,第609~610页。
② 《中美往来照会集(1846~1931)》,第6册,广西师范大学出版社2006年版,第412页。
③ 中国第一历史档案馆编:《清代军机处电报档汇编》,第4册,中国人民大学出版社2005年版,第623页。

月30日向美国国务卿发出正式照会,要求美国给以妥善解决。但美国一直采取延宕战术,鉴于各方的强烈抗议,国务卿贝雅德1886年2月18日不得不给以回复,但在责任和赔偿上依然没有明确的答复。1886年3月1日,克利弗兰总统在为要求批准对中国公使抗议照会的答复给参众两院的咨文中说道:"无论根据它同中国的条约的明确条文还是根据国际法原则,尽管合众国政府都没有义务赔偿以这种方式而且在公认的情况下所造成的损失,然而鉴于怀俄明准州当局显然和有失体面地未能使犯罪者归案受审或保证受害者在一个公正法庭上寻求和获得他们由于没有警察保护而受损失的赔偿,并且进而考虑到受害者一方并未进行任何挑拨或者完全没有得到补助,从而促使总统把问题提交国会从慈悲着眼进行考虑,以便国会酌情命令政府慷慨帮助这些因为受虐待而给我们国家带来耻辱的和平异乡人;但必须明白,这种行动绝对不能被看成一个先例和完全必要的,而纯粹是出于对那些不这样做就毫无出路的人的慷慨精神。"① 此份咨文明确指出这种从"慈悲"角度给予的赔偿不能成为美国对外赔款的"先例",而且不是完全必要的,这种赔偿完全是美国出于人道主义的考虑。即使是这样一笔赔款,驻美公使也是经历了很多波折才拿到。对于"惩凶",始终没有交涉成功,"八月初二日凶手获案二十五名,问官含糊,概于是晚全行保释。美律已释之因,不复再系,叠与诘驳,外部非不自知理偏,然终不肯改创国例以相就"。② 而此时,郑藻如的任期已满,索要赔款的重任就落到了新任公使张荫桓身上。

2. 张荫桓对石泉案的处理

1886年4月29日,张荫桓到任,由于此案关系重大,张之洞请清

---

① 阎广耀、方生选译:《美国对华政策文件选编》,人民出版社1990年版,第233~234页。
② 陈翰笙主编:《华工出国史资料汇编》,第一辑,第四册,中华书局1985年版,第1355页。

廷"暂留郑藻如在美，会同张荫桓料理从前各案，议定善后章程"。①美国上下议院对于赔款没有异议，但对于惩凶一层，外部却一直推诿，不肯给以明确答复。

（1）催促美国迅速议定偿款。接任后的张荫桓积极了解美国情况，光绪十二年七月十四日（1886年8月13日），他在奏折中分析了美国华工为美国所不容的原因，"查美西各省地广人稀，数十年来，开矿、垦荒、修造铁路，渐成都市，金山大埠尤为蕃盛，当日工作悉赖招致华工为之力役。华人佣力为生愈来愈众，又值广东曾遭土匪、客匪之乱，趁洋糊口者，新宁一县至六万余人，此外各州县多寡不一，散处各埠，合计总在十万以上。华工月得工钱寄以赡家，即日用、饮食、衣履亦不甘囿于西族，于是华商贩运货物以供华工之用，故华商铺户亦自成市集。华工习勤耐劳，佣值且贱，美之富商大贾多喜招用，遂为埃利士党人所妒，积怨生衅，由来久矣。华人在美既不肯入美籍，周年食米且从粤中展转寄来，义塚枯骸间岁必检运回粤，美国深谋远虑之辈知华人非视美为安土，但借美以营生，岁运回华之银以千万计，中国享无形之利，美国有潜耗之忧。美所得者只税关岁榷数百万而已。然此税款虽出之华商，实取之华工，而华工之钱则由美国所得者也，故厌恶华人之来。近且不特埃利士一党，至于赌博、吸烟为彼族所轻，尤其浅焉者，故外部曩有资遣之说，郑藻如未允，盖名为资遣，实类驱逐"。并指出洛士丙冷案的进展情况，"自洛士丙冷闹事之后，美虽派兵保护，或亦迫于公义不得已之所为，近已渐次遣撤。洛士丙冷之案，议院多议赔偿，而外部于办凶一事尚多推诿"。②

光绪十二年五月初二日（1886年6月3日），上议院议定赔款数

---

① 王彦威纂辑、王亮编、王敬立校：《清季外交史料》，卷六六，书目文献出版社1987年版，第12页。

② 王彦威纂辑、王亮编、王敬立校：《清季外交史料》，卷六八，书目文献出版社1987年版，第8~9页。

目,但还要等下议院意见。但直到议院散议也没有议及赔款问题,此时美国外部又要把赔款一事与修订限制华工条约一事并提,遭到张荫桓断然拒绝,他讽刺道:"美于各案赔款,并未清偿,而汲汲补正限制新例,此尤不近人情。譬之负某人重债,靳不偿还,而别设种种方法,拒绝其人,不准入门"。① 对于赔偿款,美国一直拖沓办理,张荫桓对此甚为不满,对贝雅德说道:"欲保中美和好之局,宜将洛案早结,否则中国人心积不能平,万一美教士教堂生出事端,中国地方官虽极力保护,亦恐措手不及"。②

光绪十二年七月十五日(1886年8月14日),张荫桓一面积极与美外部进行联系、催促,一面要求总理衙门与美国驻华公使田贝进行联系,敦促美方迅速议赔。"洛款外部坚许散议会前办结,顷延搁,久无消息,乞属田使确询之,勿任但口惠"。③

经过艰难交涉,光绪十三年二月初二日(1887年2月24日),上下议院议定将赔款金额为147748美元。张荫桓感到欣慰,这是中国政府第一次得到西方列强的赔款,尽管美国认为这仅是出于人道,并不是"先例",但这毕竟打开了美国对华人理赔的第一扇门,张荫桓认为它的意义远非赔款所能比,"巨案既赔,海外残黎,仰沐皇仁,故无涯涘。即欧墨诸洲,震慑德威,亦不敢于旅居华人,恣行虐待"。通过赔款能达到保护华人的目的,这是他最大的目的。但对于这次索赔成功,他认为不是自己的功劳,"凡兹转圜之机,悉赖总理衙门王大臣维持于

---

① 陈翰笙主编:《华工出国史资料汇编》,第一辑,第四册,中华书局1985年版,第1353页。
② 陈翰笙主编:《华工出国史资料汇编》,第一辑,第四册,中华书局1985年版,第1352页。
③ 王彦威纂辑、王亮编、王敬立校:《清季外交史料》,卷六八,书目文献出版社1987年版,第12页。

内，前使臣郑藻如经营于始，实非臣识力所能办到"。①

（2）石泉案赔款的散放。三月初五日（3月29日），张荫桓代表清政府接收赔款147748.74美元，张荫桓认为对于这笔赔款的处理一定要得当，因为这不是一个简单的赔款发放问题，要尽量做到公平，不引起华工纷争，而且对于这清政府得到的第一笔外国偿款的合理处置，也关系到中国的声誉。"散放之道，不得不格外详慎，盖自中外通商以来，外国赔偿中国巨款，系属初次。环球各邦，声息灵通，散放不周，新闻斯播，金山诸埠党恶，又素挟华人争工之嫌，即使实力实心，尚难免借端煽惑"。因此，他认为规划好散放方法至关重要，但是这些受害华工已经分散在各地，"或仍恋矿工，或更适他国，或孑然回籍，靡常厥居"。于是经过和金山总领事官梁廷赞商议，决定"凡案内现仍寓美华人，由工头保领，其更适他国华人，由金山殷实华商保领，其回籍华人，由各该会馆绅董保领，约须半年可竣。此于散漫之中，撮具条理，设有冒混，仍可究查"。② 值得一提的是，在清查人数时，发现有重报现象，张荫桓果断决定把余款退还美廷，"以昭大信"。③ 他的这种做法得到了美国社会上下的一致赞誉。

（二）其他华工案索赔

继石泉案之后，在乌卢公司槐花园、姑力煤矿、阿路美煤矿、澳路非奴金坑、的钦巴华店、漫天拿、舍路、阿拉士架等地又连续发生了几起暴力排华事件，华人境况极为悲惨。张荫桓继郑藻如之后，开始了漫长而艰难的索赔道路。当时，有人提出把这几件华工案的索赔与石泉案

---

① 陈翰笙主编：《华工出国史资料汇编》，第一辑，第四册，中华书局1985年版，第1356页。
② 陈翰笙主编：《华工出国史资料汇编》，第一辑，第四册，中华书局1985年版，第1358页。
③ 陈翰笙主编：《华工出国史资料汇编》，第一辑，第四册，中华书局1985年版，第1359页。

的索赔一起进行，但张荫桓有自己的考虑，"设同时并索，恐彼就议定十五万数内匀结，而于委查时预为折驳，以作匀拨地步，则华人吃亏尤巨。故须洛款到手，陆续索赔，庶不致堕其术中"。① 他认为如果一起索赔，索赔总数很可能会减少，这样华人吃亏太多，如果分开索赔，就不至于会掉入美国的圈套中，这是一个巧妙的外交策略。在进行这几项华工案索赔时，正是张荫桓与美国谈判新约之时，因此赔款问题在条约中一并议及。经过交涉，最后美国同意赔款276619.75美元，虽然对于中美新约美国单方面废约立例，但赔款问题最终是单独解决了。张荫桓于光绪十四年十二月初十日（1889年1月11日）顺利接收赔款，并进行了合理散放。"各案华人分别给领，慰情聊胜于无"，② 虽然与受害华工的损失相比，这些偿款并不能解决所有问题，但"虎口夺食"，难度很大，张荫桓对于这次索赔成功还是感到很高兴，这是继石泉惨案中国索赔成功之后，又一次成功索赔。

（三）交涉成功原因分析

1. 中国方面

（1）张荫桓交涉的成功，源自他对华人的同情及作为一名驻美公使的责任心。张荫桓上任以后，把交涉排华大案作为重点，对美国政府提出抗议，要求惩办凶手、赔偿损失、抚恤死者，积极催促美国政府迅速了结案件。同时，对于美国的无理要求予以坚决抵制，如对于华工八案的赔款，美国外部"欲将欠项推归华人自向债户索追，意仍脱卸"，对此，张荫桓不仅坚决反对，而且要求"兼赔命案"，"援美国前索西班牙

---

① 陈翰笙主编：《华工出国史资料汇编》，第一辑，第四册，中华书局1985年版，第1353页。
② 王彦威纂辑、王亮编、王敬立校：《清季外交史料》，卷八〇，书目文献出版社1987年版，第28页。

成案比照办理",① 使外部大臣哑口无言。

（2）郑藻如对于事件的处理为张荫桓后面进行成功交涉起了很大作用。这些大的华工案都发生在郑藻如在任时期，他接到领事报告后，立即向美国政府表示强烈抗议，并迅速派出领事进行实地调查，他对美国提出了惩凶、赔偿、抚恤三点要求，并向美国国务卿发出长篇照会，指出了美国的责任所在，使美国理屈词穷，最终答应给以赔偿，这就奠定了张荫桓后面能够取得赔偿金的基础。同时，为了使事件能够顺利进行，郑藻如应清政府要求，在张荫桓上任之后继续留在美国一段时间，以协助张荫桓处理石泉案，尽管此时的郑藻如由于疾病困扰，身体行动不是很方便，但他并没有以此为理由要求立即回国，而是毅然留在美国协助张荫桓与美国交涉，使张荫桓很快熟悉案情，加速了索赔的进度。

（3）总理衙门在国内的密切配合推动了案件的迅速办结。总理衙门在经过驻美公使多次的华工案汇报之后，对保护华工权益的问题越来越重视。此时的总理衙门能够做到与驻外使臣密切配合，同心协力，不断与美国驻华公使进行沟通，表达清政府对于华工案的态度，使美国政府看到清政府与驻美公使同仇敌忾的一面，对案件迅速办结起了重要作用。

张荫桓说过，"凡兹转圜之机，悉赖总理衙门王大臣维持于内，前使臣郑藻如经营于始，实非臣识力所能办到"。他的话中不免有谦虚成分，他本人在索赔过程中的作用当然也不可忽视，客观地说，这三者的合力才使得赔款交涉取得成功。

2. 美国方面

（1）美国的排华暴行，激起中国全国上下一致愤慨，欧洲国家也对美国进行谴责。美国自知理亏，他们担心如果不对中国进行赔偿，可能产生更大的不良影响。

---

① 任青、马忠文整理：《张荫桓日记》，世纪出版集团、上海书店出版社2004年版，第260页。

(2) 美国民间主持正义者反对美国对华政策。在美国民间,有很多人反对美国议院的对华政策,张荫桓对于这些善良的支持者多有记载,仅举两例。光绪十二年六月二十九日(1886年7月30日),"晚阅夏卢报云:前者上议院议定一款,责成外部大臣确查歪阿明(即怀俄明)属邦驱逐华人失款实数,并经筹款,以备清偿。至今已逾两月,而下议院尚未议及,望趁此未散议之前,即行议准此款,我美寓华商民教士及本国稍有天良者,无不盼望早日议成云。此报可谓先得我心,亦足见公道在人"。① 光绪十二年八月二十一日(1886年9月18日),"田使贻虮蝨书,言华人虐待美人,近有两案,索偿五千金,又据汉口领事佛郎坚禀,称英、美、法、俄教士亦有被扰之事,此皆在美肇衅所致云。《波士日报》乃论之曰:'在中国固应苛待美人,因何而不为耶?我美人岂未尝导以难容人之量,残害之机乎?我美人曾有因驱逐伤毙华人而缳首者乎?'日报之言如此,美之不肯抵罪,靳不赔偿,自难餍众志也"。②

就这样,在驻美公使和清政府的努力之下,在社会各方面的压力之下,美国给予了赔偿。虽有赔偿,但是它拒绝惩办凶手,也没有对死者进行抚恤,没有完全达到中国的索赔要求。但即使是获得这样没有完全达到中国要求的处理结果也是相当艰难的,若没有驻美公使和总理衙门的据理力争、反复交涉,这仅有的赔偿也是不可能的。张荫桓曾说,"华人寓美,叠被欺凌,至于焚杀驱虐。美律宽纵,定无办凶拟抵之条,若并不赔偿,则华人吃亏弥甚"。③ 因此,在当时的情况下,能够最大限度地争取赔偿,对于华工来说,多少也是一种安慰。虽然说

---

① 任青、马忠文整理:《张荫桓日记》,世纪出版集团、上海书店出版社2004年版,第41页。
② 任青、马忠文整理:《张荫桓日记》,世纪出版集团、上海书店出版社2004年版,第61页。
③ 王彦威纂辑、王亮编、王敬立校:《清季外交史料》,卷八〇,书目文献出版社1987年版,第28页。

"弱国无外交",但弱国如果不去积极地进行交涉,任由侵略者欺侮,就什么也得不到了。

美国敢于如此歧视迫害华人,追根溯源,在于中国当时国力贫弱,国际地位低下。正因为如此,使节的护侨行动缺乏强有力的后盾,不可能从根本上解救海外华人于水火。就是在这种国际环境下,张荫桓不畏强暴,与华人美国政府口舌争辩,文牍往来,尽心竭力地为华人争取本应享有的正当权益,并且取得了一定成效,确实难能可贵。

第四节 关注侨民民生

一、关注华侨子女教育

(一)主张筹办学堂

张荫桓认为"时局日艰,储材为第一要著也"。① 培养西学人才,对于国家的外交有重要的作用,因此,他积极主张要在华人聚居区筹办学堂,对华人子女进行教育。

1. 金山

张荫桓刚到美国不久,即于光绪十一年十月十一日(1885年11月17日)②"附片陈请,就美日秘各埠华童,择其资质秀实、年力精壮者,酌

---

① 任青、马忠文整理:《张荫桓日记》,世纪出版集团、上海书店出版社2004年版,第193页。
② 此日期据王彦威纂辑、王亮编、王敬立校:《清季外交史料》,卷七〇,书目文献出版社1987年版,第10页,《使美张荫桓筹设古巴各埠学堂摺》。但中国第一历史档案馆,军机处录副奏折,缩微胶片,674卷,9942~21,《张荫桓片》中说附片陈请的日期是"光绪十一年十月初六日",而且二者落款日期也不一致,前者是"光绪十三年二月初二日",后者是"光绪十三年二月十二日",所以到底是哪一天上奏的还有待进一步考证。

设中西学堂,略仿曾国藩、李鸿章奏议选派聪颖幼童出洋学习之意,肄业有成备拨沿海水师及各机器局之用",清廷对他的这一建议甚为满意,命"即着察看情形,认真办理,务期实有功效,毋得徒託空言"。在得到清政府的支持后,张荫桓"即博访金山各埠情形",找出美国强盛之所在,认为美国富强,"所恃以为固者,铁路之四达旁通、电线之无远弗届,一有边警,民兵顷刻而集",① 他认为这两者的根本就是"制造"和"算学",于是他打算从"制造、算学"入手,对幼童进行教育。

2. 秘鲁

对于秘鲁的中西学堂的筹建,张荫桓"亦已檄行参赞官察度情形,及时举办,俟规模既定,再行陈奏"。②

3. 古巴

对于古巴学堂的设立,张荫桓更急切,他认为"古巴一岛,孳生渐蕃,习闻习见,若不泽以诗书,久将流为异类,既廑储材待用之思,亦无积重难返之虑"。③

针对这种情况,张荫桓首先制定出了大体的方案,"臣现定二十人为一班,饬令古巴总领事官妥筹办理,逐渐扩充。分延中西塾师教习中文、日文(即西班牙文),既能成诵,进习法文,文字既通,即分门学习武备、制造、算学、律例等事。法国律例环球各国每援为依据,总理衙门亦专译刊本,于交涉各事,较美律为有用,但视学生资禀相近者诱掖之,或当各有成就。据报于十一月十五日开馆,一切用度极力撙节,就地为教,所省实多,暂由古巴、马丹萨两领事官及该埠商董捐办,每

---

① 王彦威纂辑、王亮编、王敬立校:《清季外交史料》,卷七〇,书目文献出版社 1987年版,第 10 页。
② 王彦威纂辑、王亮编、王敬立校:《清季外交史料》,卷七〇,书目文献出版社 1987年版,第 10 页。
③ 王彦威纂辑、王亮编、王敬立校:《清季外交史料》,卷七〇,书目文献出版社 1987年版,第 10 页。

届奖励时由臣酌量给奖，随案具报。筹办伊始，毋须特请专款，美日秘各埠情形势难齐一，将来金山、秘鲁等处学堂次第开设，臣仍当随时督饬参赞、领事各官认真经理，不存因陋就简之心，期收拔十得五之效"。①

（二）亲自制定学堂章程

张荫桓非常关注学堂教育，并在西学的学习内容和方法方面有自己的看法。"欧洲律例以法为通行，既与交涉，固宜推究之也……西学总要从语言文字入手，高谈宏博而语言文字懵然，犹镂冰画脂、瓦鸡陶犬耳。制造根于算学，工师口讲指画尤须心领神会，由学堂归寓自行寻绎，庶几日计不足月计有馀，诸生咸不河汉斯言"。② 在担任驻外公使期间，张荫桓就亲自制定各学堂的章程。

1. 制定《金山中西学堂章程》

金山中西学堂是最早的华侨学校，从1886年开始筹备，到1888年开学。"开学后不久即改名为大清书院，招收学生约60人，分两个班，设正副教习两人。正教习一般是从国内请去的举人或秀才，或由各会馆轮流选派，或由会馆主席兼任，因此其地位相当于各会馆主席。正教习负责讲授主课，授课时两个班合班上课。副教习主要负责给学生做辅导工作。学生每月交学费5角美币，比私塾便宜。上课时间均在下午和晚间，只有星期六全天上课。因为华侨儿童一般都要进入当地教育部门开办的公立学校学习，所以中文学校的上课时间必须安排在他们放学之后"。③ 这样，华侨子女不但接受了西方教育，还依然能够保持中华民族的优良传统。

---

① 王彦威纂辑、王亮编、王敬立校：《清季外交史料》，卷七〇，书目文献出版社1987年版，第10~11页。
② 任青、马忠文整理：《张荫桓日记》，世纪出版集团、上海书店出版社2004年版，第193页。
③ 李春辉、杨生茂主编：《美洲华侨华人史》，东方出版社1990年版，第239页。

对于金山的中西学堂的建设,在总领事官的协助下顺利举行,张荫桓在奏片中进行了汇报,学堂"于二月十九日启馆送学,就金山华人已未冠子弟身家清白、粗识中西文者,选集二十五人为一班。延聘华教习二人,洋教习一人,明定课程。设馆于领事署左近,即于领署随员内酌派一人监督兼差,不加薪水。学堂经费概由金山各会馆筹捐,亦无须动用公款。如果造就有成,臣当援照古巴奏案,酌量奖励并图展拓,以仰副朝廷因地为教、储材备用之至意"。①

张荫桓亲自制定了《金山学堂章程》,在中国第一历史档案馆中,至今还完整保存着当年的学堂《章程》清单,现赘列如下:

一、学堂设在美国金山大埠,榜曰"大清书院",设监督一员,即于总领事署内随员拣员兼管,凡稽查学徒勤惰及书院一切事宜,均由监督管理,兼差不加薪水。

一、延聘汉正、副教习各一员,以举、贡、生、监充选,分任汉文功课,订以三年为期,如有成效,酌请奖励。另延洋教习一员,以兼通算学、制造者充选,不拘年限,亦不请奖,院内华洋书籍、几案、器物,豫为置备。

一、书院学生专就金山各埠,选华人已未冠子弟身家清白、粗识中西文者二十五人为一班,各该亲属将姓名、年岁、籍贯报明注册,并取具殷实店铺保结登明,无故废学即赔缴费用。一经入学,如实有要事,禀明监督给假,外此均不得作辍自由。惟不遵教训、有犯规条者,由监督转告总领事官,逐出另行挑补。西学各业俟确有领会,即于西人避暑歇课时分送美国各书院、机器厂广资考证,仍回本书院听候考验。

一、每年恭逢三大节,由监督率同学生望阙行礼,俾习仪节,毋忘尊亲;每月逢虚、房、星、昴日,宣讲圣谕广训,兼作策论,并试以翻

---

① 中国第一历史档案馆,军机处录副奏折,缩微胶片,674卷,9434~35,《张荫桓片》。

译中西文字。每日巳初至午正读洋文，未初至申正分习算学、制造诸书，酉正至酉未读《四书》、经、史，戌刻讲解并习字学，分时授课，期无庞杂。

一、每年每季由总领事官考课一次，懒惰无进境者，裁汰另补。年终汇考一次，将等第册报出使大臣查核。三年后择其学业有成者，由出使大臣照案咨送总理衙门同文馆考验备拔，或派使馆各署当差。

一、书院各费无须请拨公帑，现由中华、宁阳、冈州、阳和、三邑、合和、肇庆、人和等八会馆每月共捐银二百四元，切实撙节，尽可敷用，总期学堂、会馆互相维系，庶能经久，以后经费充裕，再筹推广办理。①

2. 制定《古巴义学学堂章程》

《古巴义学学堂章程》，也是由张荫桓亲自制定：

一、学堂牓曰"大清义学"，设在日斯巴弥亚国（即日斯巴尼亚，西班牙音译）古巴岛夏湾拿埠，专为教育华人子弟起见。学堂内一切事宜查照旧案，均设专员监督。现古巴学堂附近总领事署即由该总领事官就近督察，毋须另行派员，以期撙节。

一、分延中文、日文（即日斯巴尼亚文，西班牙文）塾师各一席，每日分时教习中学，仍遵照同治十一年《出洋肄业章程》，课以考《孝经》《小学》《四书》《五经》《国朝律例》等书；每遇房、虚、昴、星等日，宣讲圣谕广训；恭逢三大节，由总领事官率同学生望阙行礼，俾习仪节而识尊亲。西学日文一项既能通晓，即进习法文，均按时日程其功课。

一、西学分别武备、制造、算学、律例四门，由总领事官督同洋教习察酌学生资质分门专课，庶易成就，若有兼人之资，仍不限以科则。

---

① 中国第一历史档案馆，军机处录副奏折，缩微胶片，674卷，9434~36，《〈金山中西学堂章程〉清单》。

一、西学所习，悉从讲解画图入手，俟确有领会，即令就近分赴制造厂局、炮台、兵船各处研求印证，期收实用，犹是同治十一年《出洋肄业章程》艺成游历之意。

一、学堂每年修脯、馆租、中西书籍等一切费用，暂由古巴总领事官、马丹萨领事官暨各埠商董集捐，储为专款，以期经久，将来倘能推广，再行设筹。

一、选择华民聪慧子弟年在十五岁上下者二十名为一班，俟有成效，陆续增添。肄业各童，先由亲属将年岁、姓名、籍贯报明注册，并出具甘结，不准半途废学，学成后如实无位置，始准自谋别业。

一、学堂每周年考验一次，选其超异者甄别奖赏。三年后汇考一次，取其历试上等者，由总领事官开列姓名详情，使臣酌量奏奖，分别录送，以示鼓励。①

（三）所定学堂《章程》特点

张荫桓制定的学堂《章程》内容全面，简单归纳起来，有以下几个特点：

（1）办学目的明确，学堂就是专门为了教育华人子弟而设。

（2）最大限度节省经费。对于监督的选定，均从领事署中派人兼差，不另行加给薪水；学堂的经费均为各会馆商董捐助，不动用公帑。

（3）分别聘请中、西文教师，对授课内容进行了规定，中学体现传统的儒家文化思想，西学以制造、算学为主，体现了"中学为体、西学为用"的思想。同时规定分时授课，以期收到良好的授课效果。

（4）对于传统仪节的学习也是一项必备内容。

（5）对入学的学生在资质、年龄、出身、人数等方面有所规定，要求亲属将学生的基本情况报明注册，并需要出具保证书。学生必须严

---

① 中国第一历史档案馆，军机处录副奏折，缩微胶片，674卷，9434~23，《〈古巴义学章程〉清单》。

格遵守学堂纪律，学有所成之后，要进入当地机器局等处进行实习，以便考核。

（6）每年由总领事官进行考核，成绩报出使大臣查核，对优异者进行奖励。三年后，由出使大臣挑选学有所成者咨送总理衙门以备录用或派往各使馆当差。《章程》同时规定，学有所成的学生只有在实在没有职位的情况下才能自谋职业。

（四）筹措学堂教育经费

办学堂，经费充足是最重要的前提。对于学堂的经费，张荫桓的原则是尽量不动用国库资金，而是靠捐办。张荫桓在奏折中总结了办学堂的经费运作情况，"古巴、金山两埠先后设立中西学堂，臣业经奏报在案，秘鲁学堂设于利马都城，规模拟定，未及奏咨，既因经费绌支，亦虑成效太远，故古巴学堂责成领事、商董捐办；金山学堂各会馆捐办；秘鲁学堂商捐不足，臣与参赞、领事捐俸成之，概未动用公款。古巴、秘鲁学童悉系土生，近令专习汉文，俾免忘本"。① 张荫桓所创办学堂的经费主要来自各领事、商董、会馆筹集的资金。秘鲁学堂"商捐不足"，为了顺利办学，张荫桓和其他使馆工作人员捐出俸禄资助办学。

张荫桓这种为办学堂筹资积极奔走，甚至捐出自己的俸禄的行为表现出他对学堂教育寄予了很大的期望。

（五）考察学堂

张荫桓对学堂的建设很重视，经常进行考察，如对古巴学堂就非常关注，"古巴各岛华人众多，学堂新立，臣应亲往查看"。② 他在视察古巴华侨的过程中，非常关心华侨的日常生活，"臣小住两旬，考核学堂

---

① 中国第一历史档案馆编：《光绪朝硃批奏折》，第一一二辑，中华书局1996年版，第656页。
② 中国第一历史档案馆编：《光绪朝硃批奏折》，第一一二辑，中华书局1996年版，第692页。

功课，逐日接见华商，并派随员赴医院、养济院等处察视华人"。① 在对华侨的视察过程中，对学堂功课的考核是他非常关心的一项重要内容。

（六）创办学堂的评价

华人学堂的建立，能够凝聚中华民族的向心力，是中华文明绵延不绝、代代相传的一种最好方式。学堂教育的目的是为清政府培养大量中西兼备的实用型人才，对于中国外交人才缺乏问题是一个很好的启示，这是张荫桓具有长远战略眼光的一种体现。张荫桓创办华人学堂，为后来华人海外办学积累了重要的早期经验，为中国的教育事业做出了重要贡献。他为创办华人学堂所做的努力，值得后人永远称颂。

尽管如此重视教育，但由于张荫桓初到美国，其意识还停留在片面的理解层面，对西方的认识还不到位，还具有一定的"天朝大国"思想，给他的西学教育思想带来局限。比如他认为"美国水师自南北花旗交战后垂三十年从未开拓，现有战船尚不敌中国之雄壮伟大"，"于水师一道不甚推求"，而且"其水师学堂且不愿他国人就学"，"其律例又朝令暮更，无裨交涉"，在这种情况下，原来打算系统学习的"武备、制造、算法、律例四门"，就改为只学"制造、算法"② 两门了。

二、设立华人医院

刚到美国不久，张荫桓在纽约中华会馆接见众华商，了解他们的民生疾苦。当得知华人"有病则苦无医调之所，雇主或虑传染，辄令出外就医，西人医院又须易西装乃能进院"，不禁恻然，于是与易希梁商

---

① 王彦威纂辑、王亮编、王敬立校：《清季外交史料》，卷八〇，书目文献出版社1987年版，第30页。
② 王彦威纂辑、王亮编、王敬立校：《清季外交史料》，卷七〇，书目文献出版社1987年版，第10页。

量准备筹设中华医院，解决华人的看病难问题，并"捐留百金以为之倡"。①

在张荫桓的倡导下，"鸟约医院渐有成议"，华人都积极响应这一深得民心的号召，尤其"粤人勇跃，颇有欢欣鼓舞之象"，② 各处逐渐建立医院。到了光绪十三年十二月二十四日（1887年2月5日），金山医院的筹备也"渐有头绪"。③ 十四年二月二十五日（1888年4月6日），"金山医院之议仍甚勇跃，认捐匾额者至十二家"，④ 反映了华人对创立医院的热情和支持程度之高。

三月十五日（4月25日），金山领事向张荫桓请示医院兴工日期一事，张荫桓立即予以批复，并向清廷汇报医院兴办情况。"金山华人众多，教养总期兼顾。学堂既设，臣并饬筹建中华医院，以为贫病无依之华人广延生命，且免西例种种轩轾，惟筹款实难，久未就绪。顷据金山总领事官梁廷赞（号蓬云）禀报，现在集有成数，购备地亩，禀乞示期建造。臣批令四月朔日兴工，砖瓦坚固，不事华侈，年内当可告竣，从此海外侨氓长邀圣慈，覆帱咸庆安全，诚为多幸"，对于金山华人的积极表现，张荫桓也及时向清廷汇报，要求对这种乐善好施的爱国行为给以奖励，"此项购地建院之款几及五万金，亦由各华人捐集，当贸迁疲苶，美例限制之余，犹能广揩巨资成兹善举，殊堪嘉尚，其有一人而捐至千金者，例得吁乞天恩给予乐善好施匾额，以昭奖劝"。并将建造医院的图纸、款项、《章程》等咨呈总理衙门备案，使后来者能够继续

---

① 任青、马忠文整理：《张荫桓日记》，世纪出版集团、上海书店出版社2004年版，第23页。
② 任青、马忠文整理：《张荫桓日记》，世纪出版集团、上海书店出版社2004年版，第40页。
③ 任青、马忠文整理：《张荫桓日记》，世纪出版集团、上海书店出版社2004年版，第251页。
④ 任青、马忠文整理：《张荫桓日记》，世纪出版集团、上海书店出版社2004年版，第270~271页。

在华人医院建设方面有所参照,"一切捐数及建造图说虽未动用公款,臣仍当咨呈总理衙门备案,以垂久远,院内章程亦博访广东爱育善堂、香港东华医院成规,参酌损益,期收实效"。①

华人医院建成后,张荫桓时刻关心华人,他于光绪十五年正月十七日(1889年2月16日)派姚祝彭"赴医院阅视华人病者,量加周恤,宣布皇仁",②体现对华人的关心。他自己还"酌助医院经费",③对华人的实际困难予以慷慨帮助。《户部侍郎张公神道碑铭》中称赞他"持大体、蓄远识、滂仁彊义以惠侨民",④虽然碑铭上都是褒美之词,但从中可以概见张荫桓的惠侨思想。

建立各地华人医院的过程并不是一帆风顺的,而是遇到了相当多的阻力。在檀香山,商董程汝辑、古今辉就禀言:"建复会馆作为医院,如香港东华医院之式,乃为会党所阻。"张荫桓对此发出了感慨:"华人远客数万里,所遇皆塞,又自立会党,操戈同室,安有绥戢时哉?"⑤金山医院在光绪十四年四月(1888年5月)动工时,遭到金山土人的"立例抗阻",随员梁廷赞"愤与构讼,期于必成",张荫桓支持梁廷赞的做法,体现了为华人谋利益,为国家争权利的决心。张荫桓认为"华人自建医院何害于美,且与公法报施之义不悖。总是金山土人充厌

---

① 中国第一历史档案馆编:《光绪朝硃批奏折》,第一一二辑,中华书局1996年版,第105~106页。
② 任青、马忠文整理:《张荫桓日记》,世纪出版集团、上海书店出版社2004年版,第361页。
③ 任青、马忠文整理:《张荫桓日记》,世纪出版集团、上海书店出版社2004年版,第363页。
④ 张祖廉:《户部侍郎张公神道碑铭》,闵尔昌:《碑传集补》卷六,文海出版社1973年版,第400页。
⑤ 任青、马忠文整理:《张荫桓日记》,世纪出版集团、上海书店出版社2004年版,第70页。

恶华人之心，无所不至，所立新例，恐不仅为医院计也"。① 他从中认识到了华人处处被美人排挤的困境。

三、整顿华人社会

各国排华运动，多以海外华人吸食鸦片、赌博、械斗有害于社会为借口，虽然这不是各国排华的真正原因，但种种不良现象确实不同程度地存在。这不仅妨碍华人正常生活，损害海外华人名声，而且为种族主义者提供了排华的口实。张荫桓认识到这一点，就对华人聚居区进行了整治。

刚到旧金山，张荫桓便到各华商会馆了解情况，"申初至领事署，复赴中华会馆、三邑会馆少坐"。张荫桓通过与华商的谈话了解到，由于美国的排华运动，不仅华工受到影响，就连比较殷实的华商也同样受到影响，他在日记中记述："各商经客岁今春土人谋驱逐谋炸陷，几不安生，大有风鹤之感。欲收庄回华，帐项又难遽集，郁郁居此，又有性命之虞，未免进退维谷。二月而后，凶焰稍平，惊魂亦稍定矣。咸愿余多驻数日，备述近事。"在这种情况下，张荫桓更加感到自己责任的重大，"余奉命远来，保护商民，责无旁贷，遂详与抚慰"。他鼓励大家在大敌当前的情况下，华人更应该彼此团结，同仇敌忾，拧成一股绳，不应该再发生内讧，给排华者留下更大的借口，认为华人"宜各谋联络，咸务正业，毋为所轻。华人数万里远来，尤当共切桑梓敬恭之意，毋分某府某州某县，旅居谋食，悉如一家。间有勃溪，诉之会馆，甚不得已，乃烦领事，务令彼族知我华人彼此相顾，庶可略免欺侮。至于未结各案，自当设法促之，无足虑也"。②

---

① 任青、马忠文整理：《张荫桓日记》，世纪出版集团、上海书店出版社2004年版，第283页。
② 任青、马忠文整理：《张荫桓日记》，世纪出版集团、上海书店出版社2004年版，第9~10页。

堂斗，是指华侨社团及其堂口之间的武装冲突。美国华侨堂斗现象早已出现，"随着19世纪80年代美国排华法的颁布和实施，华侨渐从矿区、农场等退缩到旧金山、波特兰、芝加哥、纽约等城市，形成华埠，'堂斗'也就多在此发生"。

早期的华侨移民，创业、生活都相当艰难，自然会通过地缘、血缘等关系结成一定的社团和堂口，以便彼此照顾，当时的六大会馆就是从那时逐渐形成的，"早期华侨地域性会馆为各属梓里的移民、就业、生活等给予很大帮助，成为在美华侨不可缺少的组织依托"。同时血缘性宗族及其堂口的创建，"为华侨社团的'堂斗'提供了一种暴力工具"。① 华侨浓厚的宗派意识所产生的排他性以及彼此利益的冲突，导致了堂斗的不断发生。

张荫桓从领事的多次汇报中得知金山华人堂斗现象比较严重，认为有必要进行治理，"金山华人各立堂名，间相斗杀，久思谕禁，实无暇晷，顷领事禀请，因为文以谕之"。② 张荫桓撰写的谕文洋洋千余言，从几方面对华人进行劝诫。

（1）介绍华人会馆初创的缘由，以及会馆为国家所做的贡献。"吾粤地广人稠，道光、咸丰年间海禁渐弛，又值土匪客匪之乱，于是有出洋谋食之一途，或工艺糊口，或小本营生，咸有所获，相率偕来，富商大贾亦开庄贸易，渐而创建会馆，互相联属，国家特设领事专官以资治理。前此中国水旱偏灾，华人乐输赈济，并荷圣明给匾嘉奖，煌煌睿藻，炳耀殊方"。

（2）赞扬华人到美后保持中国传统服饰，不入他国国籍的优良表现。"本大臣前过金山，察看该埠情形，华人旅居日繁，苦乐不一，而

---

① 潮龙起：《试析早期美国华侨的"堂斗"》，《江苏社会科学》2007年第3期。
② 任青、马忠文整理：《张荫桓日记》，世纪出版集团、上海书店出版社2004年版，第47~49页。

数十年不易冠服,不隶他籍,深堪嘉尚"。

(3)从天性的角度,认为身处异域的华人从自然情感上说应该彼此团结。"山巅海澨之区,旅馆羁栖,无父母妻子之相依,望田园庐墓而不见,间与嗜欲同声貌肖者相周旋,则亲爱之情油然而生,此天性也。相处既久,无殊兄弟手足,则患难与共,疾病相扶持,亦出于情之不自觉"。

(4)从惩戒的角度上警告寓美华人,因堂斗而触犯刑律,"美律纵能宽恕,中国自有典章,一经咨查,亲族受累"。

(5)联系现实情形。针对美国排华运动的发展,让深有感触的寓美华人反思自己授人以柄的行为。"美国年来厌薄华人已成风气,我华人即安分守己犹虑蒙以恶名,我复自相残杀,予人以口实,是因一二人之好勇斗狠以致一国商民皆受诋诃,益坚彼禁逐之志"。而且,这样对华人没有任何好处,即使是离开美国也不是轻而易举的事,"各商等资本所关,生业所寄,又不能遽尔收庄浩然归去,即工艺糊口之人亦未必行囊各裕,去住自如,当此寄食艰危、夙夜戒惧之候,其可不格外联络、共保岁寒,而顾以口角微嫌贸然斗杀乎?"

(6)以自己的粤人身份,分析粤人特点。"粤人性情大都义气相高,不肯少受屈曲,然临事不假思索,容易生事,不旋踵而悔,当其奋不顾身,虽鬼神赫临亦悍然不恤,及祸机已兆,一皂役之力足以制之。……要之,粤人行径好排场、爱体面、耐劳苦、轻身命者居多,其阴鸷狠毒甘蹈不法者实无几人,只是血气用事,忿激易形,见理稍迟,每致自误,可为痛惜"。

(7)倡导华人通过官方渠道解决问题。"现在金山各会馆绅董读书明理,于华人疾苦刻刻关心,各华人偶有不平,何难投诉?重或具禀领事衙门,尽能公平处置,断不令固结莫解,何致自相杀害耶?"

"言之无文,行之不远",张荫桓希望这个谕文能减少金山华人的堂斗现象。张荫桓的这个谕文对金山华人的堂斗现象果真起到了一定作

第二章 张荫桓担任驻外公使时期的外交思想与实践（上）

用。光绪十二年八月二十八日（1886年9月25日），张荫桓"询杰卿金山近事，尚安戢，前月谕禁械斗，榜示通衢，华人亦知感化，有读之泣下者，或钞存一纸，互相传诵，深夜秉烛立誊不惮烦劳，领事乃将示谕刊派，似华人非尽不可教诲者也"。①

但堂斗现象的出现也有人为因素，"寓美华人各联宗盟结党与，咸谓前总领事愤三合会之狂妄，而权力莫压，遂语乡人自立堂名，毋蹈覆辙，微寓合纵连横之意"。在这种情况下，各种堂口相应产生，"刘、关、张、赵四姓援三国演义而自为龙冈公所，榜曰'名义堂'，已觉遥遥华胄矣。有高姓者曰百余人，自为一堂，供奉高柴。苏姓一堂约百十人，供奉苏轼。曹姓百十人，供奉曹植。真可发噱"。② 这种情况的出现，归根结底是由于官方保护力量的薄弱，有的堂口是出于自保出现的，具有一定的合理性，因此，堂斗现象在短时间内很难消除。

---

① 任青、马忠文整理：《张荫桓日记》，世纪出版集团、上海书店出版社2004年版，第63页。
② 任青、马忠文整理：《张荫桓日记》，世纪出版集团、上海书店出版社2004年版，第336页。

第三章

张荫桓担任驻外公使时期的外交思想与实践（下）

第一节 张荫桓的交谊活动

作为一名驻外公使，开展广泛的外交活动是必不可少的内容，这是对一位外交官的基本要求。张荫桓在担任驻外公使期间，积极参加驻在国和外国公使举办的各种活动，并多次举办宴会，通过这些交谊活动，加强了与各国的联系。

一、积极参加驻在国和外国公使举办的公会活动

张荫桓在美国期间，除了办理各种交涉之外，参加外交界的各种公开活动也是一项重要内容。下面的图表就是根据张荫桓在日记中记载的所参加的公会活动整理的，以此反映他在担任公使时期的交谊活动。一般意义上的公会是指旧时同行业的企业联合组成的行会组织。张荫桓在日记中所称的公会并不是这个意思，它指的是外交界公开的交谊活动，有大型的和小型的，形式与内容比较灵活，主要目的是为了加强联系与互通声气。

<<< 第三章 张荫桓担任驻外公使时期的外交思想与实践（下）

表1 张荫桓参加公会活动一览表

日期	组织者	次数
光绪十二年十二月初四日（1886年12月28日）	邮政部威拉士公会 水师提督劳拿偕士公会 比邻黎特公会	3
光绪十二年十二月初六日（1886年12月30日）	总察院步力尼公会	1
光绪十二年十二月十一日（1887年1月4日）	总察院威地公会	1
光绪十二年十二月十二日（1887年1月5日）	英使公会	1
光绪十二年十二月十五日（1887年1月8日）	亚希公会、劳令公会	2
光绪十二年十二月十九日（1887年1月12日）	各部公会	>1
光绪十二年十二月二十日（1887年1月13日）	总统文案处公会	1
光绪十三年正月初三日（1887年1月26日）	户部、邮政部公会	2
光绪十三年正月初八日（1887年1月31日）	赴公会六处、上议院长余文之会	7
光绪十三年正月初九日（1887年2月1日）	墨使及下院议绅公会五处	5
光绪十三年正月初十日（1887年2月2日）	赴公会七处	7
光绪十三年正月十一日（1887年2月3日）	赴公会两处	2
光绪十三年正月十二日（1887年2月4日）	应酬公会三处、佐知探公会	4
光绪十三年正月十三日（1887年2月5日）	赴公会两处	2
光绪十三年正月十四日（1887年2月6日）	诗他令公会	1
光绪十三年正月十五日（1887年2月7日）	各臬司公会四处、上议院长余文公会	5
光绪十三年正月十七日（1887年2月9日）	赴公会五处	5
光绪十三年正月十八日（1887年2月10日）	赴公会六处	6
光绪十三年正月二十日（1887年2月12日）	赴公会六处、劳令公会	7
光绪十三年正月二十二日（1887年2月14日）	赴公会五处、余文宅公会	6
光绪十三年正月二十三日（1887年2月15日）	赴公会四处	4
光绪十三年正月二十四日（1887年2月16日）	赴公会八处	8
光绪十三年正月二十五日（1887年2月17日）	赴公会六处、后邻卜挨仁公会	7

续表

日期	组织者	次数
光绪十三年正月二十七日（1887年2月19日）	美宫及倭使公会、劳令公会	3
光绪十三年正月二十八日（1887年2月20日）	赴公会两处	2
光绪十三年九月初六日（1887年10月22日）	科士达公会	1
光绪十三年十月十五日（1887年11月29日）	外部律司黄吞公会	1
光绪十三年十月二十二日（1887年12月6日）	前邮政部阿亭公会	1
光绪十三年十月二十五日（1887年12月9日）	酬应公会两处	2
光绪十三年十一月初一日（1887年12月15日）	科律师公会	1
光绪十三年十一月二十日（1888年1月3日）	赴公会四处	4
光绪十三年十一月二十一日（1888年1月4日）	酬应各部公会	>1
光绪十三年十一月二十九日（1888年1月12日）	酬应上议院议绅公会二处	2
光绪十三年十二月初一日（1888年1月13日）	酬应公会五处	5
光绪十三年十二月初二日（1888年1月14日）	酬应公会五处	5
光绪十三年十二月初三日（1888年1月15日）	后邻公会	1
光绪十三年十二月初四日（1888年1月16日）	酬应诸察院及上院掌院公会七处	7
光绪十三年十二月初七日（1888年1月19日）	酬应上院议绅公会六处	6
光绪十三年十二月初九日（1888年1月21日）	后邻公会、劳令公会	2
光绪十三年十二月初十日（1888年1月22日）	山后公会	1
光绪十三年十二月十一日（1888年1月23日）	酬应公会十二处	13
光绪十三年十二月二十日（1888年2月1日）	各部公会	>1
光绪十三年十二月二十一日（1888年2月2日）	酬应上议院公会十一处	11
光绪十三年十二月初二十二日（1888年2月3日）	赴公会五处、水师部公会	6
光绪十三年十二月二十三日（1888年2月4日）	毕顿公会	1
光绪十三年十二月二十五日（1888年2月6日）	酬应诸察院公会五处、外部公会	6
光绪十三年十二月二十六日（1888年2月7日）	察院希力尼公会	1

续表

日期	组织者	次数
光绪十三年十二月二十七日（1888年2月8日）	酬应五部公会	5
光绪十三年十二月二十八日（1888年2月9日）	酬应上院议绅公会七处	7
光绪十三年十二月二十九日（1888年2月10日）	上院议绅抛麻、水师部汨尼公会	2
光绪十三年十二月三十日（1888年2月11日）	毕顿公会	1
光绪十四年正月初三日（1888年2月14日）	议绅钟士、威露健臣公会	2
光绪十四年正月初五日（1888年2月16日）	兵部公会	1
光绪十四年正月二十八日（1888年3月10日）	户部律师摄厘、察院梅拉公会	2
光绪十四年二月初七日（1888年3月19日）	绅士阿希、察院梅拉公会	2
光绪十四年二月初八日（1888年3月20日）	下院议绅格罗化公会	1
光绪十四年三月初七日（1888年4月17日）	博物馆公会	1
光绪十四年三月初八日（1888年4月18日）	外部公会	1
光绪十四年三月十五日（1888年4月25日）	外部公会	>1
光绪十四年三月二十日（1888年4月30日）	墨使公会	1
光绪十四年十二月初六日（1889年1月7日）	酬应诸察院公会	>1
光绪十四年十二月初七日（1889年1月8日）	酬应公会六处	6
光绪十四年十二月初八日（1889年1月9日）	各部公会	>1
光绪十四年十二月初九日（1889年1月10日）	酬应上议院公会十五处	15
光绪十四年十二月初十日（1889年1月11日）	赴公会七处	7
光绪十四年十二月十三日（1889年1月14日）	酬应诸察院公会七处	7
光绪十四年十二月十五日（1889年1月16日）	各部公会	>1
光绪十四年十二月十六日（1889年1月17日）	酬应上议院公会十二处	13
光绪十四年十二月二十日（1889年1月21日）	酬应诸察院公会五处	5
光绪十四年十二月二十一日（1889年1月22日）	酬应公会十二处	12
光绪十四年十二月二十二日（1889年1月23日）	酬应公会九处	9
光绪十四年十二月二十五日（1889年1月26日）	倭使公会	1

续表

日期	组织者	次数
光绪十五年正月二十六日（1889年2月24日）	总察院四处公会	4
光绪十五年正月二十七日（1889年2月26日）	朝鲜使馆公会	1
光绪十五年正月二十八日（1889年2月27日）	各部公会	>1
光绪十五年正月二十九日（1889年2月28日）	赴议绅公会十三家	13
光绪十五年二月二十日（1889年3月21日）	谭臣公会	1

注：根据任青、马忠文整理的《张荫桓日记》（世纪出版集团、上海书店出版社2004年版）整理。（由于张荫桓在美国时间最长，参加的活动最具有代表性，所以本图表仅以他在美国参加的公会为例）

以上图表中，张荫桓总共是参加公会297次，其中每日多于1次但具体次数不详的共有8次，这里暂时算作每日1次，所以总数应该超过300次。这300余次公会分布在77天中，平均每天需要参加近4次。其中张荫桓每天参加公会10次以上的有6次；5次以上10次以下的有23次；5次以下的有48次。以下对这个图表进行简单的分析：

(一) 每年参加公会的数量

光绪十二年，只有十二月份有公会，总共10次，基本每天都在5次以下，因为这一年是张荫桓上任的第一年，所以机会相对较少。

到光绪十三年，张荫桓参加公会的数量急剧增长，总共177次，其中正月期间有18天参加公会，共83次，十二月中也有18天参加公会，共81次，这两个月平均每天就要有将近5个公会需要参加。其他的时间张荫桓主要在西班牙度过①，所以说基本没有参加公会活动。

---

① 张荫桓于光绪十三年三月二十九日（1887年4月22日）前往西班牙，途经法国，四月二十四日（5月16日）抵达西班牙首都马得利（即马德里），六月十二日（8月1日）抵达伦敦，停留五天。六月十七日（8月6日）离开伦敦，六月二十四日（8月13日）回到纽约。

<<< 第三章 张荫桓担任驻外公使时期的外交思想与实践（下）

光绪十四年，由于张荫桓有半年的时间在秘鲁度过，① 所以总共才 90 次，但其中十二月份中就有 12 天参加公会，达 78 次之多，平均每天要有 6～7 次。这两年参加公会如此之多是由于张荫桓担任公使已经有两年多时间，对工作环境已经相当熟悉，正处于事业的高峰期。尤其在他对华工案的处理（如洛士丙冷案等）与反对美国限制华工入美案的交涉、谈判过程中，接触到了大量的美国政要与民间友人，也就使得他的社交圈子在不断扩大。

光绪十五年，也就是张荫桓担任公使的最后一年，参加公会次数明显减少，只有 20 次，分布在 5 天，平均每天 4 次。②

（二）所参加公会的组织者

这些公会的组织者绝大多数都是美国时任政要、前政要以及各国驻美公使，出席这些人及其掌握的部门组织的公会，不仅是出于对组织者起码的尊重，更重要的是通过与这些人物的往来交流，对于获取外交信息、更好地处理外交事务以及扩大中国对世界的影响都有很重要的作用。这是一个合格的外交家所应该做的事情。

（三）张荫桓对于参加公会的态度

对于这些辛苦的应酬，张荫桓心里早有准备，因为在光绪十三年正月，张荫桓在连续几天参加公会活动之后，他的法律顾问科士达（J. W. Foster）就开始给他打预防针了。"科士达询余日夕酬应累否，答以甚疲乏，科谓此为公使应尽之职，各国皆然，万勿厌烦，否则声息不通，一事办不动

---

① 光绪十四年四月十一日（1888 年 5 月 21 日），从美国出发，前往秘鲁，五月十一日（1888 年 6 月 20 日），抵达利马，九月初九日（10 月 13 日）抵美。
② 光绪十四年十二月二十六日（1889 年 1 月 27 日）出发前往古巴，二十九（1 月 30 日）到。光绪十五年正月二十一日（1889 年 2 月 20 日）离开古巴，二十四日（2 月 23 日）抵达华盛顿。下任公使崔国因于光绪十五年九月初一日（1889 年 9 月 25 日）抵美，张荫桓于九月初八日（1889 年 10 月 2 日）起程回国。

矣"。① 在有了更多的外交阅历之后，张荫桓对于参加公会更有了自己的理解，"西俗纯以酬应为事，非此则耳目闭塞，一事不能办，各使之劳劳殆非得已"。对于公会应酬的劳累，其他各国公使也深有体会，如俄国公使曾向他发牢骚道"此间酬应，劳不可言，本国政府不知我辈境况，方以为客中佚乐耳"，对看似风光，实则劳不可言的公会活动发出感慨。张荫桓对此深表赞同，认为"此语甚有阅历"。② 就连美国外部官员贝雅德也"常言公会不乐，客散后乃乐"，张荫桓深有同感，认为"此言殊隽"。③ 尽管有些公会是礼节性拜会，看起来非常烦琐，如新年例拜等，但在外交中是必不可少的，因此，即使是如此的辛苦，但为了通声气，张荫桓还是一直积极参加公会。在光绪十三年和十四年这两年中，张荫桓参加公会次数最多，最多的时候达到一天参加15次，这对于一位五十多岁的老人来说，劳累程度可想而知。光绪十三年正月初二日（1887年1月24日），在张荫桓的主持下，中国使馆举办了有史以来最大规模的春酒会，到会嘉宾近千人，如此大规模的酒会使得大家忙到初三日凌晨四点钟才睡觉，但张荫桓依然坚持于初三日参加了户部、邮政部组织的公会，当时大家"咸讶昨晚宴客极劳，今日尚能出门酬应"。④ 由此，他的敬业精神可见一斑。

二、举办宴会联络外交界人士

使馆是一个中西交汇的重要外交场所，张荫桓以此为中心，开展了与国外的广泛往来。以下图表是张荫桓在担任驻外公使期间所主持的各

---

① 任青、马忠文整理：《张荫桓日记》，世纪出版集团、上海书店出版社2004年版，第116页。
② 任青、马忠文整理：《张荫桓日记》，世纪出版集团、上海书店出版社2004年版，第253页。
③ 任青、马忠文整理：《张荫桓日记》，世纪出版集团、上海书店出版社2004年版，第254页。
④ 任青、马忠文整理：《张荫桓日记》，世纪出版集团、上海书店出版社2004年版，第113页。

第三章 张荫桓担任驻外公使时期的外交思想与实践（下）

种宴会，从中可以看出张荫桓对于联络外交界人士的良苦用心。

表 2　张荫桓举办宴会一览表

国家	时间	原因	出席者	人数	宴会时长
美国	光绪十二年十月二十七日（1886年12月22日）	长至节令	英使、日使、倭使、檀使、威使、科士达、柏立诸西人	7人左右	?
	光绪十三年正月初二日（1887年1月15日）	春酒会	前任留交应请之客与新交	近1000人	晚九点半—凌晨两点钟（约四个半小时）
	光绪十三年正月初四日（1887年1月27日）	生日	英、俄、法、日、墨、威各使，科律师、夏庐（又作夏卢）、科医生三家	10人左右	?
	光绪十三年三月初二日（1887年3月26日）	?	都察院威地、布勒迟佛（又作布勒持佛）、俄使、倭使、前外部黎积臣、绅士挨林士、阿希、坚弥地、科士达、夏庐、柏立	11人	晚七点—?
	光绪十三年十月初九日（1887年11月23日）	?	外部虮蝪、户部钗鸦飞劳、内部林麻、邮政部威露士、陆部大将军余利钝、总察院梅拉、马调、合众国委员威露臣、前驻华公使杨约翰、英使、葡使、日使、法使、丹使、瑞使、日本代办	16人	戌初—亥正（约三个小时）
	光绪十三年十月十六日（1887年11月30日）	?	美总察院威地、布勒持佛、格腊，上议院掌院余文，议绅多福、歇地、巴拿蛮、升高顿，律师科士达，美总统中军官威露深、丹使、墨使、智使、比使、前秘使爱立谟、美绅谈臣（也作谭臣），本署洋员柏立等	16人左右	?—晚十点钟散

109

续表

国家	时间	原因	出席者	人数	宴会时长
美国	光绪十四年正月初二日（1888年2月13日）	新年	外部、户部、兵部、水师部、邮政部、总察院、大将军佘利钝、上下议院掌院、议绅多福等，各国驻使希特、英、俄、德、法、瑞典、日斯巴弥亚（即日斯巴尼亚）、土耳其、墨西哥、南墨洲诸国、朝鲜使	约800人	晚九点钟—凌晨三点钟散（约六个小时）
美国	光绪十四年正月初四日（1888年2月15日）	生日	俄、法、日、智、檀、土、墨、朝鲜各使	8人左右	晚九点—？
美国	光绪十四年三月二十八日（1888年5月8日）	？	外部虮蝮、察院梅拉、布勒持佛、布力尼、上院议绅莺哥儿、衣云士、亿文士、下院议绅巴拿蛮、夏卢、报馆多惰甫、提督劳力治士、律师科士达、绅士阿希、挨林士、希特使、英使、法使、墨使、了毡颠使、智使	20人左右	晚七点半—十一点（约三个半小时）
美国	光绪十五年二月二十三日（1889年3月24日）	答谢	朝鲜使员李夏荣、李采渊、李完用	3人	？
美国	光绪十五年三月十六日（1889年4月15日）	？	外部、邮部、水师部、农部及总察院梅拉、哈伦、布勒持佛、布力尼、议绅多福等	52人	晚八点—十点（约两个小时）
西班牙	光绪十三年闰四月十八日（1887年6月9日）	？	藩部、兵部、海部、外部、商务、政务、头二等朝官、上下议院掌院及同使诸君	？	晚十点钟—日出（约七八个小时）
西班牙	光绪十五年正月十八日（1889年2月17日）	贺皇帝大婚	岛中官绅各国领事	？	？—丑正

续表

国家	时间	原因	出席者	人数	宴会时长
秘鲁	光绪十四年六月二十六日（1888年8月2日）	光绪皇帝寿辰	各驻使暨按察司并诸秘绅	?	?

注：根据任青、马忠文整理的《张荫桓日记》（世纪出版集团、上海书店出版社2004年版）整理。

从这个简单的图表中，我们可以看到，张荫桓在担任驻美国、西班牙、秘鲁三国公使的过程中，举办了14次宴会。下面我们从不同的角度进行分析。

（一）举办宴会原因

每次宴会的举办都有比较重大的原因，如新年、皇帝大婚、庆贺生日、皇帝寿辰、答谢等，都有比较强的目的性。

（二）参加宴会的成员

参加宴会的成员全部都是驻在国各部官绅或与张荫桓同驻驻在国的各国使节，这些人物都是外交舞台上的重要角色，处理好和他们的关系，对清政府的外交将会有很重要的帮助，这类宴会无疑是彼此沟通的一条重要渠道。张荫桓举办宴会是一种重要的外交举措。

（三）举办宴会的规模

由于张荫桓在美国外交任务最重、时间最长，所以在美国举办宴会次数最多，达到11次。其中有两次特大规模的招待晚宴，光绪十三年正月初二日（1887年1月15日）的春酒会，来宾达到近千人，耗时四个半小时；光绪十四年正月初二日（1888年2月13日）的新年晚宴来宾达到八百人，耗时六个小时，这两次宴会的规模对于中国公使馆来说都是空前的。光绪十五年举办了1次五十二人的较大规模宴会；光绪十三年和十四年共举行了4次十人以上、二十人以下的较小规模宴会；为过长至节气、张荫桓生日和专门答谢韩使,还分别举办了4次小规模宴会,均为熟识的各国使节和好友,人数不多。在西班牙和秘鲁共举办3次宴会,虽然不能详知有几位参加,但参加者都是当地官绅和同往驻在国的使节,所以规模应该不会太小。因此,张荫桓举办的宴会从规模上说有大有小,根据具体情况决定的。

(四)宴会取得的效应

张荫桓举办各大小宴会都取得了很好的效应。在美国,光绪十三年的春酒会规模最大,应邀者"大都以预会为幸"。① 光绪十三年十月初九日(1887年11月23日)的宴会"主客皆欢"。② 光绪十四年三月二十八日(1888年5月8日)的晚宴本来九点半钟就散了,但大家还是"茗谈至十一点钟",③ 看来是相谈甚欢。光绪十五年三月十六日(1889年4月15日)的晚宴上,张荫桓为主席,美国国务卿布勒恩(James G. Blaine)为首坐,宴会散后小坐品茶烟,布勒恩赞叹道:"此种宴会美都仅见,足征中美邦交",并且帮助张荫桓"备极周旋,俟诸客将散尽乃去"。④ 在西班牙,光绪十三年闰四月十八日(1887年6月9日)的公会散后,"俄使谓于此结欢,即贻书驻华公使以证两国之好"。⑤ 张荫桓举办的宴会取得的这些积极效应,正是外交宴会所要达到的真正目的。

张荫桓通过各种名目,举办大大小小的宴会,宴请驻在国各部首

---

① 任青、马忠文整理:《张荫桓日记》,世纪出版集团、上海书店出版社2004年版,第112页。
② 任青、马忠文整理:《张荫桓日记》,世纪出版集团、上海书店出版社2004年版,第231页。
③ 任青、马忠文整理:《张荫桓日记》,世纪出版集团、上海书店出版社2004年版,第280页。
④ 任青、马忠文整理:《张荫桓日记》,世纪出版集团、上海书店出版社2004年版,第380页。
⑤ 任青、马忠文整理:《张荫桓日记》,世纪出版集团、上海书店出版社2004年版,第173页。

脑、同在驻在国出使的其他国家的使节以及外国友人，的确收到了很好的效应，拉近了和他们的关系，对于今后处理国际问题，方便联络，起到了很好的作用。举办外交宴会并不是一种铺张浪费，"普遍的一种共识是，使领官须在驻在国保持上流社会的生活标准，以树立一种高规格的尊荣的国体形象"，① 宴会的成功举办不仅有利于外交的开展，也有利于国家形象的树立，因此张荫桓是一位有深谋远虑的外交家。

第二节　对西方文明的考察

赴美之前，国人对世界知识的获取主要有以下几种渠道。第一，早期主张经世致用的国人通过翻译西方著作，介绍西方，来扩大知识分子对西方的认识，如徐继畬的《瀛环志略》，林则徐的《四洲志》、魏源的《海国图志》等。第二，早期走出国门的人留下的著作也给了国人一个更加具体地了解西方的机会，如斌椿的《乘槎笔记》、志刚的《出使泰西记》等，他们有了亲身出国游历的机会，对西方的介绍可谓更加直观，可信性更强。但他们对西方的认识主要是在游览过程中获得的，这种认识只能停留在表层，比较感性，还没有达到一个更高的层次。第三，传教士在中国主办的报纸、杂志等对西方的介绍、宣传，以及传教士本人对西方的介绍，为国人认识西方提供了机会。

张荫桓除了通过以上几种传统方式认知西方外，他本人还具有更加得天独厚的条件，即出生于风气开放的广东，这样，他自然就有与西方人打交道的机会。"籍隶广东，生长海隅，熟悉洋务，……时常与西人

---

① 岳谦厚:《民国外交官人事机制研究》，东方出版社2004年版，第102页。

讲求，闻见极多"，① 这对于他是一个优越的客观条件。再加上张荫桓此前在湖北以及山东任职，与外国人有过实际的接触，因此对于外情有了一个更加深刻的了解。

走出国门，是使节思想发生飞跃的外在条件。担任了驻外公使，真正置身于西方社会，张荫桓真切地感受到了西方的文明。他对西方文明的认识由最初的感性，逐渐地上升为理性，使得张荫桓对于如何与西方人打交道有了更加深刻的认识，这必然影响他归国以后的外交方式。担任驻外公使期间，他对于西方文明的认识包含各个方面，有政治的、经济的、社会的、文化的等，以下进行简要分析。

一、对西方政治的认识

（一）对西方政党形式关注颇多

张荫桓刚到美国之初，对于美国的政党政治就比较关注，并在日记中详细记载他对政党政治的认识。"美廷诸臣各附其党，咸随总统为去留，惟合众国按察司矻立不动，岁俸九千金，额设九员，堂有六员便可听断，权力极大。民主之国政由议院，而法司之权自若也"。②"美议院每年开议总在中历冬初，发凡起例而已，议至长至前五日，耶稣生日给假十天，假满即复集，或长议或短议，间岁为之。议绅视邦省人数多寡而公推，上院有定，下院无定，各有专司。美政所从出，总统高拱仰承画诺而已"。③

不单是对于美国的政体，对于所到的国家和地区，他都有关于政体

---

① 丁宝桢：《调张荫桓、文天骏片》，《丁文诚公奏稿》卷一一，《丁文诚公遗集》，光绪十九年（1893年）京师刻本，第20页。
② 任青、马忠文整理：《张荫桓日记》，世纪出版集团、上海书店出版社2004年版，第17页。
③ 任青、马忠文整理：《张荫桓日记》，世纪出版集团、上海书店出版社2004年版，第19页。

的记载,比如,在途经英国的时候,他仔细观察过英国的君主制政体,并与美国的两党制进行比较。"英有宰相向管户部,近兼外部理财,交邻极重要,然随党迁除,君主无能,进退又设兵部、刑部、工部、藩部、民部、海部、内部、邮部,印度别设一部,略如藩部而专外。此庶官咸有职司,要皆受成于各部,取决于议院。英之议院仍分上下,上议院多勋旧富人,下议院则民间公举,视城邑广狭人民众寡而定所举之数,与美议院同,上议院则无定额,宰相可举庶官,入院爵绅无状,君主亦可黜之。建院之始君主逐日至,近则议院启闭时一至,或有重大事亦至焉而已。上议院事简,下议院事繁,国之政令皆自下议院议之,议成上于上议院,视已成事无大更驳,下议院则自朝至于日昃,甚或卜夜,然掌院秩满,君主必予以世爵。大抵英之国权仍归两党,附君主者曰保党,乐民政者曰公党,上议院多爵绅,君党之气稍王,然两党迭主朝政,七年一易,君主立其党魁以为相,于是诸部院皆宰相所举,党易则举朝皆易,与美之南北党同一机轴"。①

在途经法国时,他对法国的政体也进行了观察,把同为民主国家的法、美制度进行对比,并对法国的政体进行了记载。"法、美同为民主而制度各殊。法有内、外、商、藩、户、兵、海、学、教、农、刑、工十二部,就中商兼藩,学兼教。……议院权亦隆重,上院议绅三百五十六员,下议院绅五百八十六员,每员日俸五元,微薄之甚。陆兵口粮每月十五佛郎、水兵四十佛郎,持较美国已大相迳庭矣"。②

这些记载是张荫桓对西方各国政体的感性认识,他将自己的所见所闻详细记载于日记中,对于国人了解西方是一个重要的资源。这也是总理衙门要求每位驻外使节撰写日记的主要目的。

---

① 任青、马忠文整理:《张荫桓日记》,世纪出版集团、上海书店出版社2004年版,第194~195页。
② 任青、马忠文整理:《张荫桓日记》,世纪出版集团、上海书店出版社2004年版,第430页。

（二）赞美美国的"简政"

对于美国政治的简质，张荫桓有着极为深刻的印象，因为美国上层政治人物的生活与中国官僚们的生活完全不同。他觉得，在美国，从总统到部院大臣，每个人在生活中都很简单洒脱，不像中国官场上凡事都充满繁文缛节，官员讲究排场。他的言语中不乏对这种简质生活的赞美："遇总统与妇同车，意甚自得，民政之国，洒脱乃尔。"①"美总统生日，各驻使向无庆贺之仪，行经美宫只马车数辆，或其密友相与称觥。民主之国简质如是。"②"九点钟赴鸟约，天气寒甚，车中遇水师部汨尼，独行萧然，无违官气。进斋谓中国水师提镇出入尚不知如许赫赫，况部臣乎？美政之简如此。"③"洒脱乃尔""简质如是"等词语，透露出了张荫桓的钦羡之意。

（三）政治舆论宽松

对于西方国家政治舆论环境的宽松，张荫桓有深刻印象。美国画报具有政治宣传功能，经常针对某一事件对总统或其他各部大臣进行嘲讽，这对于饱受中华传统文化影响的张荫桓来说，有些不太适应。"美国画报列牛、马、鸡、犬诸状而面目则作人形，神理逼肖，其庞然大物、驿角细毛者，今总统乞哩扶轮（即克利弗兰）也；小犊相依、眯目张口者，外部大臣虬蝮也；蹲踞于前、猖猖欲罥者，两举总统未成之咈嗪（即 James G. Blaine，布勒恩）也；俊耳高腕、偶傥权奇、一围人牵之以出，则将举总统之劳近也；其他鹰、兔皆作人面，识者悉能辨

---

① 任青、马忠文整理：《张荫桓日记》，世纪出版集团、上海书店出版社 2004 年版，第 94 页。
② 任青、马忠文整理：《张荫桓日记》，世纪出版集团、上海书店出版社 2004 年版，第 143 页。
③ 任青、马忠文整理：《张荫桓日记》，世纪出版集团、上海书店出版社 2004 年版，第 255 页。

认。民政从宽甚于处士横议，然所周旋者视此图，能勿慨伤哉？"① "美都画报绘一大象，其面目如今之总统，豢象者为外部唶嗻，以鞭鼙之，象若不堪，当献技时，忽踢以后足，情状可笑。民主之国，不以为毁谤也，拟为《豢象图歌》。"②

尽管对于西方的民主政治有了比较真切的认识，但由于长久以来儒学的浸润已深入骨髓，受此知识背景和认知框架的制约，张荫桓在认识西方政体时，自觉或不自觉地用中国传统政治文化中的一些概念和判断来阐释西方政体，这无疑会影响他对西方民主政治本质的认识。

二、对西方经济的认识

在考察西方文明的过程中，张荫桓着重关注西方富强的本源，他认为西方人善于经营谋利，西方发达的主要原因在于科技的发达。

（一）西人善谋利

张荫桓认为西方人善于经营、谋利，在日记中多次提及，"交相为利，美俗大都然矣"，③ "西人每设奇技，必于此中求利"，④ "西人谋利无微不至"，⑤ "美俗勤俭，惟务藏富"，⑥ "西人格物之功，即谋利之

---

① 任青、马忠文整理：《张荫桓日记》，世纪出版集团、上海书店出版社2004年版，第77页。
② 任青、马忠文整理：《张荫桓日记》，世纪出版集团、上海书店出版社2004年版，第379页。
③ 任青、马忠文整理：《张荫桓日记》，世纪出版集团、上海书店出版社2004年版，第45页。
④ 任青、马忠文整理：《张荫桓日记》，世纪出版集团、上海书店出版社2004年版，第60页。
⑤ 任青、马忠文整理：《张荫桓日记》，世纪出版集团、上海书店出版社2004年版，第201页。
⑥ 任青、马忠文整理：《张荫桓日记》，世纪出版集团、上海书店出版社2004年版，第268页。

用"。①

(二) 赞美发达的科技

美国科技发达,如电话的广泛使用,"德律风之器,西俗盛行,美都则各部院衙门及大小行户皆租赁一器悬于公事房,旁置各街拱号数牌,欲与何处问答,即就筒口说明号数,远近不爽,租银不一,美使馆岁需八十金,日使馆岁需六十金。家居而设此器者,必富商大贾,或新闻馆访事人通声气也。类皆自用,惟药房之德律风,人人可借,中国则惟津沪之地行之,然亦不甚广。此视贸易之多寡耳。为用较电报为捷,然不如电报之密,且其施功之处,必藉电杆,不能独树一帜,然美都之德律风公司近乃大获利"。②

铁路线的发达,"美国火车铁轨四通八达,无远弗届。货车无论矣,客车分等,上等之坐有机括,能四面活转,另有烟房吸烟,避女客也;下等则二人三人共一榻,而间能就榻吸烟餐饭,或就后车,或移至榻侧;长路之车则下车就食于饭馆,为期太迫,又别一风味。睡车分上下床,合掌横排,间以帷幔,男客例居上,昏则解榻,晨起辄卷藏衾茵,析为坐具。车中另有卧房可以自为一所,能容三人,价稍昂。睡车之式,环球以美为最"。③

张荫桓认为西医的妙处也不少,有中医所达不到的效果,"比邻一鹊曾任兵官,炮折右骸,以木接之,行动如常,乍见并不悟为废疾,此西医至妙也"。④

---

① 任青、马忠文整理:《张荫桓日记》,世纪出版集团、上海书店出版社 2004 年版,第 226 页。
② 任青、马忠文整理:《张荫桓日记》,世纪出版集团、上海书店出版社 2004 年版,第 284 页。
③ 任青、马忠文整理:《张荫桓日记》,世纪出版集团、上海书店出版社 2004 年版,第 18 页
④ 任青、马忠文整理:《张荫桓日记》,世纪出版集团、上海书店出版社 2004 年版,第 140 页。

总体来说，西方科技的发达体现在各个方面，张荫桓通过西方人的各种发明创造，认为西方人很聪明，比较善于思考问题，"西人因风筝而悟电线之制，因沸水而悟士颠气之制，可云善悟"。① 他认为这是西方科技发达的根本所在。

经济的发达归根于科技，对此，张荫桓心向往之，认为中国也应该向西方学习这样的先进科技，于是他处处留心观察。对于铁路的开设，张荫桓认为很有必要，在一次去美国前总统格兰特家做客时，格兰特总统妻子的言论他就非常赞同，"晚饭后往访格总统之家，存问其妻子。其妻老病侵寻，犹期期以中国强盛为念，力劝速开铁路通火车，宜筹虑周远，控制邻国，持论宏通"。② 张荫桓认为格兰特总统妻子支持中国速开铁路的观点是"持论宏通"，与他心中的想法不谋而合。对于美国银行业的发达，张荫桓也感触很深，他私下与李鸿章书信往来，介绍美国银行的情况，并寄给李鸿章美国银行章程三本，他还主张仿效美国的邮政局设立"官信局"，方便国人通信。"复李傅相书，论海军事及美使馆现办交涉情形，寄去美国银行章程三本，略言美国银行大致，兼请设官信局如泰西邮政之式以便民"。③

但对于西方科技，他的认识也有局限，比如对于西方大规模使用机器生产，他说道："以奇器代人工，西俗生齿不繁之地宜也"，④ 他认为使用机器是由于西方人口少，而对中国不适用。

---

① 任青、马忠文整理：《张荫桓日记》，世纪出版集团、上海书店出版社2004年版，第284页。
② 任青、马忠文整理：《张荫桓日记》，世纪出版集团、上海书店出版社2004年版，第22页。
③ 任青、马忠文整理：《张荫桓日记》，世纪出版集团、上海书店出版社2004年版，第41页。
④ 任青、马忠文整理：《张荫桓日记》，世纪出版集团、上海书店出版社2004年版，第213页。

三、对西方社会的认识

(一) 赞美市政建设

张荫桓认为西方有很多"善政",比如喷水的机器,日记中就记载很多次,"西人制机喷水,洒溉甚远",①"使馆在华盛顿,国都西北隅,雕攀园之北,颇高敞,门外馀地兼植花木,又为暗机喷水,浅草如茵"。② 美国的城市空气清新,街道整洁,"美都不刑人于市,亦无屠宰庖厨,所需牛羊各物悉于诗家谷运来,故虽天气渐热而无秽气"。③ "美都衢路纯用碎石压成,和以杭油,性类巴麻子,极光泽。逐日以水车洒润,车中藏有机器,车后置数管,车行机动,水从管出,沾溉甚匀。随有大车,刷埽亦藏机车中,随行随埽,路上杂物分拨两旁,末有小车检载出海。四时一辙,极洁净"。④ 对于美国的消防队,张荫桓也进行了细致的描述,"美俗水车规制甚善,马亦驯熟,火警电钟一响,机连马厩,马即腾跃,急行就辕以待辔,其救火健儿则从楼上滑溜而下,不由梯级,既取快捷且虑闻警下梯或致蹉跌,故于楼口置欹木,光泽可鉴,稍纵即逝,疾于飞鸟,相距三里不逾刻而至,故扑救之速,鲜有延烧,亦无乘火抢劫之弊,只二三黑人远立瞭望,此美之善政也"。⑤ 美国的市政建设如此完善,环境如此优美,与中国形成了鲜明的对比,张荫桓对此非常感慨,对美国市政建设的赞美溢于言表。

---

① 任青、马忠文整理:《张荫桓日记》,世纪出版集团、上海书店出版社2004年版,第12页。
② 任青、马忠文整理:《张荫桓日记》,世纪出版集团、上海书店出版社2004年版,第14页。
③ 任青、马忠文整理:《张荫桓日记》,世纪出版集团、上海书店出版社2004年版,第23页。
④ 任青、马忠文整理:《张荫桓日记》,世纪出版集团、上海书店出版社2004年版,第37页。
⑤ 任青、马忠文整理:《张荫桓日记》,世纪出版集团、上海书店出版社2004年版,第43~44页。

(二) 社会风俗

西方社会有很多值得称颂的习惯，比如守信，张荫桓对此极力赞美，并在日记中提到很多次，"西人硁硁可信，其可嘉者"，①"西人守信如威地者，不愧为都察院矣"。②他认为这是中国人需要学习的好习惯。西俗主张从简，"西人以免冠为敬，中国以衣冠为礼，未有为人送丧但免冠而以便衣从事者，此西俗之简也"。③

张荫桓注意将西方风俗与中国的进行比较，如中西方在姓氏上就有很大差别，"西俗有氏族有名，其氏族或以地或以神物，君主之国则兼以爵邑，且有赐姓，然赐有定额，皆勋旧也，其名刺则名在姓前，有爵者加印王帽。然往往同此氏族而乏同宗之谊，非如事华，葛藟本根，世胄遥遥，犹能按图回溯"。④同时在风俗习惯上也有很大不同，"华人见客以摘眼镜为敬，西人见客以摘眼镜为慢，意谓不愿见此人故不加镜相视，虽臣民见君主，短视者皆带眼镜，中西殊制，此其小焉"。⑤

张荫桓还在日记中介绍西方外交礼仪，"西人则委内瑞辣（即委内瑞拉）公使在坐，掖郑光禄登车，西例之交厚者类如此"。⑥"葡使先见，各使次第见，咸握手为礼，见夫人亦然"。⑦"洋例接见各使以到国

---

① 任青、马忠文整理：《张荫桓日记》，世纪出版集团、上海书店出版社2004年版，第56页。
② 任青、马忠文整理：《张荫桓日记》，世纪出版集团、上海书店出版社2004年版，第148页。
③ 任青、马忠文整理：《张荫桓日记》，世纪出版集团、上海书店出版社2004年版，第268页。
④ 任青、马忠文整理：《张荫桓日记》，世纪出版集团、上海书店出版社2004年版，第19页。
⑤ 任青、马忠文整理：《张荫桓日记》，世纪出版集团、上海书店出版社2004年版，第180页。
⑥ 任青、马忠文整理：《张荫桓日记》，世纪出版集团、上海书店出版社2004年版，第17页。
⑦ 任青、马忠文整理：《张荫桓日记》，世纪出版集团、上海书店出版社2004年版，第29页。

先后为序，无强弱无大小"，① 为以后的公使提供借鉴。

（三）西方伦理

由于张荫桓自幼深受封建传统教育，还不可能摆脱孔孟之道的羁绊，摆脱传统伦理纲常观念的束缚，不自觉地会以传统伦理纲常作为最高的社会道德准则，在看待西方风俗时，仍以古代圣贤遗留下来的纲常名教作为衡量其优劣的标准。

对于西方的伦理，张荫桓表现出很多的不解。清代士大夫来到国外时，他们大都在道德上有着一种优越感，确信西方的价值观念不如中国，张荫桓也不例外。他在日记中就多次提到对于西方伦理的不解之处，"麦治极信教，往与谈伦常道理，麦治自言每月必寄钱物博父母欢，为西人所罕。询以所爱何先，则曰妻第一，女第二，子第三，父母第四，信教者如是而已"。② 这种排序结果，让深受"三纲五常"文化影响的张荫桓不可理解。"虮蝨持妇服甚切，不拜客，不预总统婚筵，乃不禁其子母丧纳妇，西人伦纪之道颇难索解"。③ "（百贾）现在行年八十二岁，步履少涩，上下楼梯其子绝不理会，余虑其蹉跌，屡语以扶侍，其子谓乃翁不乐相扶，西人父子之谊盖如是也"。④ "西俗伦常之谊甚平平，麦治之父本极诚悫，且在此充领事而不能养其寡媳孤孙，殊不解也"。⑤ "谭臣鳏居华屋，子女相依，绰有余地，子既纳妇，即令赁庑

---

① 任青、马忠文整理：《张荫桓日记》，世纪出版集团、上海书店出版社2004年版，第100页。
② 任青、马忠文整理：《张荫桓日记》，世纪出版集团、上海书店出版社2004年版，第188页。
③ 任青、马忠文整理：《张荫桓日记》，世纪出版集团、上海书店出版社2004年版，第42页。
④ 任青、马忠文整理：《张荫桓日记》，世纪出版集团、上海书店出版社2004年版，第140页。
⑤ 任青、马忠文整理：《张荫桓日记》，世纪出版集团、上海书店出版社2004年版，第189页。

于外，西俗之不可解者"。①"西俗生子无乳哺之恩，但饮以牛羊酪，别制小几榻以栖息之，未周晬辄令学步，所谓子生三年，然后免于父母之怀者，诧为奇事，故人子之报也亦薄"。②"西人无内外孙之别也"，③"西俗伯叔与母舅、姨母同一称谓，与所生同产也；伯叔母、姑夫、姨夫同一称谓，内外亲不别也；从兄弟姊妹与中表同一称谓，中表可为婚配，推而至于从兄弟姊妹。异矣"。④从以上让张荫桓"颇难索解""殊不解""不可解"的种种伦理现象可以看出，尽管驻外公使已经是比较通晓外务的了，但由于长期受中国传统文化熏陶，对于与传统不相容的事物在接受上还是要有一个过程的。

西方男女平等，女子在西方享有自由。中国传统重男轻女，张荫桓到西方之后，对于西方重视女子有所注意，并多次记载。"西俗重女，而美又民政之国，人得自主，但每届举总统议绅，皆各省士庶而不及妇人，于是乃为一会，以争权利"。⑤"美各部书佣，男女并用，其工资由考取递升不尽，请托视部务繁简，多或二千余人，少亦千数百人，女工可以谋食"。⑥"美城乡中多街车，夜间远望如灯船。彼驶于林木间，或一马或二马牵曳，一人司机，一车能容十数人，小或五六人。若男客满而女客后至，则男客起立让之，未及马头而女客欲下，既车行之顷女客

---

① 任青、马忠文整理：《张荫桓日记》，世纪出版集团、上海书店出版社2004年版，第382页。
② 任青、马忠文整理：《张荫桓日记》，世纪出版集团、上海书店出版社2004年版，第360页。
③ 任青、马忠文整理：《张荫桓日记》，世纪出版集团、上海书店出版社2004年版，第272页。
④ 任青、马忠文整理：《张荫桓日记》，世纪出版集团、上海书店出版社2004年版，第18页。
⑤ 任青、马忠文整理：《张荫桓日记》，世纪出版集团、上海书店出版社2004年版，第270页。
⑥ 任青、马忠文整理：《张荫桓日记》，世纪出版集团、上海书店出版社2004年版，第18页。

欲上，司车人须均听命"。① "灯时，美议员前任总兵官力尼偕眷属来见，其女仅十三龄，能言中国地方扼塞。西人用心，男女一辙，可为悚惧"。②

婚姻自由，也是西方的一大风尚，"西俗女子订婚类皆自择，佳耦既偕，喜形于色"。③ 对于自由择偶方式，张荫桓并不能赞同，他亲眼所见的美国女孩美丽牙（音译）因自由恋爱遭父母所阻而欲自杀的事实，他认为这是"西俗自为婚配流弊至此"。④ 对于男女平等、自为婚配的做法，初到美国的张荫桓表现出了不理解。

张荫桓认为中西伦理也有相近的地方。"同舟有德商士布鲁士，操织染为业，……是夕忽置酒享客，自言今日为母氏六十生辰，举酒为庆，询其父，则年八十矣。明发之怀，西人亦不能恝然，中外一理，千古不易之经也"。⑤

四、对西方文化的认识

（一）对教育的认识

教育内容和形式。西方重视从幼年教育孩子学习世界知识，并且寓教于乐，把地图做成玩具，使孩子从小就能知道世界各国的概况。

---

① 任青、马忠文整理：《张荫桓日记》，世纪出版集团、上海书店出版社2004年版，第21页。
② 任青、马忠文整理：《张荫桓日记》，世纪出版集团、上海书店出版社2004年版，第34页。
③ 任青、马忠文整理：《张荫桓日记》，世纪出版集团、上海书店出版社2004年版，第271页。
④ 任青、马忠文整理：《张荫桓日记》，世纪出版集团、上海书店出版社2004年版，第272页。
⑤ 任青、马忠文整理：《张荫桓日记》，世纪出版集团、上海书店出版社2004年版，第5页。

"西俗发蒙即从地图入手，故环球地名悉能指说。"①"西俗地舆之学，童而习之，自本国以迄环球，往见西童能言中国口岸厄塞，甚奇之，问俗略久，乃悉所学之有自也。其以本省地图作嬉具，如吾华西湖图者，以骰子掷点计数记里，稍能行步即知各省方向、犬牙相错情形，此西学之浅近而有用者。"②这对张荫桓有很大触动，他认为中国在这一点上也应该向西方学习，让孩子学习世界知识，而且应该从浅显内容入手，培养兴趣。因此在创办华人学堂时，张荫桓便在章程中规定"西学所习，悉从讲解画图入手"。③张荫桓还呼吁在国内设立西学堂，认为学习西学刻不容缓，"京师同文馆、津粤沪之西学堂，其可缓乎？"④张荫桓归国后积极支持张元济主办通艺学堂，应该是缘于在国外受到的启发。

男女受教育平等。西方男女平等，在教育上也有所体现，无论男女，都要上学读书，否则要责罚其父母，"其俗无虑男女，六岁以上不向学读书，即责其父母"。⑤

（二）娱乐文化

张荫桓认为西方的很多东西源自中国，主张传统的西学中源说。比如西方的赛会，他认为就是从中国传过去的，"西俗喜赛会，眩奇斗胜者，举一会经营数年。隋大业中，炀帝在东都悉召天下奇倡怪伎大陈端门前，曳罗縠弹金琲者十余万，百官都人列绘楼缦阁夹道，被服光丽，

---

① 任青、马忠文整理：《张荫桓日记》，世纪出版集团、上海书店出版社2004年版，第34页。
② 任青、马忠文整理：《张荫桓日记》，世纪出版集团、上海书店出版社2004年版，第390页。
③ 中国第一历史档案馆，军机处录副奏折，缩微胶片，674卷，9434~23，《〈古巴义学章程〉清单》。
④ 任青、马忠文整理：《张荫桓日记》，世纪出版集团、上海书店出版社2004年版，第390页。
⑤ 任青、马忠文整理：《张荫桓日记》，世纪出版集团、上海书店出版社2004年版，第18页。

廛邸皆供帐,池酒林蔵,译长纵蛮夷与民贸易在所,令邀饮食相娱乐。蛮夷嗟咨,谓中国为仙宸帝所。隋方底定南北,库藏充盈,炀帝穷极奢侈,此种举动亦惟炀帝乐为之,风气达海外,即为外国赛会之权舆"。① 他认为西方的大象表演,也源自中国,"晚观一英人豢象,……唐宫舞象之戏,不知何时流于海外"。②

  总之,经过长时间的考察,对于中西文明,张荫桓有了一个比以前更加清晰的认识,"格物工夫,西人讲究不爽,若衡论义理,则中国五千余年愈研愈精,西人不逮。若合中西融会贯通,斯为得之"。③ 他认为应该会通中西,西方文明讲究致用,中国文明讲究义理,若综合中西文明的长处,才能得到更好的结果。

  当然,张荫桓对于西方文明的认识有进步的一面,他认识到了西方文明有很多值得中国人学习的地方,如西方的简政,发达的经济和科技,优美的环境、守时守信的好习惯和先进的教育方式等,这必然会对他以后产生深远的影响。但他的认识也有客观原因造成的局限性,比如对西方伦理以及对宽松的政治舆论的不解,这是他的文化背景导致的。"从文化接触层面来看,尽管驻外使节他们同西方文化有了比较多的接触,但他们在本质上仍然是一个中国传统的知识分子,与甲午战争之后出现的一批受西方教育的外交官不同,他们的根基仍然是中国文化,因此,他们的认知方式,情感与态度也仍然是中国传统式的。他们对西方文化的理解,仍然是立足于中国文化本位,而把对西方的新知识容纳到中国的旧学说之中,再用传统的话语对它加以

---

① 任青、马忠文整理:《张荫桓日记》,世纪出版集团、上海书店出版社2004年版,第49页。
② 任青、马忠文整理:《张荫桓日记》,世纪出版集团、上海书店出版社2004年版,第180页。
③ 任青、马忠文整理:《张荫桓日记》,世纪出版集团、上海书店出版社2004年版,第34页。

第三章　张荫桓担任驻外公使时期的外交思想与实践（下）

解释"。① 先进的中国人接纳西方文化的过程，最艰难的莫过于突破个人认识水平的制约。作为拓路者的张荫桓在认识西方和学习西方的道路上艰难地前行。

张荫桓对西方政治、经济、社会、文化的考察，使他本人受益颇多，他在后来的政治生活中利用自己的这些宝贵的精神财富继续为中国的外交事业做贡献。同时，他的这些考察内容丰富了国人对西方的认识。回国后，张荫桓认真履行使职，于光绪十六年五月二十八日（1890年7月14日）将缮写日记呈上：

太仆寺卿臣张荫桓跪奏，为遵旨恭缮日记，进呈御览，恭摺仰祈圣鉴事。窃臣前奉恩命出使美日秘三国，瞬逾三载，水陆约二十万里。自香港放洋，渡日本，抵美国旧金山，为大东洋泊；由美国纽约海口附船，取道英法，抵日斯巴尼亚国都，为大西洋；自日返美，逾年赴秘鲁，为南阿墨利加洲。使旋，复由大西洋至法国马赛海口，附船沿地中海、苏彝士河、红海、伊定、哥龙埔、锡兰、印度、新加坡、西贡诸岛，适环历地球一周。仰赖皇上德化覃敷，无远弗届，故得雍容槃敦，幸免陨越。伏查康熙二十七年，奉使俄国使臣张鹏翮著有《行程录》，五十一年，奉使抚绥土尔扈特臣图理琛著有《异域录》，皆编排日记恭进。逮光绪三年，总理各国事务衙门奏准，出使一事凡关系交涉事件及各国风土人情，该使臣皆当详细记载，按月汇写成册，随时咨报，以期各国事机可以洞悉等因。臣才谢九能，职思五善，以荣为惧，夙夜冰兢，勉于使署，逐日应办事宜奏章公牍而外，自立日课，凡夫异域之政教风俗、山川形胜、兵食要图、友邦交际及盟聘仪节、舟车旅况，耳目所及、思虑所触，随笔、劄记，不惮烦璅，用资考核，亦略符日记体例。欲使六合之外，知圣朝声教布濩，非章亥之步所能环第。臣学识谫

---

① 林琼：《甲午战前清政府驻外使节回国后的命运与结局》，《上海大学学报》2002年第4期。

陋，笔札尤非所长，皇华之职恒虑不称，藏诸箧衍未敢钞布乃还，召对仰蒙天语垂询，臣跪聆之下感悚交并，谨将前项日记恭录成册，方言、地名从实纪述，分为十六卷，赍送军机处代进恭呈御览。窃维管蠡小说、方渐拜献之无资，所欣琛赆来庭长颂威校之有截，所有微臣遵旨缮写日记进呈缘由，理合恭摺具陈，伏乞皇上圣鉴，谨奏。①

  这部日记成为国内人士了解西方的重要资料。这也是张荫桓为国人学习西方所做出的重要贡献。

---

① 中国第一历史档案馆，档案号：03-5265-085，录副奏折，《张荫桓奏为出使美日秘三国遵旨缮写日记进呈御览事》，光绪十六年五月二十八日。

第四章

总理衙门里的外交要角

第一节 张荫桓的外交实践及思想

张荫桓出使任满回国之后，继续在总理衙门任职。他生性豪放，办事泼辣，《南海县志》形容他"性豪俊，有胆略"。① 张荫桓曾经说："先前总署遇交涉交议事件，或外国使臣有照会须复者，各堂均无主见，群推我主稿，我因众人不谙外交音繁，又不与诸使臣相洽，我不得已出头代办"。② 这句话说明张荫桓在总理衙门中的重要地位。

对于张荫桓外交才干，驻华的外国人多有评论，"时奕劻领译署，大臣中唯荫桓差谙外交，接宾议事多以属之，俄使尝笑言，初谓贵署仅君一人耳"。③ 总税务司赫德（Rober Hart）对于总理衙门的观察最为仔细，他认为"目前总理衙门的当家人是张荫桓，如果他坚持干下去，有可能成为一个有权力的人"。④ 而且他认为张荫桓"会使用刀叉吃饭，会玩惠

---

① 《南海县志》，卷一六，《中国地方志丛书》第 181 号，第六册，成文出版社有限公司印行 1974 年版，第 1588 页。
② 任青、马忠文整理：《张荫桓日记》，附录《驿舍探幽录》，世纪出版集团、上海书店出版社 2004 年版，第 572~573 页。
③ 沃丘仲子著：《近现代名人小传》，上册，北京图书馆出版社 2003 年版，第 124 页。
④ 中国第二历史档案馆、中国社会科学院近代史研究所合编：《中国海关密档——赫德、金登干函电汇编（1874~1907）》，第六卷（1894~1899），中华书局 1995 年版，第 534 页。

斯特牌，很得宠于此间各公使馆"，①说明张荫桓的确在总理衙门中非常出色。1897年，日本代理公使内田康哉在致外相大隈重信的报告中说："有这样的评论，在总署大臣中了解外交上之友谊［Friendship］为何物者，惟张荫桓一人。"他还说，"目前在总署中，实际担当与各国使臣谈判之冲者，仅张、李二人，其他大臣唯有列席备员而已"。②英国公使窦纳乐（C. M. Mac Donald）也认为，张荫桓"是目下北京唯一懂得洋务的政治家"。③张荫桓的外交才能得到了驻华外国人的普遍认可。

张荫桓有丰富的外交经验，擅长与外国人打交道，他参与了总理衙门的各项外交事务并发挥了重要作用，是"甲午至戊戌间之幕后大人物"。④

一、马关谈判被拒

甲午中日战争爆发后，总理衙门中数张荫桓最为熟悉外交，他自然地成为筹划对日方针的要角。

（一）积极参与议和方针的策划

光绪二十年十月十二日（1894年11月9日），张荫桓奉旨前往天津与李鸿章商量议和问题。经过磋商以后，张荫桓在天津致电督办军务处："闻敌有不愿局外居间之语，各国心志亦未齐。津（即李鸿章）拟遣谍迳达伊藤，较联横说合为捷，仍与署办并行不悖。惟敌欲太奢，未易凑泊。巴兰德前议宜速行以助力。"⑤即李鸿章认为一方面不拒绝列

---

① 中国第二历史档案馆、中国社会科学院近代史研究所合编：《中国海关密档——赫德、金登干函电汇编（1874～1907）》，第六卷（1894～1899），中华书局1995年版，第673页。
② 郑匡民、茅海建选译：《日本政府关于戊戌变法的外交档案选译（一）》，《近代史资料》总111号，第9页。
③ 中国史学会主编：《戊戌变法》，第三册，上海人民出版社、上海书店出版社2000年版，第541页。
④ 黄濬：《花随人圣盦摭忆》，上海古籍书店1983年版，第464页。
⑤ 中国史学会主编：《中日战争》，第三册，上海人民出版社、上海书店出版社2000年版，第204页。

强的调停，另一方面派员与伊藤博文进行联络。李鸿章于同日致恭亲王的信函中说道："六七月间，曾闻日人之意非不愿款，但欲中国自与商办，而不愿西人干预。目下彼方志得气盈，若遽由我特派大员往商，转虑为彼轻视。鸿章与樵野等再三斟酌，惟有拣择洋员之忠实可信者，既易得彼中情伪，又无形迹之疑。"① 很显然，这次派出洋员德璀琳（G. von Detring）是经过李鸿章与张荫桓的商量，具有明显的试探性，想通过这次议和之行探听出日本到底要提出怎样的条件。但日本政府认为德璀琳既无全权又是西人，拒绝谈判，德璀琳被拒回华。十一月初七日（1894年12月3日），美国驻华公使田贝接到日本回电，暗示仍需要清政府派员谈判，于是就在当天，慈禧下旨派张荫桓第二次前往天津，与李鸿章商量议和问题。十一月二十四日（12月20日），张荫桓突然接到谕旨，"蒙恩赏加尚书衔，奉派赴倭议款"，这让他感到很意外，"颇讶昨日署中会商时绝不询及，遽奉使命，诚非所堪"。② 看来派员问题是在机密进行中。

(二) 被任命赴日议和

光绪二十年十二月初十日（1895年1月5日），谕旨下："张荫桓、邵友濂，现已派为全权大臣，前往日本会商事件；所有应议各节，凡日本所请，均著随时电奏，候旨遵行；其与国体有碍及中国力有未逮之事，该大臣不得擅行允诺。懔之，慎之！钦此。"③ 这道谕旨给议和全权加上了根本性的限制。

清政府派出张荫桓与署湖南巡抚邵友濂一同赴日议和，对于这次议

---

① 王芸生：《六十年来中国与日本》，第二卷，生活·读书·新知三联书店2005年版，第201页。
② 任青、马忠文整理：《张荫桓日记》，世纪出版集团、上海书店出版社2004年版，第497～498页。
③ 中国史学会主编：《中日战争》，第三册，上海人民出版社、上海书店出版社2000年版，第293页。

和，张荫桓没有太大把握，"此行原无把握，为时久暂，自难预定"。①他提出延请科士达为律师，"臣此行应办之事，较为繁重。中日战事，倭俗屡播新闻，工于掩著，欧美诸洲，间为所惑。有律师可以诘其情伪，代鸣不平；其他要挟，能查西国例案以折之，或不为所欺饰，大致亦易就绪"。②这说明张荫桓准备还是比较充分的。李鸿章对于张、邵的赴日之行表示担忧，他在光绪二十年十二月十一日（1895年1月6日）复邵友濂电中说道："樵野与公此行殊为难"，③表示出这次赴日议和的困难。

在赴日前后，张荫桓与李鸿章保持了密切的函电往来，光绪二十年十二月初六日（1895年1月1日），李鸿章致电张荫桓："此次派使由美国从中关说，并闻科士达往助。倭视美重，美人居间有益。税司随往恐美生懈，不如暂在后路相助。英、俄现皆旁观动静。倘倭索偿过钜，所愿太奢，事至决裂，英、俄必有举动。税司静察其机，然后前往，更有裨益。"④李鸿章赞成张荫桓邀请科士达为律师的做法，认为有美国人居间，比较有利于中国，而且他还计划让德璀琳作为后援进行协助。李鸿章对于外国干预抱有很大希望，一旦日本要求过奢，他就寄希望于英、俄的干预。张荫桓在十二月二十五日（1月20日）致李鸿章的复电中分析了当时的形势："兹役须顾四面，敌情叵测：一，物论纷嚣；二，强邻狙伺；三，尤要于自己游移莫决，虽有良、平，无能措手。"⑤并希望李鸿章能够随时电示军情，说明他对于时局的关注，并没有把希

---

① 中国史学会主编：《中日战争》，第三册，上海人民出版社、上海书店出版社2000年版，第287页。
② 中国史学会主编：《中日战争》，第三册，上海人民出版社、上海书店出版社2000年版，第288页。
③ 《李鸿章全集》，第25册，电报五，安徽出版集团、安徽教育出版社2008年版，第305页。
④ 《李鸿章全集》，第25册，电报五，安徽出版集团、安徽教育出版社2008年版，第293～294页。
⑤ 《李鸿章全集》，第25册，电报五，安徽出版集团、安徽教育出版社2008年版，第330页。

望完全寄托于谈判之上,关键还是要看战场上的胜负。

光绪二十年十二月二十九日(1895年1月24日),张荫桓上《请饬下关内外统兵大员实力防剿,勿以议和意存观望折》,奏折中说道:"御侮之策,能战而后能和。当此敌焰方张,边城屡陷,凶锋未曾一挫;且自中外通好以来,日本每以所订约章不得媲于泰西,积怨已非一日","总之,和议之难易,必视战事之利钝为转移",请求"饬下关内外统兵大员,一意筹战,力求实效,勿以臣等之行意存观望。他日和议可成,彼固不敢别有觊觎;即和议不成,我亦不至漫无准备"。① 张荫桓对于这次议和的难度进行了充分的估计。

1895年2月1日,会谈在广岛县署举行,日本全权大臣为伯爵伊藤博文和子爵陆奥宗光。伊藤博文认为中国只有国书没有全权委任状,但张荫桓认为国书中已经包含全权委任的事,伊藤执意要委任状,于是张荫桓派梁诚回住处取来张、邵二人的委任状,交给伊藤。伊藤以核查委任状为名暂时中断谈判,第二天才能继续。随后,张荫桓与之辩论日本不应限制中国全权大臣向国内发电报的自由,也遭到回绝。第二天,伊藤称中国的委任状与国际惯例上的全权委任状相比不完备,张荫桓百般解释,并提出可以发电中国政府对需要增补的地方进行修改,遭到断然拒绝。伊藤指出中国屡有立约翻悔之事,因此暗示要"选择有名望官爵者使当此任",② 拒绝开议,并要求张荫桓和邵友濂立即离开广岛。之后,张荫桓通过美国迅速向国内发电,"自抵广岛,日本不准发密电,中国来电亦留难不交。互换敕书后,又谓使权不足,不能开议,应即出境。与商明电请旨,不允,且谓补请敕书亦来不及。既不开议,不合停顿。又缕述中国立约屡悔,举不信英法约、俄约、法越

---

① 中国史学会主编:《中日战争》,第三册,上海人民出版社、上海书店出版社2000年版,第443页。
② 中国史学会主编:《中日战争》,第七册,上海人民出版社、上海书店出版社2000年版,第84页。

约、中美工约前后翻复情状为言"。①

(三) 广岛被拒的原因分析

1. 中国方面

(1) 清政府急于知道日本的媾和条件。在美国的调停下,日本方面要求中国派全权委员进行和谈,但中国政府还不知道日本的媾和条件,"日本政府未明言究以何者作为媾和的充分基础,故中国政府无法推测日本政府的意向所在,因此中国政府对于任命使节议和一事,甚感为难。同时中国政府希望日本政府为使中国得以处理该事,盼将两国打算商议的问题概要示知"。② 但中国的这一要求遭到日本的拒绝。中国政府派出德璀琳去日本进行和谈,又遭到回绝。日本政府通过美国转电清政府,做进一步的逼迫,要求中国政府把全权委员的姓名、官位通知日本政府,于是清廷决定派张荫桓、邵友濂赴日议和。在这种反复的过程中,日本已经提高了警惕性。田贝说:"中国老想预先知道日本可能提出的要求,以便获取英国或俄国的干涉",③ 但这一点被日本看破。科士达看到了问题的实质,"似乎谈判是谈不到的,仅是等战胜者强定条件就是了"。④中国是想依据日本提出的条件做打算。

(2) 派出和谈人选存在问题。清政府第一次派出德璀琳进行和谈,用西人代表中国谈判,这已经引起了日本的不满。第二次的派出成员中有前台湾巡抚邵友濂,他曾下令悬赏杀死日本军人的勇士,这又导致了日本的反感。因此,第二次谈判肯定会被蒙上一层阴影。

---

① 中国史学会主编:《中日战争》,第三册,上海人民出版社、上海书店出版社2000年版,第426页。

② 王芸生:《六十年来中国与日本》,第二卷,生活·读书·新知三联书店2005年版,第203页。

③ 中国史学会主编:《中日战争》,第七册,上海人民出版社、上海书店出版社2000年版,第490页。

④ 中国史学会主编:《中日战争》,第七册,上海人民出版社、上海书店出版社2000年版,第466页。

（3）全权委任状的问题。日本拒绝与张、邵议和，从敕书即全权委任状来看，说全权不足，并不能说完全不成立，因为中国的敕书并不是按照国际惯例来书写的。中国方面认为国书中已经包含全权，认为出示国书即可，国书内容是："大清国大皇帝问大日本国大皇帝好，我两国谊属同洲，素无嫌怨，近以朝鲜之事，彼此用兵，劳民伤财，诚非得已。现经美国居间调处，中国派全权大臣，贵国派全权大臣会商妥结。兹特派尚书衔、总理各国事务大臣、户部左侍郎张荫桓，署湖南巡抚邵友濂为全权大臣，前往贵国商办，惟愿大皇帝接待，俾该使臣可以尽职，是所望也。"① 但日本方面认为委任状包含在国书中不符合两国是交战国的情况，应该有专门的委任状，于是张荫桓等交上中国的敕书，内容是："皇帝敕谕尚书衔总理各国事务大臣张荫桓，著派为全权大臣，与日本派出全权大臣会商事件。尔仍一面电达总理衙门，请旨遵行。随行官员，听尔节制。尔其殚竭精诚，敬谨将事，无负委任，尔其慎之。特谕。"② 邵友濂的敕书内容与张的一样。不管是国书还是敕书，其中都强调张、邵二人的职责是进行"会商"，还要不断请示总理衙门。科士达曾经看过中国的全权委任状，认为不太合适，他在回忆录中这样说道："在我们会议的时候，使臣把他们的皇帝的委任书[credential letter]拿给我看；我告诉他们，这不是国际间常用的格式，假若日本有意吹毛求疵，它是可以否认他们谈判的全权的……"③ 果然不出科士达所料，日本真的就在这个问题上大做文章。日本方面认为中国使臣全权不足而拒绝和谈，张荫桓也不得不承认中国对于全权委任

---

① 王彦威纂辑、王亮编、王敬立校：《清季外交史料》，卷一〇三，书目文献出版社1987年版，第3页。
② 王芸生：《六十年来中国与日本》，第二卷，生活·读书·新知三联书店2005年版，第212页。
③ 中国史学会主编：《中日战争》，第七册，上海人民出版社、上海书店出版社2000年版，第470页。

状的责任,"我国对于这样的事情,因很少向外派遣使臣,所以对国际法上的惯例很迂阔,致有此错误",① 但为时已晚。当在广岛和长崎的时候,张荫桓和科士达讲了许多关于北京的事情,科士达在回忆录中说,张荫桓曾和"美国公使田贝上校商议过他与邵的国书[credentials]样式。公使指出国书的缺点,并依据张的请求,起草了一张格式妥适的国书或全权证书[full powers]。但是没有人能有勇气去告诉皇帝给他们的国书是有缺点的。田贝的草稿并没有用上"。② 这说明张荫桓赴日之前就知道带到日本的国书不是他委托田贝草拟的那份。

这需要回溯到张荫桓等赴日之前,张荫桓曾经委托田贝起草一份符合国际惯例的国书,这说明他对这次赴日是很重视的。田贝于光绪二十年十二月初六日(1895年1月1日)致函总理衙门,把受张荫桓所托起草好的包含全权委任状的国书交给总理衙门斟酌:"日前贵署张大臣因赴日本议和,请代为按洋式拟一国书底稿,兹已拟就录,请贵王大臣查阅,如须有增删润色之处,请即随意酌定可也。"原文如下:

大清国大皇帝问大日本国大皇帝好,自我两国失和以来,朕心深愿两国复归于好,切欲和议速成,是以特简朴诚、干练大臣二员前往贵国商定复修前好。兹派尚书衔、总理各国事务大臣、户部左侍郎张荫桓,头品顶戴、兵部侍郎衔、署湖南巡抚邵友濂授为头等全权大臣,与贵国所派头等全权大臣商定和议。该大臣等悉能仰体朕之心怀,朕亦素知其有才能,实为可靠。所有该全权大臣等与贵国所派全权大臣议定永和之约,所画之押,即如朕笔亲书,其与贵国全权大臣所定之款,亦如朕与贵国亲定之款无异。至所定画押之约,仍应俟有与贵国互换之凭单,其所订互换之期,中国自必如期送往贵国互换也,大清国大皇帝于宫内钤

---

① 中国史学会主编:《中日战争》,第七册,上海人民出版社、上海书店出版社2000年版,第89页。
② 中国史学会主编:《中日战争》,第七册,上海人民出版社、上海书店出版社2000年版,第473页。

用国宝。此书特交该全权大臣等呈递大日本国大皇帝陛下"。①

这份包含全权委任状的国书是符合当时国际惯例的,其中"全权"字样很明显,且有定约、画押之权。② 田贝对自己起草的这份国书底稿相当满意,他说道,这"是依据〔当时〕所能够得到的这类文件的最好的例范写成的。委任状用的格式是我的法国同僚供给我的。我同他自由地商议。委任状的每一细节都按照现代惯例完成,是完全无缺的"。③ 但是第二天,总理衙门却这样回复田贝说:"接准函送按洋式拟一国书底稿,费神之至,惟本署已缮定国书请钤御宝,未便更易,专此布复,并答谢忱,顺颂日祉。"④ 总理衙门的表现说明他们当时并没有想过一定要按照国际惯例设计国书和全权委任状,而是认为按照中国惯例行事即可,而且在田贝上交他所拟的国书底稿时,总理衙门没有人愿意去向

---

① "中央研究院近代史研究所"编:《清季中日韩关系史料》,"中央研究院近代史研究所"1972年版,第3948页。

② 对于这种田贝认为符合国际惯例的包含全权委任状的国书体例,日本方面是不认同的,认为应该将国书和全权委任状分开来。后来因为张、邵带的是总署起草的国书和敕书,日本方面就将主要问题集中到敕书的全权不足方面。如果是带了田贝起草的那份国书,看来日本也是要挑毛病,足见其吹毛求疵。见中国史学会主编:《中日战争》第三册,《中日媾和使节会谈记要》,上海人民出版社、上海书店出版社2000年版,第75~90页。

③ 中国史学会主编:《中日战争》,第七册,上海人民出版社、上海书店出版社2000年版,第490页。

④ "中央研究院近代史研究所"编:《清季中日韩关系史料》,"中央研究院近代史研究所"1972年版,第3950页。在《田贝论中日战争》中,田贝回忆说"这个文件(即国书底稿)送去不久,我询问总署,皇帝是否已经签了字,据答称皇帝已签字"。(中国史学会主编:《中日战争》,第七册,上海人民出版社、上海书店出版社2000年版,第490页)这个回忆应该是有误的,因为在光绪二十年十二月初七日(1895年1月2日),总署就已经函告田贝由于已用御宝,就不再用他拟的国书了,而且在光绪二十年十二月二十六日(1895年1月21日),他还曾经致函总署:"本大臣前曾为贵国国书底稿送贵署查阅,此不过按洋式国书拟就,嗣接函云已缮定国书,未便更易,贵国所缮国书底稿,本大臣既无由得见而于函送所拟国书底稿后亦未尝复与本大臣相商,书中是否畀有全权之任更无从知悉",说明他是知道他所拟国书是没有签字钤印的。("中央研究院近代史研究所"编:《清季中日韩关系史料》,"中央研究院近代史研究所"1972年版,第4005页)

皇帝说明田贝这份更合适，而需要重新钤印，或者说根本没有引起他们对这一问题的注意。就连当初委托田贝起草国书的张荫桓也没有将这一问题及时向皇帝反映，说明他也没有胆量去逆龙鳞，于是也抱有一种侥幸心理。其实当时是有充分的时间选用田贝所拟的国书的，因为十二月初十日（1月5日），内阁片称："所有全权大臣张、邵请领敕谕各一道，定于初十日辰刻用宝"，① 说明最后用宝是在三天以后，此时如果引起重视，一定可以避免这次错误。于是，张荫桓和邵友濂就带着"全权不足"的敕书上路了。

可以看出，对于本身存在问题的委任状，总理衙门在田贝的提醒下是完全有机会修改而预防这次错误的，结果在当时腐败的官僚政治体制下，没有人去反映以及及时解决这个问题，使得日本抓住了这个明显的把柄，可以名正言顺地对和谈予以拒绝。总理衙门成员，包括张荫桓在内都有一定的责任。后来，在李鸿章奉派赴日议和之后，张荫桓还强调"请中堂敕书务照公法"，② 这应该是吸取了此次因国书全权不足而导致议和被逐的教训。

2. 日本方面

（1）归根结底，日本并无马上谈判之意，拒绝和谈就能够拖延时间。当时北洋水师虽然经受重创，但根本尚在，日本方面认为此时谈判，中国并不能完全就范，应该继续对中国进行打击。对于日本的企图，科士达看得很清楚，他认为日本就是在拖延时间以争得更大的利益。"日方已经派出一支军队去攻袭威海卫炮台，击毁或捕捉在那里避难的中国海军的剩余部分。当着使臣在广岛举行会议时，在该炮台正进行着激烈的战事。无疑，日本人感到在这一仗胜利结束后，他们可以处

---

① "中央研究院近代史研究所"编：《清季中日韩关系史料》，"中央研究院近代史研究所"1972年版，第3969页。
② 《李鸿章全集》，第26册，电报六，安徽出版集团、安徽教育出版社2008年版，第60页。

于一个较优越的地位来签订和约"。① 因为在全权不足问题上,张荫桓提出过可以对全权不足之处进行增补,但遭到拒绝。而且田贝也曾经进行过及时的解释和挽救,"当中国使臣因为没有'全权'被命令回国的时候,我拍电给张荫桓,把我所准备的文件交付日本,他回电说,皇帝并未在上面签字。自然,实际上送去的全权证书与我所预备的并无类似之处"。② "使臣们回来以前,我拍电报给日本,说我曾预备好'全权证书',而由于某些错误没有给谈判代表,我要把内容电告,等航运一通,立即邮递给他们,但是这个建议被拒绝了。"③ 在全权问题上,中国政府已经提出通过增补不足之处进行让步,但不管怎样,日本都断然拒绝,进一步说明他们是有意拖延时间了。这里还有一个小插曲,最能说明问题,李鸿章被重新派往日本进行和谈之后,他的委任状没有发生任何问题,而这次的委任状就是田贝以前提出那一份。因此,委任状问题仅仅是日本的一个幌子而已,只是看它愿不愿意和谈了。日本政府就是抱着吹毛求疵的想法来谈判的,"关于与此次来朝之中国媾和使之会见,虽信十中八九不能妥当了局,然彼等若遵万国普通之惯例来朝,我国亦依国际法常规应之,固不待言"。④ 但对于中国的全权大臣问题,日本早就引起注意,十二月二十五日(1895年1月20日),日本曾询问美国驻日公使,怀疑中国使臣国书中并无全权字样,并要求中国通过美国进行回复,这说明日本已经在这一问题上高度注意了。但中国恰恰在全权证书上出了问题,正好给了日本一个借口。

---

① 中国史学会主编:《中日战争》,第七册,上海人民出版社、上海书店出版社2000年版,第472页。

② 中国史学会主编:《中日战争》,第七册,上海人民出版社、上海书店出版社2000年版,第490~491页。

③ 中国史学会主编:《中日战争》,第七册,上海人民出版社、上海书店出版社2000年版,第491页。

④ 中国史学会主编:《中日战争》,第七册,上海人民出版社、上海书店出版社2000年版,第174页。

（2）日本不仅发现了文本上的问题，还看到中国使臣遇到"所有应议各节，凡日本所请，均著随时电奏，候旨遵行"，① 这种根本不能行使全权的"全权大臣"，日本不能接受，因为他们提出的媾和条件经过这种电报往来，肯定要耽误时间，这样其他国家就会很快知道日本的贪婪要求而加以干涉，这是他们不得不防的。张荫桓致电田贝："倭以中国使臣议事须请示国家，无权议事，即非全权大臣；且电报来往，必迟延日期，不肯议事。如中国派便宜行事真全权大臣，毋庸请示国家，则愿会议云。"② 而且作为报复，他们从一开始就禁止中国使臣拍发电报，日本实行这种做法，其实本身就在违反国际惯例。科士达与日本外务省外交顾问端迪臣（Henry W. Dennision）曾经进行过说明："我告诉他，关于密电的命令与外交上的惯例冲突，并将要受到所有文明国家的非难。他说采取这个命令，为的是报复北京政府方面在开战时拒绝日本代办拍发密电。我回答说，冲突爆发的时候，这样的做也许是有一些理由的，但是当双方同意进入和平会谈的时候，那就不可以了。"③ 但是日本执意要拒绝谈判，所有的补救方法都不能奏效。

（3）为了保证日本能迅速地得到他们预期的利益，他们要求必须有中国地位崇高的人才能进行谈判。就在第二次广岛县厅会晤之后，伊藤单独会见伍廷芳，暗示中国派出恭亲王奕訢或李鸿章来议和以郑重其事。在2月3日，端迪臣请求与科士达晤面，缕述中国以往外交上翻悔作风，"并举使臣们职位的低微为例"。"假若中国派遣上面指定的人（指恭亲王或李鸿章）为使臣，就可以允许他们同北京用电报自由地通

---

① 中国史学会主编：《中日战争》，第三册，上海人民出版社、上海书店出版社2000年版，第293页。
② 中国史学会主编：《中日战争》，第三册，上海人民出版社、上海书店出版社2000年版，第386页。
③ 中国史学会主编：《中日战争》，第七册，上海人民出版社、上海书店出版社2000年版，第471页。

消息，并且可以为了他们的方便，选择旅顺作为谈判的地点"。科士达说，"端迪臣的拜访所给我的印象是，日本人对于他们拒绝中国代表并不完全觉得安心，希望通过我向世界更完满地说明他们行动的正当"。①就在张、邵被驱逐到长崎后，田贝设法进行外交补救时，请求继续将他们留在长崎，等待修改全权委任状后继续谈判，但遭到日本外务大臣的拒绝，"若中国政府有媾和诚意，派有正当的全权并有名望官爵的使节前来，则日本政府任何时期均可再开和谈，但对一度谈判不协调的使节，则不能仍使其继续居留，以待其本国政府的训令"。② 日本政府真实的嘴脸暴露无遗。但为什么在之前两国互相通报全权委员姓名、官位的时候日本并没有提出异议呢？笔者认为，这是因为如果直接说出中国所派官员职位低微，在公法上是说不过去的，因为张荫桓是尚书衔，邵友濂也具有头品顶戴，在中国的地位也不算低。因此，他们只能从其他地方下手进行要挟，而"全权不足"恰恰给了他们最好的借口。日本的目的就是想要位高权重的人来谈判，一旦宣布媾和条件，就必须成功签订条约，以免第三国干涉，这是他们早就计划好的。

可见，日本根本就没有进行和谈的诚意。不管中国有无委任状全权不足问题，张、邵二人都是要遭到拒绝的。因此，科士达认为这次丢脸的失败不应该由张荫桓和邵友濂负责。而且科士达还认为，"张君是一位能干的人，他的外交上的经验适合他这个职务，但他并不是最高的地位"，③ 以至于这次外交的失败。

对于日本的无礼行径，张荫桓依然进行驳复，维护国家尊严："议

---

① 中国史学会主编：《中日战争》，第七册，上海人民出版社、上海书店出版社2000年版，第472页。
② 中国史学会主编：《中日战争》，第七册，上海人民出版社、上海书店出版社2000年版，第93页。
③ 中国史学会主编：《中日战争》，第七册，上海人民出版社、上海书店出版社2000年版，第470页。

和大臣向有应得权利，本大臣不能照享，实出意外。贵大臣既不准发中国密电，又据贵外部官员来言，接有中国致本大臣密电，如不以电书送交译署，此电不能送来。本大臣未出京时驻京美使谓公法不能阻止往返密电，今情形迥异。"① 虽然在日本的强权面前，这种抗辩没有起到作用，但张荫桓作为弱国的使臣在外交方面并没有毫无作为，他维护了一名外交官的基本权利和尊严，是有值得称道之处的。

（四）回国后继续协助李鸿章筹商赴日对策

光绪二十一年正月十七日（1895年2月11日），张、邵奉旨回国，于正月二十一日（2月15日）抵达上海。出于维护国家尊严，张、邵上奏请求罢斥，"臣等奉使无状，为敌所轻，重负朝命，相应请旨罢斥，以存国体"。② 但清廷知道这次议和失败并不是他们俩的责任，于正月二十三日（2月17日）发下谕旨："张荫桓等连日电奏均悉，张荫桓著即回京，邵友濂著即赴署任，此次日本不允开议，非该侍郎等之咎，其自请罢斥之处，著无庸议。"③ 于是二人又回原职任上。

张荫桓回到原任之后，并没有停止对于议和的参与，而是起到了积极的配合作用，为中日议和出谋划策。

1. 受李鸿章倚重，为其挑选外交助手

光绪二十一年正月十九日（1895年2月13日），清廷正式任命李鸿章为头等全权大臣与日本议和，满足了日本的愿望。但对于这样的任命，李鸿章心里也没有底，张荫桓一到上海，李鸿章就致电张荫桓，

---

① 中国史学会主编：《中日战争》，第三册，上海人民出版社、上海书店出版社2000年版，第430页。
② 王彦威纂辑、王亮编、王敬立校：《清季外交史料》，卷一〇六，书目文献出版社1987年版，第4页。
③ 中国第一历史档案馆编：《清代军机处电报档汇编》，第1册，中国人民大学出版社2005年版，第434页。

"各使悤恧兄去,致被新命,茫无所措,拟进京商办,望密授机宜"。①张荫桓与李鸿章密切联系,成为李鸿章的重要策士,他为李鸿章出谋划策,分析日本当时形势:"伊藤欲速和,其故有三,外惧英俄干预,内虑胜兵骄横,归国难制,又议院散议不逾一月,恐饷项难筹。"② 他还向李鸿章介绍道:"伊藤自负为日本第一流人,故愿中国所派爵位相埒,始能开议。"③ 李鸿章深知张荫桓有外交经验,对他相当倚重,希望张荫桓能够以会办或帮办名目和他一起赴日议和,"拟二十五交卸,二十七起程,进京面圣,请授机宜。向例头等全权固无派二人者,或可另有会办、帮办名目,公义不容辞"。④ 正月二十九日(2月23日),李鸿章复电张荫桓:"二十八九召对并与邸枢面议,请添派会办,皆不允。孙(即孙毓汶)云田贝亦以公既拒,不宜再回,独任艰巨,如何能胜",⑤ 对张荫桓不能与之同行表示惋惜。二十四日(2月18日),李鸿章又致电张荫桓:"独行无助,徒与外人商办,恐为所卖。焉得有熟悉公法条约而有智略文笔者襄助,公速为我筹之",⑥ 希望张荫桓能够向他推荐几位外交上的能人。虽然张荫桓不能与李鸿章同行,但他提出了几个合适人选跟随李鸿章赴日,他首选徐寿朋,"徐寿朋公法条约

---

① 《李鸿章全集》,第26册,电报六,安徽出版集团、安徽教育出版社2008年版,第54页。
② 王彦威纂辑、王亮编、王敬立校:《清季外交史料》,卷一〇六,书目文献出版社1987年版,第9页。
③ 王彦威纂辑、王亮编、王敬立校:《清季外交史料》,卷一〇六,书目文献出版社1987年版,第10页。
④ 《李鸿章全集》,第26册,电报六,安徽出版集团、安徽教育出版社2008年版,第57页。
⑤ 《李鸿章全集》,第26册,电报六,安徽出版集团、安徽教育出版社2008年版,第65页。
⑥ 《李鸿章全集》,第26册,电报六,安徽出版集团、安徽教育出版社2008年版,第60页。

甚有讲求，亦可就近调用"，① 但由于徐有他务在身，于是又提出"调黄遵宪，熟倭掌故，文笔智略均佳。东文翻译候选直牧罗庚龄，分省知县卢永，语言罗胜，文字卢胜而懒，候示饬行"。②

2. 主张稳妥，不能盲目依靠外国干预

早在甲午战争中，张荫桓与李鸿章在依靠外力问题上就有不同看法。李鸿章将战争希望寄托在俄国的调停之上，过于信赖俄国使臣的言论，张荫桓则对于俄国的援助不甚相信。五月二十七日（6月30日），他致电李鸿章，认为"得宥亥电，事机转钝。喀言太夸，抑俄议不决"。③ 李鸿章则认为"喀尚实心，似驻日使为日所惑，不甚著力"。④ 张荫桓又致电李鸿章，认为"喀有实心无实力"。⑤ 六月十六日（7月18日），张荫桓与李鸿藻、翁同龢联名奏请"谕令李鸿章即饬派出各军，迅速前进，勿稍延缓"。⑥

战争谈判中，李鸿章对外国干预仍然抱有很大希望。正月二十二日（2月16日），李鸿章在复张荫桓电中说到外国干预之事，"伊藤愿赴旅顺相就确否，已电署商田贝转达，能在烟台会议尤妥。伊惧英、俄闻知条款扛帮，恐不肯来。俄、法、英实有愿助之意"。⑦ 正月二十四日（2

---

① 《李鸿章全集》，第26册，电报六，安徽出版集团、安徽教育出版社2008年版，第61页。
② 《李鸿章全集》，第26册，电报六，安徽出版集团、安徽教育出版社2008年版，第66页。
③ 《李鸿章全集》，第26册，电报六，安徽出版集团、安徽教育出版社2008年版，第95页。
④ 《李鸿章全集》，第26册，电报六，安徽出版集团、安徽教育出版社2008年版，第96页。
⑤ 《李鸿章全集》，第24册，电报四，安徽出版集团、安徽教育出版社2008年版，第98页。
⑥ 中国史学会主编：《中日战争》，第二册，上海人民出版社、上海书店出版社2000年版，第626页。
⑦ 《李鸿章全集》，第26册，电报六，安徽出版集团、安徽教育出版社2008年版，第57页。

>>> 第四章 总理衙门里的外交要角

月18日），李又致电张荫桓："来电谓倭虑胜兵太骄，归国难制，岂必欲借已占之地安置胜兵，鸿虽死不能画诺，内意亦必相同，此事恐无了法。若借英、俄扛帮，不至另生枝节否，闻俄、英、法颇有此议。"①这次李鸿章带着试探的口气询问张荫桓，他本人显然倾向于希望借助外国干预。李鸿章后来又在正月二十九日（2月23日）的电文中提到日本来电中"并提明商让土地一层，上令坚拒，恐须借助英、俄"。②这次李鸿章觉得必须借助外国干预。从这几次的电文中，可以明显看到李鸿章对于外国干预的决心一次比一次大。

对于李鸿章希望借助外国干预的办法，张荫桓有自己的认识。他在正月二十五日（2月19日）致李鸿章的电文中说道："骄兵难制之说，彼防内乱甚于外侮，或须借占地安置，但偿费未清，占地不遽交还，留此亦意中事。借助英、俄，彼所深忌，惟须切实商定，始能发端，恐亦不能不另生枝节，科（即科士达）以此为万不得已之策。"③此电文向李鸿章解释了日本占地安置日军也是交战国的正常现象，如果此时就要触动日本人的忌讳去借助外国干预，难保不另生事端，用科士达的话说这是"万不得已之策"。对于李鸿章所说的必须借助英、俄来对付日本以取消商让土地权利的做法，张荫桓认为还是有不妥之处。他认为日本人也明白对中国逼迫太紧，会导致中国向西方国家请求干预，而西方国家的干预是日本人所不愿看到的。"倭意在土地，兵费次焉。以为地可自决，财须他贷，又启干预之端"。因此，他不主张仓促求助外国而使时局变得更加复杂，但他也不主张完全不依靠外国干涉，"或谓伊藤聪

---

① 《李鸿章全集》，第26册，电报六，安徽出版集团、安徽教育出版社2008年版，第60页。
② 《李鸿章全集》，第26册，电报六，安徽出版集团、安徽教育出版社2008年版，第65页。
③ 《李鸿章全集》，第26册，电报六，安徽出版集团、安徽教育出版社2008年版，第61页。

明,不肯以难相挟,恐太逼,则我为他山之请,言亦近理"。但他认为"为他山之请"是需要时机和条件的,"借助必彼此坚约,庶可发端,亦不宜专商一处,设乍合乍离,为患滋甚"。① 他的分析很有道理,动用外力必须满足两个条件,一是要"彼此坚约",即彼此信守约定;二是要"不宜专设一处",即不能完全依靠一个国家,需要以夷制夷,以达到彼此牵制的目的。张荫桓认为,如果这种外国干预处理不好,危害会更大,因此需要格外慎重。

二月初一日(2月25日),李鸿章致电张荫桓:"连日为土地事与各使商论,皆谓非此不能结局,与枢译商不敢担。上意俟长春(即慈禧)大安禀商酌定。借助仍难著实,不肯用重力,恐无济。出京难定期。"② 张荫桓继续坚持他的观点,认为请外国人干涉需要慎重,不能盲目,"商让一节,敌先指出促政府预筹,以免全权吃重,意黠而悍。各使咸谓非此不了,岂能急赋他山"。③

张荫桓在马关议和被拒,但依然没有远离这次议和谈判,为李鸿章出谋划策。他没有成为《马关条约》的签订者,这对于他个人来说是一件幸事。

二、成功保护国家利权的谈判——《中日通商行船条约》谈判

(一) 谈判经过及条约的签订

光绪二十一年十二月二十七日(1896年2月10日),清廷派本来负责日本商约谈判的直隶总督李鸿章为特使前往圣彼得堡祝贺俄皇加

---

① 《李鸿章全集》,第26册,电报六,安徽出版集团、安徽教育出版社2008年版,第66页。
② 《李鸿章全集》,第26册,电报六,安徽出版集团、安徽教育出版社2008年版,第70页。
③ 《李鸿章全集》,第26册,电报六,安徽出版集团、安徽教育出版社2008年版,第72页。

冕，于是改命张荫桓代李鸿章为全权大臣，与日本妥议通商章程。清廷在此时派李鸿章出国，显然是谈判出现了困难，对此，张荫桓心里很清楚，"至商约一节，因李合肥与东使聚议多日，未能删改一字，势不相下，且不能再迟，因借贺俄皇加冕事，将李合肥遣赴外洋，我始接议"。① 清政府以李鸿章出差而改换张荫桓，是认为李鸿章的谈判不能再有所进展而使用的一个策略。赫德认为张荫桓此时受命谈判，"不是个轻松的任务"。②

光绪二十二年正月二十五日（1896年3月8日），张荫桓奏陈日本商约谈判的困难，张荫桓认为"机器、制造、土货，从前各国屡经求请，中国从未允许，日人乘战胜之后，一旦遂其所求，实系非常利益，中外臣工率多注意此款，谓宜加重税课，使制造之货不能随处畅销，庶进口之货不致日渐减少，此诚至当不易之论"。李鸿章在与日本代理公使林董进行谈判时认为日本制造货物应该在离厂之前纳值百抽十的离厂正税，但林董"坚执马关新约为据"，认为该约并无此项，并威胁说"如必欲议收制造正税，则商约只可暂停不议"，李鸿章酌改的四十条也不能作为定论。张荫桓总结了此次谈判有五点困难：第一，马关条约并没有把制造货物的种类进行分类，但"沪上来电有欲将土货酌定限制，分别准造、不准造者，更与马关原约不符"，这使得张荫桓感觉"无从议办"；第二，由于战争，中日之间废掉旧约，日本趁此次重议商约，想得到所有泰西各国在中国享受的一切利益，并只援引其中对日本有利的一面，不愿履行对中国的责任，"顾彼处处以《马关条约》借口，我复何从设法箝制，其必从揆诸取益防损之方、救弊补偏之道，我

---

① 任青、马忠文整理：《张荫桓日记》，附录《驿舍探幽录》，世纪出版集团、上海书店出版社2004年版，第566页。
② 中国第二历史档案馆、中国社会科学院近代史研究所合编：《中国海关密档——赫德、金登干函电汇编（1874~1907）》，第六卷（1894~1899），中华书局1995年版，第439页。

但冀使不于西国旧约所载之外更肆要求,断难望于西国旧约所有之中再图补救";第三,"重庆行驶轮船,川省民情不顺,是以李鸿章改稿拟令仍照英国专章办理,而林董谓马关约业已载明日本轮船得驶至重庆,不能将已许之利益复行收回,所言尚非无据,既有马关成约在前,类此均难抵拒";第四,由于有《马关条约》签订在前,虽然《通商行船条约》没有立即签订,但对日本没有影响,他们可以根据《马关条约》之规定照旧通商,因此"定约之早迟于彼固毫无出入,而在我实有受损之处",而且"马关约内并未提及,商约未定之先,中国商民在日本作何办理,故日本现在待中国寓日商民几与无约之国等,使臣无如之何,且马关约载明日本军队暂行占守山东省威海卫,通商约章未经批准互换以前,虽交清赔款,仍不撤回军队,隐以兵力相挟。虽或未必因此启衅,而卧榻之旁岂可容他人鼾睡";第五,"如果苏杭通商及制造货物能使暂缓开办,必俟商约议定方准照行,尚可略为牵制,无如马关约订明自该约互换之后之日起,六个月开办。现在已逾六月,苏杭租界勘定,上海制造土货厂亦纷纷设立,彼挟马关约开办,现虽设词延宕,究无抵制之方"。①

总的来说,林董抱定《马关条约》进行谈判,这是谈判难以取得进展的关键。但国人对此次谈判抱有很大希望,使得张荫桓压力很大。"林董约稿悉以马关约为底本,既不能废马关约,则现议各条岂能别开生面?论者乃欲借此商约为马关约匡救,甚且欲为泰西各国已定之约争回利益,此皆未悉此中为难之故也"。②

---

① 王彦威纂辑、王亮编、王敬立校:《清季外交史料》,卷一二〇,书目文献出版社1987年版,第4~6页。
② 王彦威纂辑、王亮编、王敬立校:《清季外交史料》,卷一二〇,书目文献出版社1987年版,第4页。

尽管谈判非常艰难，但张荫桓仍然"力与磋磨"，① 并及时向清廷汇报谈判进程。光绪二十二年三月初一日（1896年4月13日），张荫桓在奏折中说道，从光绪二十二年正月二十八日（1896年3月11日）到二月二十日（4月2日），已经谈判四次，驳删十款，驳改七款，所驳删的都是"关系国体利权，万难核准"的条款，张荫桓"率司员繁征博考，随宜钩稽，以为辩驳，该使乃不得已而删除"。② 谈判取得了一定的进展，但张荫桓并没有满足现状，他抱着"为海关争一分税课，即为国家保一分利权"③ 的信念继续争取权益。

对于张荫桓不断的谈判，日使林董在致张荫桓的说帖中说道："前交李大臣原稿之中曾酌改大半，满谓必邀允诺，不料贵大臣重加删驳，至为歉然。"④ 他认为中国是有意拖延，放出"此约成否，在此一稿"的威胁言论。张荫桓耐心解释，"惟本大臣奉命接办，始于本年正月二十八日与贵大臣会议。本大臣日行公事本极繁重，早荷贵大臣涵鉴。此次约稿又最紧要，条目纷如，既不敢轻率从事，自难仓卒告成。叠次会议，逐款详论，烦征博引，笔舌并劳，固非托故延宕，当亦贵大臣所鉴谅也。兹幸彼此相让，再三酌改，仅逾三月，大致已具，亦不得谓之迟缓矣"。⑤

但对于制造税一条，中日双方还存在较大分歧，四月二十六日（1896年6月7日），林董在致张荫桓的说帖中说道："日本臣民在中国

---

① 王彦威纂辑、王亮编、王敬立校：《清季外交史料》，卷一二〇，书目文献出版社1987年版，第19页。
② 王彦威纂辑、王亮编、王敬立校：《清季外交史料》，卷一二〇，书目文献出版社1987年版，第18页。
③ 王彦威纂辑、王亮编、王敬立校：《清季外交史料》，卷一二〇，书目文献出版社1987年版，第19页。
④ 王彦威纂辑、王亮编、王敬立校：《清季外交史料》，卷一二三，书目文献出版社1987年版，第4页。
⑤ 王彦威纂辑、王亮编、王敬立校：《清季外交史料》，卷一二三，书目文献出版社1987年版，第5页。

机器造货免抽厘税一节,《马关条约》既准日人机器制造,若尚须征收厘税,断无不提及之理,盖收税者即与机器制造原意权利背弃也,是马关约第六款应照本国家所立见解乃为妥协。"① 但张荫桓认为制造税章程应该由中国自定,他在五月十四日(1896年6月24日)给林董的回复中说道:"《马关条约》只言内地运送税、内地税、钞课、杂派以及在内地沾及寄存栈房之益耳,至制造货离厂等税应否豁免一字未提,如果可以免征,断无不提明之理。既不提及,其为应征,自无疑义。且中国系自主之国,原可任便妥定公平章程征收税项,"② 但双方一时难以达成协议。林董提出,"本大臣拟将此节于新约内不提,一俟起有专案,即按马关约应如何译解办理。若贵大臣仍复坚持不允,深恐此约成议无期,尔时中国国家及中国臣民在日本者既无条约之权利,自必诸多窒碍,望细思之。至马关约所载字句词意,迟早总当商议辩解,则候案另商,于中国似尚无碍。若区区以抽税一层与此约合办,则商约恐难成议"。③ 对此,张荫桓在六月初六日(1896年7月16日)的奏折中说,"制造货税,该使以并入新约必至罢议,其词甚决,盖马关约载商约未定以前,日本通商行船悉照中国相待最优之国人民一律礼遇护视等语。罢议于彼无损,我则不能设立领事,寓日侨氓无所依托,且须按年贴给兵费。威海日虽偿款给讫,亦无撤退之期"。张荫桓考虑到如果真的商约罢议,寓日侨民无法保护,日本不撤兵,中国还要继续补贴兵费,吃亏的还是中国人。综合考虑这些原因,张荫桓认为可以把制造税一节先剔出另议,但原则是还要中国自定章程,"制造一节关系最重,已由总

---

① 王彦威纂辑、王亮编、王敬立校:《清季外交史料》,卷一二三,书目文献出版社1987年版,第5页。
② 王彦威纂辑、王亮编、王敬立校:《清季外交史料》,卷一二三,书目文献出版社1987年版,第6页。
③ 王彦威纂辑、王亮编、王敬立校:《清季外交史料》,卷一二三,书目文献出版社1987年版,第5页。

理衙门奏定制造货税值百抽十,华洋一律,正系另筹箝束,以保利权。现已预定税章,以后办法自有依据。该使初欲只完内地值百抽三税,臣坚不许,故该使此次约稿凡涉'制造'字样,一概删去"。① 在这种情况下,《中日通商行船条约》于1896年7月21日在北京签订。

下面是条约签订前后的约款对比:

表3 《中日通商行船条约》谈判前后各条款对照表

《中日通商行船条约》谈判前后条款对比			
日本原送条款	张荫桓意见	删改情况	改定条约
第一款 大清国大皇帝陛下与大日本国大皇帝陛下及两国臣民均永远和好,友谊敦睦。	此款单说和好敦睦,未与两国人民如何保护,究嫌空泛,应验改。	改	第一款 大清国大皇帝陛下与大日本国大皇帝陛下及两国臣民均永远和好,友谊敦睦,彼此臣民侨居,其身家财产皆全获保护,无所稍缺。
第二款 大日本国大皇帝陛下可任便派一秉权大员驻箚中国北京,大清国大皇帝陛下可任便派一秉权大员驻箚日本国东京。大日本国大皇帝所派驻箚中国北京大员,准其携带眷属随员常行居住。 第三款 两国所派秉权大员,应照各国公法,得享一切权利及优例及应豁免利益,均照相待最优之国所派相等大员一体接待享受,其本员及眷属、随员人等并公署住处及往来书信等件均不得侵犯擅动,凡欲选用员役、使丁、通译人及仆婢、随从等,均准随意雇募,毫无阻挡。	第二款只日本使臣可以携眷,中国使臣无此权利,其实第三款已有眷属字样,日本初议不肯两国一律,旋举第三款诘之,彼亦无词逐将第二款第三款驳合一款。	原稿第二第三款驳合	第二款 大日本国大皇帝陛下可任便派一秉权大臣驻箚中国北京,大清国大皇帝陛下可任便派一秉权大臣驻箚日本国东京,两国所派秉权大员应照各国公法得享一切权利并优例及应豁免利益,均照相待最优之国所派相等大员一体相待享受,其本员及眷属、随员人等并公署住处及来往公文书信等件,均不得扰犯擅动,凡欲选用员役、使丁、通译人及仆婢、随从等,均准随意雇募,毫无阻挡。

① 王彦威纂辑、王亮编、王敬立校:《清季外交史料》,卷一二一,书目文献出版社1987年版,第19页。

续表

《中日通商行船条约》谈判前后条款对比			
日本原送条款	张荫桓意见	删改情况	改定条约
第四款 大日本大皇帝陛下酌看日本国商务情形设立总领事、领事、副领事及代理领事，得住中国已开及以后约开通商各口岸城镇，各领事等官中国官员应以相当礼貌接待，并各员应得分位职权裁判管辖权绩优例免除利益，均照现时或日后相待最优之国相等之官一律享受。	此款专言日本可在中国设立领事而于中国可在日本设立领事全未提及，应驳改至领事管辖、审判本国人民案件之权，各国现于日本立约均已让去，该使允我设领事惟将此节标明，期与旧式有别，合并声明。	改	第三款 大日本国大皇帝陛下酌视日本国利益相关情形可设立总领事、领事、副领事及代理领事驻箚中国已开及日后约开通商口岸城镇，各领事等官中国官员应以相当礼貌接待，并各员应得分位、职权、裁判管辖权绩优例豁免利益，均照现时或日后相待最优之国相等之官一律享受，大清国大皇帝陛下亦可设立总领事、领事、副领事及代理领事驻箚日本国现准及日后准驻国领事驻扎之处，除管辖在日本之中国人民及财产归日本衙署审判外，各领事等官应得权利及优待悉照通例给予相等之官一律享受。
第五款 日本所派秉权大员及领事等官，于中国官员照会公文概用日本文，中国官员与日本官员照会公文概用汉文。	各国公牍均用汉文，独日本拟用东文，与体裁不合，应删除。	删	
第六款 日本臣民准带家属、员役、仆婢等在中国已开及日后约开通商口岸城镇来往、居住、贸易，从事商业、工艺制作及别样式也入于条约，不相违背，均可照行，又准其于通商各口岸城镇任意往返，随带货物、家具，无论水、陆装运或用自备车船或用价雇车船均听其便，凡通商各口岸城镇无论现在已定及将来所定外国人居住地界之内，均准买卖、租赁房屋地亩并盖造教堂、坟墓、医院，至一切应享优例、豁除利益，均照各租界向章与优待各国之例一律无异。	日本事业太杂，设有别项事业一句容易影射，又各国在通商口岸只准租地不准买地，原稿准买卖、租赁房屋地亩等语亦属含混，应驳改。	改	第四款 日本臣民准带家属、员役、仆婢等在中国已开及日后约开通商各口岸城镇来往居住，从事商业、工艺制作及别项合例事业，又准其于通商各口任意往返，随带货物、家具，凡通商各口岸城镇无论现在已定及将来所定外国人居住地界之内，均准赁买房屋，租地起造礼拜堂、医院、坟茔，其一切优例、豁免利益均照现在及将来给予最优待之国臣民一律无异。

续表

《中日通商行船条约》谈判前后条款对比			
日本原送条款	张荫桓意见	删改情况	改定条约
第七款 中国沿江各处所有现在已准停泊之港及将来所准停泊之港均准日本船卸载货物、客商。	长江通商章程及烟台条款沿江各处准轮船停泊之港上下货物、客商皆用民船起卸，仍照内地定章办理，此款所在与现行约章不符，且未标明各约所准地名及违章私往作何办理，应驳改。	改	第五款 中国现已准作停泊之港如安庆、大通、湖口、武穴、陆溪口、吴淞等处及将来所准停泊之港均准日本船卸载货物、客商，悉照现行各国通商章程办理，如日本船违章，到中国别口非系准停泊之港，亦非准通商口岸，或在沿海、沿江各处地方私做买卖，即将船货一并由中国罚充入官。
第八款 日本臣民准听持照前往中国内地各处游历、贸易，执照由日本领事发给，由中国地方官盖印，经过地方，如饬交出执照，应随时呈验无讹放行，所有雇用车、船、人夫、牲口装运行李、货物，不得拦阻，如查无执照或有不法情事，就近送交领事官惩办，不可凌虐，执照自发给之日起以华十三个月为限，若无执照进内地者罚银不过三百两之数，惟在通商口岸有出外游玩，地不过华百里，期不过五日者，无庸请照。	送交领事官惩办，设沿途无权拘管，恐成具文，又船上水手向与客商有别，应驳改。	改	第六款 日本臣民准听持照前往中国内地各处游历、通商，执照由日本领事发给，由中国地方官盖印，经过地方，如饬交出执照，应随时呈验无讹放行，所有雇用车、船、人夫、牲口装运行李、货物，不得拦阻，如查无执照或有不法情事，就近送交领事官惩办，沿途止可拘禁，不可凌虐，执照自发给之日起以华十三个月为限，若无执照进内地者罚银不过三百两之数，惟在通商各口岸有出外游玩，地不过华百里，期不过五日者，无庸请照，船上水手人不在此例。

续表

《中日通商行船条约》谈判前后条款对比			
日本原送条款	张荫桓意见	删改情况	改定条约
第九款 日本臣民在中国如遭欺凌扰害，应由中国官加意保护，令其身家安全，设有放火焚烧房屋及抢掠毁坏物件者，地方官立即设法查追，随时弹压，并将焚抢匪徒拿获惩办。	此款虽各国条约所有，究于中国声望有损，应删除。	删	
第十款 日本臣民所有各种财产物件在中国地方，中国官民必须重视，不得擅动，至日本船只，中国官员不得借词封禁，亦不论公用、私用，均不得擅自强取。	中国官民安有擅动洋人财产及强取洋人船只之事，此款要求无理，应删除。	删	
第十一款 日本臣民在中国通商各口岸可雇用中国人民办理合例事务，中国政府及官吏不得阻碍禁止。	此款与各国条约相符，应照准。	照准	第七款 日本臣民在中国通商各口岸可雇用中国人民办理合例事务，中国政府官吏不得阻碍禁止。
第十二款 日本臣民任从自雇船只剥运货客，不论何项船只，雇价银两听其与船户自议，中国政府官吏毋庸干涉，其船不得限定只数，并不准船户、挑夫及各色人等把持包揽运送等情。	此款与各国条约相符，原可照准，惟借端走漏，不可不防，应驳改。	改	第八款 日本臣民任从自雇船之剥运货、客，不论何项船只，雇价银两听其与船户自议，中国政府官吏均无庸干涉，其船不得限定只数，并不准船户、挑夫及各色人等把持包揽运送等情，倘有走私漏税情弊查出，该犯自应照例惩办。

续表

《中日通商行船条约》谈判前后条款对比

日本原送条款	张荫桓意见	删改情况	改定条约
第十三款 本约计附税则甲乙二件，甲为进口各货，凡日本国民臣运进中国口或他国商民由日本运进中国，均照此办理，乙为出口各货，凡日本国臣民由中国运出口或他国商民由中国运往日本者，均照此办理，如有货物未列所附税则章程之内者，日本国臣民运进中国口及他国商民由日本运进中国，或日本国臣民运出中国口及他国商民由中国运往日本者，均照中国与泰西各国现行各税则办理，凡货物于本约所附税则之内及中国与泰西各国现行各税则之内并无限制禁止明文者，亦准照运，其运进中国口者，只输进口税，其运出中国口者，只输出口税，至日本国臣民所输进、出口税比中国臣民及相待最优之国臣民所输之数，不得加多并增设别项名目，又凡货物由日本运进中国或由中国运往日本，其进出口税亦相待最优之国现时及日后所输进、出口税，不得加多并增设别项名目。	原稿所附税则进出口货二十三种所拟税数，均照现行能够税则减纳，由日本瓷器、陶器、各种酒、烟草、烟卷、罐装鱼及中国蚕、藕、生绵、净绵等竟要免税，所损甚巨，应驳改，并将所附甲乙税则驳除，惟日本復准照美国復税则办理，另备照会存案，合并声明。	改	第九款 凡各货物日本臣民运进中国或由日本运进中国者，又日本臣民由中国运出口或由中国运往日本者，均照中国与泰西各国现行各税则及税则章程办理，凡货物于中国与泰西各国现行各税则及税则章程之内，并无限制禁止进、出口明文，亦准任便照运，其运进中国口者，只输进口税，运出中国口者，只输出口税，至日本臣民在中国所输进、出税，比相待最优之国臣民，不得加多，或有殊异，又凡货物由日本运进中国或由中国运往日本，其进出口税亦比相待最优之国人民运进、出口相同货物，现时及日后所属进、出口税不得加多或有殊异。

155

续表

《中日通商行船条约》谈判前后条款对比

日本原送条款	张荫桓意见	删改情况	改定条约
第十四款 凡日本臣民或他国臣民由日本照章装货运入中国,并日本臣民在中国制造该货在外国人租界之内,或由此租界运至彼租界,无论由水路、陆路,运送所有税赋钞课、厘金、杂派各项,一概豁免,至该货主及运货者不论何国之人,亦不论运货船只、车辆是何国人,均豁除一概杂项。	此租界、彼租界究竟同一口岸抑非同一口岸,语欠明晰,又归辽约内载明陆路通商作为罢论则此约含有陆路字样,应驳改。	改	第十款 凡货物照章系日本臣民运进中国或由日本运进中国,在中国照现行章程由此通商口运至彼通商口时,不论货主及运货者系何国之人,不论运机器船只系属何国,所有税赋、钞课、厘金、杂派各项,一概豁免。
第十五款 以上第十四款所列各货物若系应纳税者,按照进口税五分之三输纳内地过境税,又凡免税货物并日本商民在中国制造之货按照货物价值每百抽三输纳,无论货主与经手系何国人,该货在中国何处地方,所有赋税、钞课、厘金、杂派各项,无论国家官员、私民、公司社会各名目,赋课若何,均当豁除,所有金银各种洋钱及自用物件系属日本臣民者,在中国各处一概免除各项杂税,惟运进鸦片,不在此条之内。	制造货应征离厂正税,岂能仅以运入内地值百抽三了事,该使现拟将制造货税随后另议,所附税则既经删去,自不合再提十四款所列货物,应驳改。	改	第十一款 日本臣民有欲将照章运入中国之货进售内地,倘愿一次纳税,以免各子口征收者,则听自便,如系应完税之货,应照进口税一半输纳,如系免税之货,则按值每百两征收二两五钱,输纳时领取票据,执持此票,内地各征,一概豁免,惟运进鸦片烟,不在此条之内。

156

续表

《中日通商行船条约》谈判前后条款对比			
日本原送条款	张荫桓意见	删改情况	改定条约
第十六款 日本臣民与中国通商各口岸之外购买中国货物土产欲运出者，系应完税之货，俟于出口时照则完出口正税，必先完子口半税，如系应免税之货照原价每百抽二五完纳，自后不论在中国何处，所有赋税、钞课、厘金、杂派各项，一概豁除，惟自完子口税之日起，限十八个月内装运出口，又日本臣民在中国通商各口岸内购买中国货物土产不运往内地者，所有内地税赋、钞课、厘金、杂派各项，一概豁除，如运出口只完出口正税，又日本臣民在中国各处制造货物或购买货物以备出口，准由此通商口岸运到彼通商口岸，无论水、陆装运，均无庸完纳，复进口半税并税赋、钞课、厘金、杂派各项，不拘如何装运，一概豁除。	洋商在各通商口岸购买土货并无复进内地之例，且土货出口向只一年限期，所称十八个月内出口亦太宽泛，尤须声明运往外国，应驳改。	改	第十二款 日本臣民于中国通商各口岸之外购买中国土产为运出外洋者，除出口时完出口正税外，如照以上第十一款所列数目，照出口税则核算，完纳子口税，以抵各子口税项，此后不论在中国何处，所有税赋、钞课、厘金、杂派，一概豁免，惟完子口税之日起，限十二个月内运往外国，又日本臣民在通商各口岸购买中国货物土产，非系禁运出外洋之物，运出口时只完出口正税，所有内地税赋、钞课、厘金、杂派，一概豁免，又日本臣民在中国各处购买货物以备出外洋，准由此通商口岸运到彼通商口岸，惟应照现行章程条规办理。
第十七款 日本船只可装载中国货物土产由此通商口岸到彼通商口岸，或运至沿江可停泊之港以便在本地销售，该货知（应为"只"）系应先完税之货只完复进口半税，如系应免税之货只完每百抽二五之税，其货如运载时，所有出口进口及各项杂税一概豁除	洋商运土货在本地销售流弊滋大，应删除。	删	

续表

《中日通商行船条约》谈判前后条款对比			
日本原送条款	张荫桓意见	删改情况	改定条约
第十八款 此约未行以前，中国政府将中国里卡若干处，所设何处地方，并厘定厘金章程告知日本驻北京秉权大臣，以后如有更改，应随时立即知照。 第十九款 凡中国官员以中国国家指明征收日本臣民及货物船只税赋、钞课、厘金、杂派各项，惟中国国家是问，若查出系违例征收或照条约所定税则加征等情，中国国家立即将不应征及浮收之款交还。	此款词气傲慢，隐以贪黩相待，应删除。	删	
第二十款 凡货物如实系洋货，已完进口税后，自进口之日起，限三年内，不论何时，准日本臣民复运出口，俾往外国，毋庸再纳出口税，惟复运出口之货，须实系原包、原货，并未拆动抽换，将已完之进口税由海关给发收税存票付执，如该臣民愿持票赴关领取现银者，听。	此款与各国条约相符应照准。	照准	第十三款 凡货物如实系洋货，已完进口税后，自进口之日起，限三年内，不论何时，准日本臣民复运出口，俾往外国，毋庸再纳出口税，惟复运出口之货，须实系原包、原货，并未拆动抽换，准将已完之进口税由海关给发收税存票付执，如该臣民愿持票赴关领取现银者，听。
第二十一款 中国国家在通商各口岸设立关栈或栈棚，其一切章程即由两国从速议定。	栈棚字样太新，且关栈章程无须与日本议订，应删驳。	改	第十四款 中国国家允在通商口岸设立关栈，所有章程日后再定。

续表

《中日通商行船条约》谈判前后条款对比			
日本原送条款	张荫桓意见	删改情况	改定条约
第二十二款 日本商船进中国通商各口，应纳船钞，一百五十吨以上者，每吨纳船钞银四钱，一百五十吨及以下者，每吨纳船钞银一钱，如该船未经开舱，欲行他往，限四十八点钟之内出口，不纳船钞，如已纳船钞船只，自领出口红票之日起，限四个月之内，可往通商各口及可停泊之港，毋庸再纳船钞，凡日本商船在中国修理之时，亦毋庸纳船钞，又日本臣民使用各种小船运装客商、行李、书信并一切已完税之货，及应免税之货，往来通商各口及可停泊之港，均毋庸纳船钞，惟各种小船及货艇等运往货物，其货于运载时应输税课者，该船须按四个月纳船钞一次，每吨纳银一钱，所有日本大小船只除纳船钞外，并无别项规费，至所纳船钞不得过于华船及最优之国各船所纳之数，日本臣民公司等设立当星轮船来往中国通商各口，如已纳船钞至未满期限，准以他船替代，期内免纳船钞，但替代之船吨数多寡如与原船不符，须于初次进口时查明核算办理。	各国通商行船条约向无与主国人民船货比拟者，稿内华船字样太侵越，至纳钞之船未满期限以他船替代，适形织小且多窒碍，应删改。	改	第十五款 日本商船进中国通商各口，应纳船钞，按注册吨数，在一百五十吨以上者，每吨纳船钞银四钱，一百五十吨及以下者，每吨纳船钞银一钱，如果该船进口后，未经开舱，欲行他往，限四十八点钟之内出口，不纳船钞，如已纳船钞之船，自领出口红票之日起，限四个月之内，可往中国通商各口及准停泊之港，毋庸纳船钞，凡日本商船在中国修理之时，亦毋庸纳船钞，又日本臣民使用各种小船装运客商、行李、书信及应免税之货，往来中国通商各口，均毋庸纳船钞，惟各种小船及货艇等运往货物，其货于运载时应输税课者，该船须按四个月纳船钞一次，每吨纳银一钱，所有日本大小船只，除纳船钞外，并无别项规费，至所纳船钞，不得过于最优之国各船所纳之数。

续表

《中日通商行船条约》谈判前后条款对比

日本原送条款	张荫桓意见	删改情况	改定条约
第二十三款 日本商船进中国各口，听其雇觅引水之人，完清应纳税项之后，亦听雇觅引水之人，带领出口。	此款与各国条约相符，应照准。	照准①	第十六款 日本商船进中国通商各口，听其雇觅引水之人，完清应纳税项之后，亦听雇觅引水之人，带领出口。
第二十四款 日本商船遇有损坏或别项事故致逼觅避难之处，不论中国何处，准其驶进附近各口暂泊，无庸纳船钞，其船因修理起卸货物，报归海关委员查察则无庸纳税，凡日本船在中国沿海地方碰坏搁浅，中国官员须立即设法救护搭客及船上一切人等，并照料船货，所救之人当加意看待，并随时察看情形，有须设法护送者，即妥送就近领事官查收。	日本只知恤商而于中国商船绝不肯相提并论，中日临近，设中国商船或因遭风遇险驶避日本将何处置，应驳改。	改	第十七款 日本商船遇有损坏或别项事故致逼觅避难之处，不论中国何处，准其驶进附近各口暂泊，毋庸纳船钞，其船因修理起卸货物，报归海关委员查察，则毋庸纳税，凡日本船在中国沿海地方碰坏搁浅，中国官员须立即设法救护搭客及船上一切人等，并照料船货，所救之人当加意看待，并随时察看情形，有须设法护送者，即妥送就近领事官查收，如中国商船遇有损坏或别项事故逼入日本附近海口暂避，日本官员亦照以上所载，一律办理。
第二十五款 中国通商各口官员，凡有严防偷漏之法，准其相度机宜，设法办理，惟于本条约各款并现时及将来各国所定章程，毋得违背。	严防偷漏，中国随宜设法，何至违背条约章程，著此数语既碍中国自主之权，且于"相度机宜，设法办理"词意矛盾，准字亦太倨，应驳改。	改	第十八款 中国通商各口官员，凡有严防偷漏之法，任凭相度机宜，设法办理。
第二十六款 日本商船被中国强盗、海贼抢劫者，中国官员即应设法将匪徒拿办追赃。	此款与各国条约相符，应照准。	照准	第十九款 日本船只被中国强盗、海贼抢劫者，中国官员即应设法将匪徒拿办追赃。

① 原文中为"改"，实际上应该是"照准"。

续表

《中日通商行船条约》谈判前后条款对比			
日本原送条款	张荫桓意见	删改情况	改定条约
第二十七款 日本师船巡游海面为保护商民起见或因捕盗,准其驶入中国海口,一切买取食物、甜水、修理船只,地方官妥为照料,船上管带官与中国官员平行礼貌相待,所有船钞及一切税项概行豁除。	此款各国条约所有,惟当于巡游海面字下增别无他意四字,又师船本不装货,所有船钞及一切税项等语应皆去,以免应设究,以全款删去为净。	删	
第二十八款 日本在中国之人民及其所有财产物件,专归日本妥派官吏管辖,凡日本人控告日本人或被别国人控告,均归日本妥派官吏讯断,与中国官员无涉。	此款与各国条约相符应照准。	照准	第二十款 日本在中国之人民及其所有财产物件,专归日本妥派官吏管辖,凡日本人控告日本人或被别国控告,均归日本妥派官吏讯断,与中国官员无涉。
第二十九款 凡中国官员或人民控告在中国之日本人民负欠钱债等项,或争在中国财产物件等事,归日本官员讯断,凡在中国之日本官员或人民控告中国人民负欠钱债等项,或争中国人质财产物件等事,归中国官员讯断。	此款与各国条约相符,应照准。	照准	第二十一款 凡中国官员或人民控告在中国之日本臣民负欠钱债等项,或争在中国财产物件等事,归日本官讯断,凡在中国官员或人民控告中国臣民负欠钱债等项,或争中国人之财产物件等事,归中国官员讯断。
第三十款 凡日本臣民被控告在中国犯法,归日本官员审理,如果审出真罪,依照日本法律惩办,中国臣民被日本人在中国控告犯法,归中国官员审理,如果审出真罪,依照中国法律惩办。	谨查此款与各国条约相符,应照准。	照准	第二十一款 凡日本臣民被控告在中国犯法,归日本官员讯断审理,如果审出真罪,依照日本法律惩办,中国臣民被日本在中国控告犯法,归中国官员审理,如果审出真罪,依照中国法律惩办。

续表

《中日通商行船条约》谈判前后条款对比

日本原送条款	张荫桓意见	删改情况	改定条约
第三十一款 凡有与本条约并现时即将来两国所定章程违背者或应罚款或应将物件充公案，归日本官员判断，惟所罚之款、充公之物件应归中国收办。	罚款充公物件应归中国自办，既归中国自办，断无归领事官判断之理，应删除。	删	
第三十二款 中国人有欠日本人债务不偿或诡诈逃避者，中国官务必严拿追缴，日本人有欠中国人债务不偿或诡诈逃避者，日本官亦应一体办理。	此款与各国条约相符，应照准。	照准	第二十三款 中国人有欠日本人债务不偿或诡诈逃避者，中国官务须严拿追缴，日本人有欠中国人债务不偿或诡诈逃避者，日本官亦应一体办理。
第三十三款 日本人犯罪及逃亡负债者，潜往中国内地或潜匿中国臣民房屋或船上，一经日本领事官照请，即将该犯交出，中国犯罪人及逃亡负债者，潜匿在中国之日本臣民所住房屋或中国水面日本船上，一经中国官查明照会，日本领事即将该犯交出。	中国与日本并无互交逃犯条约，日本不肯将中国罪犯逃至日本国内者交出，中国自未便允交出日本逃来之犯，应驳改至互交逃犯一节须订专约，已与该使商明由总理衙门另行办理。	改	第二十四款 日本人在中国犯罪或逃亡负债者，潜往中国内地或潜匿中国臣民房或船上，一经日本领事照请，即将该犯交出，中国人在中国犯罪或逃亡负债者，潜匿在中国之日本臣民所住房屋或中国水面日本船上，一经中国官照请，日本官即将该犯交出。

续表

《中日通商行船条约》谈判前后条款对比			
日本原送条款	张荫桓意见	删改情况	改定条约
第三十四款 凡日本国家及官员、商民并财产物件等在中国遇有办理案件讼事，一切均照相待最优之国一律无异。 第三十五款 日本商民所有事件，如进口、出口、引水、泊船、起卸船、邮便及拨货过船后出口，沿海运货、内地运货、沿海贸易，惟栈官赏存票、回票一切税关条规便宜，征进口税、征出口税，复进口税、内地税、船钞，日本臣民及船只、日本进口货、出口货，不论日本船装运或他国船装运系由日本运或运往日本者，均照中国臣民、中国船、中国货并相待最优之国臣民及船与货一律相待，至应得优例、豁除利益，一体享受。 第三十六款 大清国大皇帝现时或将来给予他国国家官员船或人民特恩、旷典、优例、豁除利益等事，日本国家官员船或人民一律同获其美。	三十四、三十五两款太繁冗拖沓，兹与驳论，连第三十六款一并删除，酌照英约另拟一款。	原稿第三十四、三十五、三十六三款删去另拟	第二十五款 按照中国与日本现行各约章，日本国家及臣民应得优例、豁除利益，今特申明，存之勿失，又大清国大皇帝陛下已经或将来如有给予别国国家或臣民优例、豁除利益，日本国家及臣民亦一律享受。
第三十七款 此次所定税则及此约内关系通商条约，日后如有一国再欲重修，由换约之日起，以十年为限，期满须于六个月之内知照，酌量更改，若两国彼此均未声明更改，则条款、税则仍照前办理，复俟十年，再行更改，以后均照此限式办理。	此款与各国条约相符，应照准。	照准	第二十六款 此次所定税则及此约内关涉通商各条款，日后如有一国再欲重修，由换约之日起，以十年为限，期满后须于六个月之内知照，酌量更改，若两国彼此均未声明更改，则条款、税则仍照前办理，复俟十年，再行更改，以后均照此限式办理。

续表

《中日通商行船条约》谈判前后条款对比			
日本原送条款	张荫桓意见	删改情况	改定条约
第三十八款 今两国欲照此次所立条约遵行，须迅速商定各条并通商章程，惟于各条约及章程未定以前，应照中国先与泰西各国所立章程规条与此约不相违背者，两国一律遵办。	制造货税须另议通商章程，自无庸亟订，应驳改。	改	第二十七款 今两国欲照此次所订条约遵行，须商定通商章程条规，惟于未定以前，应照中国与泰西各国现行章程条规与此条所订不相违背者，两国一律遵办。
第三十九款 本条约缮写汉文、日本文，署名为定，惟防以后有所辩论，两国全权大臣增译英文各一分，将来汉文、日本文有参差不符，均以英文为准。	此款既以英文为备，将来辩论彼此署名应并及英文，应酌改。	改	第二十八款 本条约缮写汉文、日本文、英文，署名为定，惟防以后有所辩论，两国全权大臣订明，如将来汉文、日本文有参差不符，均以英文为准。
第四十款 本条约于　年　月　日，即西历　年　月　日批准，于　年　月　日，即西历　年　月　日互换。	批准、互换无须订明于月日，该使欲在日本东京互换以期迅速，惟中国与别国立约，在中国议订者向在北京互换，应驳改。	改	第二十九款 本条约两国大皇帝批准后，在北京迅速互换，其互换日期，由本日署名起，至迟不逾三个月。

注：根据《清季外交史料》卷一二一整理。

最后签订的《中日通商行船条约》共计二十九款，日本原稿四十款计删去第五、第九、第十、第十七、第十八、第十九、第二十七、第三十一、第三十四、第三十五、第三十六，共删去十一款；驳改第一、第二、第三、第四、第六、第七、第八、第十二、第十三、第十四、第十五、第十六、第二十一、第二十二、第二十四、第二十五、第三十

三、第三十八、第三十九、第四十，共驳改二十款；照准第十一、第二十、第二十三、第二十六、第二十八、第二十九、第三十、第三十二、第三十七，共照准九款。

(二) 张荫桓的谈判思想

(1) 对于有损"国体利权"的条款坚决予以删除和驳改。在所删除的十一款中，大多数都是对"国体利权"有所妨碍的，有的不符合惯例，如第五款；有的对声望有损并且要求无理、词气傲慢，如第九、第十、第十八、第十九款；有的对中国利权有损，如第十七、第三十一款等。对于"太繁冗拖沓"的第三十四、三十五、三十六三款，据中英《虎门条约》加以归纳，归为一条。对中国利权有损的几条进行驳改，如第十三款，"原稿所附税则进出口货二十三种所拟税数，均照现行能够税则减纳，由日本瓷器、陶器、各种酒、烟草、烟卷、罐装鱼及中国蚕、藕、生绵、净绵等竟要免税，所损甚巨，应驳改，并将所附甲乙税则驳除"；第二十一款，"栈棚字样太新，且关栈章程无须与日本议订，应删驳"；第二十二款，"各国通商行船条约向无与主国人民船货比拟者，稿内华船字样太侵越，至纳钞之船未满期限以他船替代，适形织小且多窒碍，应删改"；第二十五款，"严防偷漏，中国随宜设法，何至违背条约章程，著此数语既碍中国自主之权，且于'相度机宜，设法办理'词意矛盾，准字亦太倨，应驳改"；第四十款，"批准、互换无须订明于　月　日，该使欲在日本东京互换以期迅速，惟中国与别国立约，在中国议订者向在北京互换，应驳改"。

(2) 坚持利益对等原则。对于只对日本有利，而对中国利益没有言及的条款，张荫桓及时指出。如第二款，"只日本使臣可以携眷，中国使臣无此权利"，张荫桓举第三款中有两国"眷属"字样进行诘问。尽管日本不想两国平等，但张荫桓却紧紧抓住了这个漏洞，把第二、第三两款合为一款，争取了两国秉权大员的平等权；第四款，"专言日本可在中国设立领事,而于中国可在日本设立领事全未提及";第二十四款,"日本只知恤商,而于中国商船绝不肯相提并论,中日临近,设中国商船或因遭风遇险驶避日本,将何处置,应驳改"。对于这些条款的不对等性,张荫桓坚决予以驳改,以维护权益。

（3）对于语意不明,容易含混的条款进行驳改,以防后患。如第一款,"此款单说和好敦睦,未与两国人民如何保护,究嫌空泛,应驳改";第六款,"日本事业太杂,设有别项事业一句容易影射,又各国在通商口岸只准租地不准买地,原稿均准买卖、租赁房屋地亩等语亦属含混,应驳改";第七款,"《长江通商章程》及《烟台条款》沿江各处准轮船停泊之港上下货物、客商皆用民船起卸,仍照内地定章办理,此款所在与现行约章不符,且未标明各约所准地名及违章私往作何办理,应驳改";第八款,"送交领事官惩办,设沿途无权拘管,恐成具文,又船上水手向与客商有别,应驳改";第十二款,"此款与各国条约相符,原可找准,惟借端走漏,不可不防,应驳改";第十四款,"此租界、彼租界究竟同一口岸抑非同一口岸,语欠明晰,又归辽约内载明陆路通商作为罢论,则此约含有陆路字样,应驳改";第十六款,"洋商在各通商口购买土货并无复进内地之例,且土货出口向只一年限期,所称十八个月内出口亦太宽泛,尤须声明运往外国,应驳改";第三十三款,"中国与日本并无互交逃犯条约,日本不肯将中国罪犯逃至日本国内者交出,中国自未便允交出日本逃来之犯,应驳改。至互交逃犯一节,须订专约,已与该使商明由总理衙门另行办理";第三十九款,"此款既以英文为备将来辩论彼此署名应并及英文,应酌改"。

（4）比照中国与其他各国签订的条约,相符的条款予以照准,体现守约原则。照准了第十一、第二十、第二十三、第二十六、第二十八、第二十九、第三十、第三十二、第三十七款。

（5）以大局为重的思想。对于林董提出的制造税"另议"主张,虽然张荫桓最初不同意,但考虑到如果商约不定,则寓日华民的权利无法得到保障，而且日本又不从威海撤兵，按年补贴的兵费也是清廷的一项沉重负担，因此，他建议清政府接受林董的制造税"另议"主张，先把商约签订，制造税问题再"另筹箝束以保利权"。① 在这种万般无奈的情况下，张荫桓做出了这种决定，也是一种以大局为重的做法。

（三）对张荫桓谈判成果的评价

张荫桓在谈判中对日本代理公使林董的原稿四十款进行了全面删驳，保护了中国的"国体利权"；维护了中国与日本在条约与权利上的对等性；对于语意含混的条款也进行了及时的驳改；注意比照与其他各国的相关条约；时刻以大局为重。用他自己的话说，谈判时"逐款详论，烦征博引，笔舌并劳"。② 正是在这种努力之下，谈判取得很大成果。对此，光绪二十二年九月十二日（1896年10月18日），即中日双方交换批准书的前一天，总税务司赫德在给金登干（J. D. Campbell）的信中有所透露，"日本新公使对林董那样容易地同意了张荫桓的条件大为恼怒"，这说明日本在此次谈判中并没有得到如他们预期的那样多的"利益"。赫德还对张荫桓的谈判予以充分肯定，"张氏非常巧妙地防止在商务条约中给予任何新东西"。③ 张荫桓坚定的立场与巧妙的谈判，将中国利权的损失降到最低，为维护国家权益作出了重要贡献。

三、第三期对日偿款的主持者

（一）主张运用以夷制夷政策偿付对日赔款

1895年4月17日，《马关条约》签订，其中第四款规定："中国约

---

① 王彦威纂辑、王亮编、王敬立校：《清季外交史料》，卷一二一，书目文献出版社1987年版，第19页。
② 王彦威纂辑、王亮编、王敬立校：《清季外交史料》，卷一二三，书目文献出版社1987年版，第4页。
③ 中国第二历史档案馆、中国社会科学院近代史研究所合编：《中国海关密档——赫德、金登干函电汇编（1874~1907）》，第六卷（1894~1899），中华书局1995年版，第561页。

将库平银二万万两交与日本，作为赔偿军费；该款分作八次交完。第一次五千万两，应在本约批准互换后六个月内交清，第二次五千万两应在本约批准互换后十二个月内交清。余款平分六次递年交纳，其法列下：第一次平分递年之款，于两年内交清，第二次于三年内交清，第三次于四年内交清，第四次于五年内交清，第五次于六年内交清，第六次于七年内交清，其年分均以本约批准互换之后起算。又第一次赔款交清后，未经交完之款应按年加每百抽五之息。但无论何时，将应赔之款或全数、或几分，先期交清，均听中国之便。如从条约批准互换之日起，三年之内，能全数还清，除将已付利息或两年半、或不及两年半，于应付本银扣还外，余仍全数免息。"① 同时还有《另约》三款，其中第一款规定对于暂时驻守威海卫的日本军队，所需要的驻守费用，中国需要"贴交四分之一"，即"库平银五十万两"。② 对于中国如何去偿付赔款，伊藤博文曾经向李鸿章建议，中国借外债一次性偿清，债款可分三四十年分还，这样"期长利轻，力亦稍纾"。③ 对此，总理衙门感到为难，希望日本免除利息，并延长偿还期限，但遭到日本的拒绝。随后，赫德也曾向清政府建议，赔款半数一亿两，五年内由海关税务司归还两千万两，五年之后再借一千五百万镑，将赔款全部付清。清政府没有采纳这一建议，因为这样的话清政府的日常经费都会受到影响，只能采取分次向外借债的方式在三年内将赔款偿清。

光绪二十一年闰五月十四日（1895年7月6日），中国向俄、法借款，偿还日本第一批战争赔款及三千万两的赎辽费，第二年二月初十日

---

① 王铁崖编：《中外旧约章汇编》，第一册，生活·读书·新知三联书店出版社1957年版，第615页。
② 王铁崖编：《中外旧约章汇编》，第一册，生活·读书·新知三联书店出版社1957年版，第618页。
③ 《李鸿章全集》，第26册，电报六，安徽出版集团、安徽教育出版社2008年版，第109页。

(1896年3月23日），借英德商款，偿还第二批赔款及威海军费。1898年5月8日，是中国在三年内还清对日赔款的最后期限，但清政府捉襟见肘的财政又难以负担，只能继续举借外债以尽快结束赔款。对此，英、俄之间展开了激烈的竞争。其中对于借英款还是借俄款，清政府内部也有一番争论，身为户部左侍郎的张荫桓在第三次借款问题上，起了主要的作用。

1. 主张尽快借外债还清偿款，以了日本重累

光绪二十三年七月十九日（1897年8月16日），张荫桓在出使英国庆贺维多利亚女王即位六十周年之时，就曾针对续借洋款一事上奏，"约内声明三期内全数清还，将已付利息扣还，余仍免息，自换约之日起，扣至光绪二十四年闰三月十八日已届期满，如逾期未能还清，非特已付之息无从扣回，且须递年加付息银，共需一千四百五十二万三千三百三十余两。又每年威海卫军费五十万两，总计展缓四年，递年分还，须多耗银二千三百十九万两，为数甚巨。现在俄、法、英、德各项借款所余无几，苟非续筹借贷，无以偿此巨款"，张荫桓希望尽早设法借外债，可以为国家省下二千三百一十九万两的息银。"臣出京时叠与户部诸臣筹商，复于陛辞之日撮要陈奏，现为时渐迫，相应请旨饬下总理衙门、户部通盘筹画，指定抵偿的款，先将关税已抵数目与总税司赫德核对清楚，庶知关税可拨抵者实有若干。沪、粤华商借款剔归，司库归还，可腾出关税若干，再由户部统筹另拨。现计订借八千万两，足了日本重累，先其所急，别有需用再行设筹，期免贻误"。① 张荫桓主张用若干关税作抵押，筹借八千万两，尽快解决日本偿款这个当务之急，"以了重累"。

清政府内部对于是否尽快还清偿款意见并不一致，不少人主张按年

---

① 王彦威纂辑、王亮编、王敬立校：《清季外交史料》，卷一二六，书目文献出版社1987年版，第28～29页。

付款，不要急于偿清，以免中国在利权方面更多地受制于人。张之洞就认为余款一亿两不必赶在1898年5月交付。他算了一笔账："查日本条约余款一万万，本分六次交纳，未经交完之款，按年加每百抽五之息，但不论何时或将赔款全交，或将几分先期交付，均听中国之便等语。此款若缓还，加息不过五厘，且迟早、多少均听我便。此时海疆防务纷纷，大局未定，无论何国借债皆必居奇要挟，息重扣多。"他建议将日本赔款暂缓交付，按年认还，息只五厘，无折扣，较之借款折扣所省甚多。且不需别筹抵押，不致牵动盐厘等款，俟时局稍定，再相机商借，可免抑勒。①刘坤一也建议"从容还款，迟速于国事无甚轻重，若以财赋之地作抵押之据，还日本不急之款，启各国分占之心，利害显然"。②

这两种意见有共同之处，即都主张举借外债偿付日本，但在到底是按年付款还是在三年内将赔款全部交清，有了矛盾分歧。究竟采取哪方的意见，清政府内部一时还难以下定论。

2. 两难之下，力排众议，俄英借款均拒

又一次面临举借外债，究竟从哪个国家借，清政府内部产生了矛盾。《中俄密约》签订之后，李鸿章对于俄国更加信任，主张借俄款，"朝臣唯张荫桓主联英"，③二人之间发生了明显的分歧。光绪二十三年十月十七日（1897年11月11日）和十八日（11月12日），翁同龢在日记中记载："张樵野来，抵暮去，言借款须与英使商量，不可自坏门面，合肥办法声名扫地，而必无成，又言现在只须借七千万，不必万万，颇可听。""李相来长谈，借款似可成，甚诋前此与日本定磅价一

---

① 王彦威纂辑、王亮编、王敬立校：《清季外交史料》，卷一二八，书目文献出版社1987年版，第18页。
② 王彦威纂辑、王亮编、王敬立校：《清季外交史料》，卷一二九，书目文献出版社1987年版，第4页。
③ 中国史学会主编：《戊戌变法》，第一册，上海人民出版社、上海书店出版社2000年版，第380页。

事为中国受亏二千馀万,盖汇丰之说也,其言与樵野大相迳庭"。① 除了清政府内部的意见不统一外,俄、法、英、德等国之间也展开了激烈的竞争,这种错综复杂的关系使得借款更难。

李鸿章曾于十一月二十一日(12月14日)向俄国财政大臣维特提出借款一万万两的要求,俄国的借款条件是:一、独占满蒙铁路工业;二、建筑南满支线;三、租借黄海沿岸一港;四、用俄人为海关总税务司;五、借款以田赋、厘金为担保。俄国的这些条件,显示出以借款为诱饵,图谋在中国得到更多政治、经济利益的险恶用心。李鸿章在给中国驻俄公使许景澄的电报中说,俄国"户部允代借万万,俾全还倭欠。仍照二十一年办法,感极。所索利益,惟接造东路须借款自办,馀均可商"。② 此封电报透露出李鸿章对于借俄款有很大的倾向性,对俄国能够爽快答应借给中国一万万两深表感激。他认为俄国所索取的利益除铁路问题外,其他条件都可以商量。

英国也早就觊觎这笔借款,除派军舰游弋于旅顺口外,同时指使驻华公使窦纳乐就借款问题向清政府施加压力。同时赫德等人也积极活动,希望汇丰银行能够承揽到这笔借款。李鸿章希望英国"勿索格外利益",周旋于英、俄之间,希望能够获得一个最佳方案。1898年1月8日,窦纳乐正式向清政府提出贷款一千二百万镑的借款要求,以关税、盐税、厘金担保,由英人管理。不仅如此,还有其他条件:一、英国建筑自缅甸至长江铁路;二、长江流域不划让与他国;三、开放南宁、湘潭、大连为通商口岸;四、开放内河;五、永久任用英人为总税务司。英国的条件让李鸿章大失所望,于是相形之下,更倾向于向俄国

---

① 翁同龢著,陈义杰整理:《翁同龢日记》,第六册,中华书局1998年版,第3057页。
② 《李鸿章全集》,第26册,电报六,安徽出版集团、安徽教育出版社2008年版,第401页。

借款，这又惹恼了英国。这期间，俄国代办公使巴布罗福（Pavlov）[①]与窦纳乐轮番到总理衙门大闹。窦纳乐提醒清政府俄国对大连湾有着不可告人的企图，这引起了清政府的注意。1897年11月14日，德国借口山东"巨野教案"，派军舰占领胶州湾，并向清政府提出租借胶州湾的无理要求，此事对清政府的外交及借款影响颇大。第二天，李鸿章拜访巴布罗福，请求俄国协助解决胶州湾事件。俄国趁机将三艘军舰开进旅顺、大连，为以后俄国强租旅顺、大连埋下了伏笔。因为清政府在胶州湾事件之后，曾多次催促俄国撤兵，均没有结果，于是怀疑俄国果真有占据大连湾的企图。这样，清政府又倾向英国借款。总理衙门的立场是：

（1）南宁与湘潭可以开放，总理衙门并予以保证，如能建筑铁路，大连亦将开放。

（2）英国人在现有条约所允许使用帆船的地方，可以使用轮船。

（3）在英国领事申请之下，各省当局将提供有商港到指定的内地港口的货物内地税的一切细节，中国并将考虑采取其他步骤改进内地商务。

（4）当铁路修到缅甸边境时，中国同意由一英国公司将其展延至中国领土内，由两国协商所规定的某一地点。

（5）保证不将扬子江流域让渡与任何第三国家。

（6）中国同意成立协定，将免厘区域扩展到租界以外。

并要求"借款为一千六百万，即俄国所提供的数量"。[②]

英国在借款问题上取代俄国并取得重大进展，极大地激怒了俄国。

[①] 巴布罗福，俄国驻华代办公使，在中文史料中，对此名有多种译法，兹把所见列出：巴布罗夫、巴夫罗福、巴百诺福、巴百罗福、帕夫洛夫、巴夫洛夫、宝罗夫、巴布罗布、巴夫罗甫、巴罗福。

[②] 中国人民银行总行参事室编：《中国清代外债史资料（1853～1911）》，中国金融出版社1991年版，第209页。

英、俄又在总理衙门大闹，俄国以最严肃的方式抗议这笔借款，说它扰乱了中国的势力均衡，1月24日，巴布罗福到总理衙门，声称"奉国电，借款若中国不借俄而借英，伊国必问罪"，"又极言英款万不可借，将以埃及待中国矣"。① 巴布罗福刚走，窦纳乐就来了，威胁总理衙门，英国政府已经承诺照办借款，"如果一切已成定局之后，中国又将借款的提议推翻，则中国须准备对由此产生的后果负责"。② 1月26日，俄国亲王吴克托又致电李鸿章，"如贵国与英国借款，则与中俄专约不符，实于邦交有碍。且本爵与户部代中国出力之处，前功尽弃矣"。③

对于英、俄之争，总理衙门内部意见也难以统一，觉得两方谁都不好惹。光绪二十四年正月初四日（1898年1月25日），翁同龢致函张荫桓，"顷巴使来函，有密件面商，或到彼馆一谈，拟明日函复，以疾辞之。仪公书云在署见巴致邸函，坚请许使赴彼都一行，而璞商送微德电，若借款不允势将失和等语，法使亦拦阻英款，故仪公欲援英就俄，以解目前之陑。鄙人答以缓英何所措词，还当斟酌，然则两国［并借（似吴永注）］之下策竟不可废矣。明早拜寿后当到尊处切商之"。④ 李鸿章主张"缓英就俄"，翁同龢很为难，认为万不得已要实行两国并借方针。正月初六日（1月27日），张荫桓在日记中写道："邸论借款之难，欲两借，常熟力主分借，邸唯唯而去。"⑤

对于英、俄之间的竞争，李鸿章也没有很好的办法加以解决，于是

---

① 翁同龢著，陈义杰整理：《翁同龢日记》，第六册，中华书局1998年版，第3086页。
② 许毅等编：《清代外债史资料》，上册，中国财政经济出版社1996年版，第475～476页。
③ 《李鸿章全集》，第26册，电报六，安徽出版集团、安徽教育出版社2008年版，第411页。
④ 吴永：《松禅老人尺牍墨迹》，台北"故宫博物院"1977年版，第66～67页。
⑤ 任青、马忠文整理：《张荫桓日记》，世纪出版集团、上海书店出版社2004年版，第508页。

也主张两国分借以避免纷争。光绪二十四年正月初六日（1898年1月27日），李鸿章致函吴克托："借款初本托罗启太，未允，故与英银行商议，无如要挟多端，英政府乃愿以轻利保借，亦系好意，若遽回绝，立即失和。然贵国户部及尊处出力帮助中国，尤甚感谢。今势处两难，拟设法调停，俄英各借一半，各五千万，不但中俄邦交永固，即英国体面、友谊无伤。已派许景澄赴彼得堡商办，务求贵爵向户部委婉代陈，俯如所允为幸。"① 同日，李鸿章还致电许景澄："密，俄款照前办法索利益，一东三省造路兴利，不准用他国人；一设支路，在黄海所择海口建码头，停俄船，银行立合同，政府立专条。限期初七，英廷保借肆厘无扣还息，五十年不归本，比较稍省，闻俄阻，势将失和，而俄逼愈紧。今为调停计，拟各借一半五千万，以全两国体面交情，烦公速往商办，姑借铁路为名。"② 正月初八日（1月29日），李鸿章致电翁同龢与张荫桓，商量"可否酌定饬发各借一万之说"。③

这种两国分借的做法遭到英、俄反对，正月初九日（1月30日），吴克托致电李鸿章，"如贵国一与英国定议，本国必立刻派兵占据蒙古、满州"④。英国也威胁翁同龢，"如借俄不借英则有三大端要挟，一轮船任便入内河，一占舟山，一南京"。⑤

不管是借英还是借俄，两国都要在中国索取巨大的经济利益和政治利益作为附加条件。而且，借了一方，另一方对中国也不会善罢甘休。光绪二十四年正月初九日（1898年1月30日），张荫桓断然决定两国皆不借的政策："英言借俄不借英，则索三项利益。余曰英俄皆不借，

---

① 吴永：《松禅老人尺牍墨迹》，台北"故宫博物院"1977年版，第12页。
② 吴永：《松禅老人尺牍墨迹》，台北"故宫博物院"1977年版，第13页。
③ 吴永：《松禅老人尺牍墨迹》，台北"故宫博物院"1977年版，第10页。
④ 《李鸿章全集》，第26册，电报六，安徽出版集团、安徽教育出版社2008年版，第412页。
⑤ 翁同龢著，陈义杰整理：《翁同龢日记》，第六册，中华书局1998年版，第3088页。

则英可不索。英使唯唯，仍欲定期谒两邸，许以明日给信。英使行后，即电告许竹箦、子通达俄外部，以各国皆不借，前议作罢。"① 这个决定得到了总理衙门的支持。

不借款各国也照样对中国进行要挟，二月初五日（2月5日），翁同龢在日记中记载："未正英窦使来，言得外部电，责我何以借款旋散，仍索利益，曰长江不许别国占，曰轮船任行内河，曰南宁开口，曰湘潭开口。余等驳辩数四，卒不能回，乃允可行，须端节前定议。"翁同龢不禁感叹："不借而失利权，孰为之耶，噫。"②

3. 举内债不成，借商款以摆脱英俄的政治借款

虽然拒绝了英、俄两国的借款要求，但赔款的问题还没有解决，于是清政府准备以发行内债来偿还赔款。光绪二十四年正月初九日（1898年1月31日），右春坊右中允黄思永上《奏请特造股票筹借华款疏》，指出"似乎四万万之众，不难借一、二万万之款"，③ 主张自造股票，发行内债，户部奉旨速议具奏。黄思永的这个建议，得到了户部的认可，张荫桓积极支持自造股票以集资的办法，并亲自为股票定名，他在日记中写道："常熟候商速议黄思永集股济用摺，名曰'急公股票'，余易以'昭信'"。④ 昭信，顾名思义，昭示信用。这个"昭信股票"寄托了张荫桓的美好愿望，如果此次内债能够发行成功，国家的利权就不会丧失，对于中国是一件大好事。在之后的一段时间内，户部都在积极筹划昭信股票的运作。其中股票章程就是出自张荫桓的不断修改，翁

---

① 任青、马忠文整理：《张荫桓日记》，世纪出版集团、上海书店出版社2004年版，第509页。
② 翁同龢著，陈义杰整理：《翁同龢日记》，第六册，中华书局1998年版，第3090页。
③ 千家驹编：《旧中国公债史资料（1894~1949）》，中华书局1984年版，第7页。
④ 任青、马忠文整理：《张荫桓日记》，世纪出版集团、上海书店出版社2004年版，第509页。

同龢在日记中写道:"看樵野改定股票章程,甚细密"。① 可以看出,张荫桓对于昭信股票倾注了很多心血,寄予了很大希望。但在清政府信用日衰的情况下,"昭信"并没有昭信,昭信股票发行之后,应者寥寥,于是地方上苛派勒捐的情况屡见不鲜,各地怨声沸腾,最后不得不停办。

这样,中国不得不又走上了举借外债的道路。早在清政府设法自筹经费的时候,赫德就从中秘密斡旋。他利用1898年初沙俄强占旅顺、大连,清政府不少朝野人士要求联络英国抵制沙俄的有利时机进行撮合。总理衙门在筹款无着的情况下,请求赫德帮忙劝说日本延缓还款期限,正月十七日(2月7日),赫德拜见翁同龢,告之日本拒绝缓期付款。此时,赫德想为英国谋划,借机为汇丰延揽生意,但条件是要将"厘盐二事先商抵押",翁认为"二千万不值议及此",② 给以委婉拒绝。但赫德并没有灰心,他打算继续活动,并在2月13日给金登干的信中说道:"借款对于中国至关重要。我希望汇丰银行能够承办。提出由总税务司代管的厘金作为担保,本身就非常好,希望很大。"③

对日还款日期紧迫,英、俄两财团始终没有放弃对中国借款的活动,但中国还要继续进行观望。赫德在中国举内债不成的情况下提出的借英国商款的办法引起了张荫桓的兴趣,张荫桓明白赫德非常想争取到这次机会,于是就想到利用英、俄之间的矛盾竞争来制约赫德,希望赫德的借款能够最大限度地给以中国优惠条件,这是他以夷制夷政策的一种体现。

---

① 翁同龢著,陈义杰整理:《翁同龢日记》,第六册,中华书局1998年版,第3096页。
② 翁同龢著,陈义杰整理:《翁同龢日记》,第六册,中华书局1998年版,第3091页。
③ 中国第二历史档案馆、中国社会科学院近代史研究所合编:《中国海关密档——赫德、金登干函电汇编(1874~1907)》,第六卷(1894~1899),中华书局1995年版,第802页。

正月十九日（2月9日），张荫桓在日记中写道："饭毕，约赫德至东院商借款。赫以抵款有着，可办到。常熟来，怫然曰：他来揽办么？昨晤赫，有欲管理中国度支之说，因疑之。""子斋因商常熟，以既有款可借，便将部拟摊派奏稿撤下，相约明日到户部议拨抵款"。① 显然，翁同龢对于借英国商款有不满之处，担心赫德要插手中国财政，而且担心厘金交赫德代征，会遭到地方督抚的反对，"借款乃赫德来署与张公面谈，仍令汇丰承办，而欲指定某处厘税交赫督理始允，吾恐各省督抚大权尽归外人，督抚未能甘也"。② 从这句话中可以看出，这次借款的主要活动者为张荫桓。翁同龢虽然不想以厘金作为抵押，但又想不出更好的应急办法，只能听从张荫桓的安排，将能够抵押的盐厘、货厘交出，以此作为抵押进行借款，张荫桓在日记中写道："午后至户部，无所议。将散，常熟袖出两摺手写《淞沪厘》《宜昌盐厘》两款，嘱余往商赫德，谓银贱镑贵恐不敷，然此已大不易云。"③ 这样，关于借英国商款的活动开始展开，正月二十七日（2月17日），赫德说出了借款的前提条件，"惟须派税司管厘金则外国商人始服"，而且"须指定某某处厘五百万始敷抵款"。④ 同日，张荫桓在日记中写道："常熟约子斋与余同访赫德商借款，遂同赴户部筹拨货厘、盐厘各数，酉初始散。"⑤

---

① 任青、马忠文整理：《张荫桓日记》，世纪出版集团、上海书店出版社2004年版，第511页。
② 翁同龢著，陈义杰整理：《翁同龢日记》，第六册，中华书局1998年版，第3092页。
③ 任青、马忠文整理：《张荫桓日记》，世纪出版集团、上海书店出版社2004年版，第511页。
④ 翁同龢著，陈义杰整理：《翁同龢日记》，第六册，中华书局1998年版，第3094页。
⑤ 任青、马忠文整理：《张荫桓日记》，世纪出版集团、上海书店出版社2004年版，第512页。

第二天，厘金单交到赫德手中，赫德云"商款无碍"。① 但翁同龢对于借英国商款还是有些担心，"虑借款为俄所忌，恐生边衅"。② 尽管张荫桓劝说翁同龢借商款不会有问题，但翁同龢还是向张荫桓表达自己的忧虑，"商款无碍之说，虽经开喻，鄙怀终未释然，譬如豪横无赖欺一懦夫，纵理直不能申也。其他万无虑，惟此实无把鼻，徬徨中以此奉质，求示"。③ "我曰商款，彼曰总是英款，我曰税司，彼曰总是英人，浸假而占黄海，浸假而吞三省，奈何敌势如此，故不能不虑，明日退直当先访面谈"。④ 对于翁同龢的担心，张荫桓"执意无碍"。⑤ 翁同龢没有别的办法，只能按照张荫桓的办法办理。正月二十八日（2月18日），赫德根据中国的抵款，草拟了合同稿，"子斋来言已将抵款交赫，携回草合同稿，常熟留阅，余与子斋遂行，先后到署，各散"。⑥ 第二天，张荫桓与恭亲王奕訢等在总理衙门议事，谈到了借款问题，并进行解释，"恭邸约至枢中晤语，当将借款事告之，恭邸茫然。常熟乃谓此事昨未谈及，现在有款可借，但要管我们厘金。余言并非银行要管，系我们将厘金拨交赫德代征，以便如期交付本息。恭邸颔之"。⑦ 对于合同稿，翁同龢只能提出"厘金、管理二字未免太专"⑧ 的意见，毫无办法。

对于这次借英款，从《张荫桓日记》中可以看出一个细节，即从

---

① 翁同龢著、陈义杰整理：《翁同龢日记》，第六册，中华书局1998年版，第3095页。
② 任青、马忠文整理：《张荫桓日记》，世纪出版集团、上海书店出版社2004年版，第512页。
③ 吴永：《松禅老人尺牍墨迹》，台北"故宫博物院"1977年版，第194页。
④ 吴永：《松禅老人尺牍墨迹》，台北"故宫博物院"1977年版，第195页。
⑤ 翁同龢著、陈义杰整理：《翁同龢日记》，第六册，中华书局1998年版，第3094页。
⑥ 任青、马忠文整理：《张荫桓日记》，世纪出版集团、上海书店出版社2004年版，第512页。
⑦ 任青、马忠文整理：《张荫桓日记》，世纪出版集团、上海书店出版社2004年版，第512~513页。
⑧ 吴永：《松禅老人尺牍墨迹》，台北"故宫博物院"1977年版，第196页。

正月十九日（2月9日），赫德向张荫桓表示如果中国"抵款有着，可办到"借款，到二月出六日（2月26日），"傅相以借款有成，甚怒，既嗔子斋，复嗔余"。① 这期间的日记内容透露出李鸿章根本就不知道张荫桓和赫德商量借款的事情，日记中提到李鸿章的地方都是关于与德国交涉的事情。而且这一点在《翁同龢日记》中也有所呼应，二月初一日（2月21日），翁同龢写道："仪公信来，谓曾托吕班借债，现可借一万万佛郎。答以十日后再议，不愿生枝节也。"② 这句话说明这段时间内李鸿章对于借款问题还在积极奔走，并不知道对英借款已经有成的情况。而翁同龢显然知道英款很可能成功，但在此故意没有告诉李鸿章，是因为"不愿另生枝节"，因为李鸿章一旦知道了张荫桓与赫德联系借英款，必然会参与进来，而李鸿章一直倾向于向俄、法财团借款，一定会产生矛盾。所以当李鸿章得知张荫桓对英国借商款成功后，当即表示不满，并对张荫桓进行申斥，这件事使得二人的关系紧张起来。李鸿章是钦奉谕旨被添派交涉借款事务的，但这次这么大的借款问题，连合同稿的草拟都没有经过李鸿章，肯定是身为主要活动者的张荫桓有意为之。就在李鸿章知道借款成功的前一天，俄国代办公使巴布罗福曾来找张荫桓询问借款是否办成，张荫桓告诉他"英使愿着力不索利益"，这使得俄国代办非常吃惊，张荫桓又说"英使前与俄国争借，以致俄款无成，中国又不能济用，故为冠冕之言"，并且向他解释中国这次是借英国商款，"无烦英使相助"。③ 可以说张荫桓是为了避免更多的政治要挟，采取了借商款的途径，由于担心其他国家知道会进行干涉，所以

---

① 任青、马忠文整理：《张荫桓日记》，世纪出版集团、上海书店出版社2004年版，第514页。

② 翁同龢著，陈义杰整理：《翁同龢日记》，第六册，中华书局1998年版，第3095页。

③ 任青、马忠文整理：《张荫桓日记》，世纪出版集团、上海书店出版社2004年版，第514页。

对李鸿章也进行了保密，没有让他直接参与进来，而是来了个先斩后奏。

张荫桓清楚李鸿章知道此事之后心中肯定不会高兴，所以他的心中也不安。二月初八日（2月28日），在签订合同的前一天，张荫桓"携底稿至署发缮，适合肥遣弁促余赴署"，当时李鸿章急着让张荫桓到总理衙门，张荫桓以为是因为借款的事情，心中还有些忐忑，以为李鸿章又要为此事发表意见，到了总理衙门以后，才知道是因为德国专条的事。李鸿章毕竟也非常关心借款问题，询问张荫桓借款是否最后敲定，张荫桓"出奏稿示之，且告以迟恐有误。合肥阅稿，以为周妥，便促早日画押"，看来李鸿章也不得不接受这个既成的事实，毕竟这次借款解决了清政府的燃眉之急。张荫桓认为让李鸿章参与到借款中的时机已经成熟，于是"返寓函商常熟，请合肥同视画押"。二月初九日（3月1日），合同画押当天，张荫桓亲自到李鸿章住处请李鸿章，"诣贤良寺告合肥以午初画押，请到署同办。合肥欣然"。① 对于这笔借款，李鸿章心里有意见但也没有办法，他曾对盛宣怀称，英德续借款是翁同龢和张荫桓"放手为之"，② 说明他在这次借款中并没有起主要作用。翁同龢对于外交事务不甚了解，对于借款的直接交涉活动不是很活跃，所以可以明显看出这次借款的交涉者主要是张荫桓。

二月初九日（3月1日），双方签订了正式合同。第二天，总理衙门上奏光绪帝，汇报以"苏州、松沪、九江、浙东等处货厘，宜昌及鄂岸盐厘"作抵押筹借英德商款情况并附上合同稿。奏折中称此次借款"虽较前欠英德借款折扣较重，然前项周息五厘，三十五年还清，现款周息四厘五毫，四十五年还清，每年少还本息十三万一千七百二十

---

① 任青、马忠文整理：《张荫桓日记》，世纪出版集团、上海书店出版社2004年版，第515页。
② 《李鸿章全集》，第26册，电报六，安徽出版集团、安徽教育出版社2008年版，第422页。

余镑，亦可稍纾财力"。"较诸俄英两国同时商借之款利害相悬甚远，既无误日款偿款之期，亦免诸多要挟"。① 借款合同最终获得批准。

这次借款合同共十七款，主要内容为：一、中国向汇丰银行和德华银行借款一千六百万镑，由英德银行"各分一半，彼此不牵连"，利息四厘五，期限四十五年，八三折扣，在此期限内，中国"不得或加项归还，或清还，或更章还"。二、此项借款除了以中国通商各关的关税作抵外，合同还规定以苏州、松沪、九江、浙东货厘、宜昌、鄂岸、皖岸盐厘共五百万两，"应即行委派总税务司代征"，以"尽先为抵偿还"借款。此后中国厘金税率除非获得两银行的同意，中国政府已不能自主地增减，合同还规定，在此次借款未还清前，"中国海关事先应照现今办法办理"。三、此次借款"即应尽先偿还未经付清之日本赔款，不作他用"，并言明本借款起债后12个月内中国政府保证不向他国借款。②

对于商款借成，翁同龢只能无奈地接受这个事实。"早间樵野见起时，以汇丰借款合同稿见示，议竟成矣，一万万，四厘五息，八三扣，二厘五用钱，指盐厘三处，江苏二处，浙东一处归总税司管理，时迫不得不出此"。③ 日本的最后一笔偿款于光绪二十四年闰三月十七日（1898年5月7日）全部交清。

（二）对于这次借款的评价

总理衙门在奏折中说出了最重要的一点，即"英俄两国使臣迭向臣等商议借其国家之款，息扣虽较商款为轻，而所索利益互相关碍，难以允从"。这种借任何一方都会关碍到另一方利益的原因，是总理衙门

---

① 王彦威纂辑、王亮编、王敬立校：《清季外交史料》，卷一二九，书目文献出版社1987年版，第22～23页。

② 王彦威纂辑、王亮编、王敬立校：《清季外交史料》，卷一二九，书目文献出版社1987年版，第23～28页。

③ 翁同龢著，陈义杰整理：《翁同龢日记》，第六册，中华书局1998年版，第3097页。

最初对英、俄借款均拒的最主因。总理衙门认为改借英德商款有合理性，即"合同所开周息四厘五毫，八三扣，四十五年还清，每四百镑用费一镑，虽较前欠英德借款折扣较重，然前项周息五厘，三十五年还清，现款周息四厘五毫，四十五年还清，每年少还本息十三万一千七百二十余镑，亦可稍纾财力"。同时，这样借一个财团的债款，"较诸俄英两国同时商借之款利害相悬甚远"，能够尽可能少地损失国家利权，"既无误日款偿款之期，亦免诸多要挟"。张荫桓主持的这次英德续借款，是清政府还款期迫的情况下进行的，为了避免英、俄两财团在政治、经济上的双重勒索条件，采取了倾向于不经过外国政府而向英国借商款的办法。这样做的好处就是可以减少政治上主权的被侵害，张荫桓认为相对于经济利益，主权更重要。

虽然这次的借款成功，一时解决了对日的赔款问题，但中国的负担不但没有减轻，反而更重了，因为虽然中国借款一千六百万镑，但由于折扣为八三，中国实得款数只有一千三百万镑，盘剥之重，非常罕见；由于这次借款是以长江下游的货厘和盐厘为抵押，使得外国资本进一步控制了中国的经济命脉；英德两国又一次成为中国的债权国，刺激了其他西方列强的贪欲，西方各国在华的斗争愈演愈烈。

德国在成为两次债权国之后，侵略气焰更加嚣张，1898年3月6日，强迫清政府签订了《胶澳租界条约》，将胶州湾租给德国99年，使德国开了强租海港的先例，把山东变成它的势力范围。同年3月27日，俄国迫使清政府签订《旅大租地条约》，5月7日又订立《续订旅大租地条约》，把东北变成俄国的势力范围。英国在德国强租胶州湾不久，便筹划夺取中国的港口，1898年2月，逼迫清政府承认长江流域为英国的势力范围；6月9日，与清政府签订《展拓香港界址专条》，7月1日，又签订《订借威海卫专条》，取得了九龙半岛界限街以北至深圳河以南及附近岛屿，大鹏、深圳两个湾的租借权99年，又取得了威海卫海湾及附近岛屿，连同刘公岛及沿海十英里地段租借权25年。法国于1898年4月逼迫清政府承认不得把云南、两广让与他国,承办中国邮政,修筑滇越铁路,租界广州湾等要求。日本、美国也都向中国插足,分享特权。帝国主义各国掀起了瓜分中国的狂潮,中国半殖民地半封建的危机更加深重。

贾士毅总结续借英德洋款有三大"失误"之处:"若夫利息,则《马关条约》订以五厘,分六次摊还,还一次,即豁免一次之息,实计不过千余万耳。而此次借款之息四厘半,五年合计,为息二千一百五十万,是坐亏千万之息,其失一。日本偿款无折扣,而此次借债百两,仅得八十三,一转移间,又坐亏千万,其失二。《马关条约》,载明库平银两,而借款以镑价计算,历年所受镑亏之损失甚巨,后患且犹未已,其失三。因此三端,故当时汲汲于清还,实策之最失者也。"[①]

虽然张荫桓在举借外债方面想走一条"以夷制夷"的道路,避免中国利权损失太多利权,但到最后还是以中国大量的利权丧失为结局。在"人为刀俎,我为鱼肉"的时代,想真正地做到"以夷制夷"是何其艰难!

四、胶澳交涉

(一)巨野教案的交涉

1897年11月1日,两名德国传教士在山东巨野县境内被大刀会群众所杀,这就是著名的巨野教案。事情发生后,德皇在给其外交副大臣布洛夫的电报中暴露了自己蓄谋已久的计划:中国人"终究给我们提供了……好久所期待的理由与事件。我决定立刻动手"。于是他命令远东舰队"立刻开往胶州,占据该地,并威胁报复,积极行动"。[②]德国

[①] 贾士毅:《民国财政史》(下),第四编,《国债》,商务印书馆1917年版,第24~25页。

[②] 廉立之、王守中编:《山东教案史料》,齐鲁书社1986年版,第196~197页。

远东舰队在 13 日到达胶州湾，于第二天强行登陆，并照会章高元："胶州一地，限三点钟，将驻防兵勇全行退出女姑口、劳山以外，只允带大炮一事，其余军火炮位，概不准带，以四十八句（应为"点"）钟退清为限，过此即当敌军办理"，① 1897 年 11 月 20 日，德国驻华公使海靖（E. F. von Heyking）提出办理教案的照会，包含六条内容：

第一款：山东巡抚李秉衡应革职永不叙用。

第二款：安主教在济宁盖教堂业已开工，中国应许赔银盖造，并赐立扁额，须有保护教堂教士之意，所赔之银应交德国驻京大臣转交收领。

第三款：在山东德国教士被戕劫之案，所有盗犯自应拿获惩办，如有绅士官员等在此案内，应格外加重办理，教士所受之亏应全行赔偿，所赔之银，亦交德国驻京大臣转交。

第四款：中国应许特保嗣后永无此等事件。

第五款：在山东省如有制造铁路之事，中国先准德国商人承办，如有铁路就近开矿之事，亦应先准德国商人承办。

第六款：德国国家办结此案所费之银，中国国家赔偿。②

即将李秉衡革职、赔款、惩凶、德国开办山东铁路矿山等。清政府方面提出以德军撤出胶州湾作为谈判的前提，并要求德方顾惜"两国交情"。但是，德国坚持在达成六项条件之前，德军决不撤出胶州湾。

清政府派出总理衙门大臣翁同龢、张荫桓为代表，与德国公使海靖交涉、谈判巨野教案。翁张二人赴德国使馆进行了多次谈判，十一月初十日（12 月 3 日）的谈判似乎进展比较顺利，"携六条照会与一一辨论，不料一一皆有头绪，竟得十之七八。此外胶澳退兵亦活动，并托电

---

① 青岛市博物馆、第一历史档案馆、青岛市社会科学研究所主编：《德国侵占胶州湾史料选编》，山东人民出版社 1987 年版，第 362 页。

② 青岛市博物馆、第一历史档案馆、青岛市社会科学研究所主编：《德国侵占胶州湾史料选编》，山东人民出版社 1987 年版，第 141～142 页。

致提督不得分兵至胶州、即墨,伊亦允从,并将领事赴东作罢论,几于力破馀地矣"。第一条,"李秉衡止称不可做大官,去永不叙用四字。[极密。(翁同龢夹注)]";第二条,"济宁教堂给六万六千两,敕建天主堂扁,立碑";第三条,"曹州、巨野立教堂两处,为被杀教士赔偿,照济宁之数。[另三千两偿抢物。(翁同龢夹注)]";第四条,"请明谕饬地方官尽力[照约(翁同龢夹注)]保护";第五条,"如中国开办山东铁路及路旁矿场,先尽德商承办";第六条,"问如何是办结,允两国照会教案毕即办结"。① 不过,翁同龢有些高兴得太早了,到了十四日(12月7日)谈判时,海靖以中国提出"另指一岛抵换"这一问题"须请示国君",故意进行拖延。海靖一直不见回音,也不让翁张二人赴德馆,但总理衙门已经知道德国公使寄回国内电报两次,而且长达二百六十余字,这引起了总理衙门的怀疑。二十二日(12月15日),德国答应教案作一结束,但胶事另案缓商。总理衙门认为胶州湾开为通商口岸,多给实惠与德国,是德国得实利而免各国纷争的办法,但海靖不同意。在总理衙门的要求下海靖再发电本国请示。三十日(12月23日)的谈判中,海靖告知翁同龢经过他的争取,教案与胶澳问题终于可以分开解决,他想以此邀功来争取由德商领办胶澳开至济南府的铁路修筑权,但他的这一提议被翁张驳回,最终双方以"华商必与德商合办"②相妥协。这次谈判,海靖又在教案办结的要挟条件之外提出租借

---

① 翁同龢著,陈义杰整理:《翁同龢日记》,第六册,中华书局1998年版,第3064~3065页。
② 青岛市博物馆、第一历史档案馆、青岛市社会科学研究所主编:《德国侵占胶州湾史料选编》,山东人民出版社1987年版,第175~176页。

胶澳的要求，① 称租界划定，胶澳之处的兵才可全撤。十二月初五日（12月28日）谈判时，德国想将铁路问题与胶澳问题一起归入"另案"解决，翁同龢以这样做会使其他帮助归辽者援例索取为由加以反对，海靖说"俄已得旅顺何再索为？"这句话使翁同龢意识到"俄实与德通"，② 中德交涉的过程中，德国早已秘密与俄国达成了谅解。此后，双方围绕胶州湾问题展开辩论，初九日（1898年1月1日）谈判，海靖对于翁同龢提出的胶州湾中德各占一岸，即德国占齐伯山，中国占陈家岛的做法表示反对，翁同龢"怫然起，曰如此则我无可商，以后不必寻我"，③ 场面相当紧张。

十二日（1月4日），海靖到总理衙门与恭亲王、庆亲王进行协商。对于租借胶州湾，海靖提出了三条要挟："一、如不允租，不但不退胶墨之兵，且应尽兵力所至，任意侵占。二、愿租之后，可以不要中国赔费；否则，尽德兵力，索赔数百万。三、此事未定，中国不能借用洋债，各银行知此事未妥，亦不敢借。"面对海靖的种种要挟，两位亲王也没有办法。这三条中的第三条可以说直接抓住中国的软肋，因为此时正值中国对日第三期赔款日期迫近的日子，而借外债的问题还没有解决，正在令清政府头痛不已，这个沉重的经济负担使得清政府只好接受德国租借胶澳的无理要求，以尽快结束谈判，筹得外债。

这次总理衙门与海靖达成了草议：租期九十九年改为五十五年；青

---

① 关于德国到底在何时提出租借胶州湾的要求有不同说法，吴景平认为是在12月7日，参见吴景平：《从胶澳被占到科尔访华——中德关系1861~1992》，福建人民出版社1993年版，第52页；白云春认为是在12月28、29、30日的三次照会中提到租借胶州湾，参见白云春：《中德关于德国租借胶州湾的交涉始末》，《中山大学研究生学刊》1998年第1期。笔者认为，海靖是在12月23日的谈判中才明确提出租借胶澳的。
② 翁同龢著，陈义杰整理：《翁同龢日记》，第六册，中华书局1998年版，第3074页。
③ 翁同龢著，陈义杰整理：《翁同龢日记》，第六册，中华书局1998年版，第3076页。

岛、胶州、女姑口三处中国照旧设关收税；德国设立浮标的地方华船往来不收纳费；租期之内，德国不能进行转租；澳内居民不要撵逐。①

中德关于胶州湾租借的基本意向达成之后，德国又针对铁路问题不断要挟，并找出种种借口说教案并未完结，不能撤兵，这是德国的预期目的没有达到而故意拖延。光绪二十四年正月初六日（1898年1月27日），即墨县民杀了一名德兵，德国又借此大做文章，张荫桓在日记中慨叹道："海靖索议山东铁路，自胶澳至济南，又自胶澳往沂州至济南，又中国自造山东铁路，须与德先商，否则，胶即德兵不撤。真无理之甚！"②正月二十四日（2月14日），总理衙门各员到奉宸苑直庐公议中德事件的处理结果，恭亲王认为只得应允，其他人没有办法，张荫桓说道："先电吕镜使询外部，果能一了百了，即与海使议结。"③在这种情况下，清廷答应了德国在山东修筑铁路的条件，巨野教案才算最后解决。

二月十四日（3月6日），李鸿章与翁同龢同海靖签订了《胶澳租界条约》，张荫桓为没有被奉派画押感到庆幸，"常熟来言，奉派偕合肥与德使画押，余获免，亦意外之幸"。④翁同龢悲愤地说："以山东全省利权形势拱手让之腥膻，负罪千古矣。"⑤《胶澳租界条约》的签订使德国强租了胶澳，山东沦为德国的势力范围。

---

① 青岛市博物馆、第一历史档案馆、青岛市社会科学研究所主编：《德国侵占胶州湾史料选编》，山东人民出版社1987年版，第188~189页。这个草议最后有所变动。
② 任青、马忠文整理：《张荫桓日记》，世纪出版集团、上海书店出版社2004年版，第511页。
③ 任青、马忠文整理：《张荫桓日记》，世纪出版集团、上海书店出版社2004年版，第511~512页。
④ 任青、马忠文整理：《张荫桓日记》，世纪出版集团、上海书店出版社2004年版，第516页。
⑤ 翁同龢著，陈义杰整理：《翁同龢日记》，第六册，中华书局1998年版，第3099页。

(二) 张荫桓的交涉态度

作为谈判大员之一的张荫桓，留下的直接材料不多，仅有几封他的亲笔信函，但在此期间，他与翁同龢"笔墨往还如织"，① 虽然张荫桓的很多书信目前不得而见，但翁同龢留下了大量的日记、信函等，使得我们能够从翁同龢的话语中窥探到张荫桓的种种主张与作为。

翁同龢与张荫桓都奉派处理巨野教案，张荫桓熟悉外交，是当时清廷中难得的几位外交能员之一。翁同龢虽然德高望重，但对于外交的处理，常感觉心有余而力不足，常常要倚重张荫桓，《松禅老人尺牍墨迹》的保存者吴永曾说，当年翁同龢没有进入总理衙门之前，"凡事涉外交，必谘商南海（即张荫桓）而后取决，盖深服其才识过人也"。② 这次二人同时负责教案的交涉，其中在交涉过程中起到关键作用的还是张荫桓。翁同龢的日记和书信中不乏对张荫桓的褒美和虚心请教之词："樵语甚透"，③ "以此更服公之明决"，④ "夜来心与口语，耿耿不寐，公何以教之"，⑤ 等等。通过对这些材料的分析，我们可以看出张荫桓的交涉态度。

1. 坚持"两国自商"原则

光绪二十三年十一月二十日（1897年12月13日），张荫桓致函翁同龢，对于海靖在十四日谈判之后迟迟不给回复的做法以及之前的种种表现进行了综合分析。"音信迟迟，此中必有龃龉，即变亦在柏林不在海靖，回溯历次会晤，抵换之说海既诺而悔之，敛兵下船恐海部亦不允，海部正图久偃，岂任敛兵下船？我挟其来文及提督告示，海无词以

---

① 翁同龢著，陈义杰整理：《翁同龢日记》，第六册，中华书局1998年版，第3068页。
② 吴永：《松禅老人尺牍墨迹》，台北"故宫博物院"1977年版，第59页。
③ 翁同龢著，陈义杰整理：《翁同龢日记》，第六册，中华书局1998年版，第3073页。
④ 吴永：《松禅老人尺牍墨迹》，台北"故宫博物院"1977年版，第20页。
⑤ 吴永：《松禅老人尺牍墨迹》，台北"故宫博物院"1977年版，第57页。

驳拒耳,彼国经营久踞,海商欲有活动意,又新换外部,所谓假海自酌之权殆旧外部之说。此时机局,德廷与海使均有难处,久踞则俄未必允,此德廷之难也,既诺而翻异,海之难也,加以安治泰在柏林饶舌,海竟不克自持矣。福若瑟初自东来,海甚愿署中接见,续似甚不愿福与吾辈晤,其用意亦可想。此案因教堂而起,实借教案生波,海所谓机会也。忖其初志,但使大欲得遂,教案便可随意议结。海必有此训条,故添建两堂以为偿恤,不为死者索钱,我遽予说定,而安治泰之满意与否未可知也。大欲不能必遂,教士又有微词,则德王护教劳师之义不甚昭明,久恐教会且有疵议"。以上张荫桓分析了德国方面的形势,认为海靖的种种表现正是受到德国当局各种制约因素影响的结果,对于中国应该采取怎样的措施,他认为在这种情况下,中国应该"握定中德自商之意,当有了期。彼族正作难,不宜激其老羞成怒,文函诘词宜可缓,总以要其面晤为要"。① 他认为本着中德自商的原则,进行当面磋商,这样才能有所进展,要讲究方法,不能急于求成以至于局势恶化。

同日,从翁同龢给张荫桓的回信中,可以看出翁同龢非常赞成张荫桓的这一观点,即"两国自商"。"尊论烛照,仆亦微解其意,握定两国自了,乃吾两人骊珠,若全局离合迎距之故,则非所逆料矣"。②

2. 不可联日、英对俄

针对当时俄国与德国联合起来谋算中国,清廷有人主张联合日、英进行对抗。十二月十九日(1898年1月11日),掌江西道监察御史王鹏运上折主张密结英、日以图抵制而持危局。"至于联英一事,臣早夙夜图维,近复风闻日本陆军大佐宇都宫往汉口见张之洞,自言奉彼国密旨,为我联英拒德确有把握,或助战,或排解,英亦无多甚奢望,不过

---

① 翁万戈:《外交·借款》,《翁同龢文献丛编》之六,台湾艺文印书馆2003年版,第277~280页。
② 吴永:《松禅老人尺牍墨迹》,台北"故宫博物院"1977年版,第7页。

购船雇将，借伊股债等事，即可力助，日本亦并不索谢；且言中国朝复，日本夕亡，非但为中，亦且自为。现在鄂守候，急欲我派员託为游历，到彼政府商议等语"。①

对联合日、英的观点，张荫桓表示反对，他上折发表对联英日策略的六点认识。第一，他从国际环境入手进行分析，认为俄、法为一局，日、英为一局，但联合日、英也不是万全之策，仍会后患无穷。张荫桓清楚"德本势孤，近与俄联甚固，胶澳之役，日本谓德为俄前驱，情势毕现。俄焰日炽，各国畏忌，日英尤切，其欲联我无非借我为屏蔽，他无资于我也"，这句话可以说是一针见血。第二，中国如果联合日、英，国际舆论将对中国不利。"既与联则必有密约，日英政出议院，断难久秘，一经传播，中俄之交绝，德法乘之，其祸不可思议。俄地接壤，且有归辽之助，又联日英而拒之，前后三年，矛盾若此，恐环球各国皆不直也"。第三，张荫桓还注意吸取当年中国在联英方面的教训，指出盟国并不完全可靠。"忆壬辰癸巳之间，英以帕米尔事密议相联拒俄，我如其意不遗余力，讵英自规利益潜与俄盟，割什克南、罗善两部落界俄，而订界约，曾不告我一言，约成而悉其诈，此联英之前车也"。第四，对日本怀有警惕之心。"日本狃于辽役，民志日骄，其二三老臣尚以为惧，其于我诚有唇齿之势，马关约定，我亦大度处之，非如法德雠怨之状，然中国受害之深实缘日本"。第五，他认为这种联合不能轻易提出，因为日、英的联合之请都是发自非官方的游士、兵官。"日英求联皆游士、兵官之言，该使从不稍露端倪，联之一事甚不易言"。第六，作为熟悉外交的政治家，他还认为其他国家"风俗通、政教同，相联甚便"，但中国和其他国家不同，"中外事事隔阂，难为密

---

① 青岛市博物馆、第一历史档案馆、青岛市社会科学研究所主编：《德国侵占胶州湾史料选编》，山东人民出版社1987年版，第315~316页。

谋"，所以不能盲目联合他国，只适合进行比较稳健的"不联之联"①策略，保持东方局势的稳定。

3. 反对李鸿章邀请俄国干涉

对于张荫桓主张"不联之联"，李鸿章则从一开始就主张联合俄国以制德，并对翁张的对德交涉进行干预，导致张荫桓与李鸿章矛盾重重。

（1）李鸿章主张借助俄国的力量以挟制德国。李鸿章曾于十月二十一日（11月15日）请求俄署使巴布罗福予以协助，②但并没有经过会议商量。他把希望寄托在双方的秘密协定《中俄密约》，即《御敌互相援助条约》上，以为这样就有了依靠。二十四日（11月18日），翁同龢在日记中写道："申初俄巴使来，言得其国电，已派水师提督由海参崴带兵船赴胶澳，将与德诘难。问其办法，则云以船镇之，讲解则仍在本国也，三刻去。临去云此两国之事，不第为华谋。"对此，张荫桓有不同的看法，他认为如果有俄国的介入，很容易引起其他列强的争夺，这对中国是非常不利的事情。翁同龢这样记载张荫桓的说法："天黑归，樵野候我，云藉俄伊不谓然，若俄德称兵，法必来助，东方起战事，岂中国之利耶"，③ 这说明张荫桓从一开始就反对别国干涉，他担心俄德交战，法国必然插手，局势将大乱，这对中国绝不是好事。

李鸿章不仅一开始就向俄国求援，而且还将总理衙门与德国的交涉内容向外泄漏，引起了德国的极大不满。十一月出三日（11月26日），

---

① 翁万戈：《外交·借款》，《翁同龢文献丛编》之六，台湾艺文印书馆2003年版，第351~352页。

② 郭廷以编著：《近代中国史事日志》，下册，中华书局1987年版，第974页。窦宗一：《李鸿章年（日）谱》也于同日记载："鸿章晤俄代理公使请助，俄使允请示，鸿章候至俄使发电后始辞。"见沈云龙主编：《近代中国史料丛刊续编》第七十辑，700号，文海出版社1980年版，第5128页。

③ 翁同龢著，陈义杰整理：《翁同龢日记》，第六册，中华书局1998年版，第3059页。

德国公使海靖照会清政府，"闻得以本大臣十月二十六日所开六款，业经失信泄露他国公署，逐一和盘托出，实深骇异。按各国往来礼仪，如此机密谨慎之事，竟至漏泄，以致今日街谈巷议，外国商人均知本国向贵国所索六款并本大臣在贵署面谈语言，此事不但违背各国往来规矩，而且令外人生疑贵国与本国睦谊有伤，此理不言而喻。缘两国尚未失和，不能将彼此商办之事与他国言明，似此粗鲁，失两国相待之体统……"。① 翁同龢也在日记中记载了这一事件，"得德国照会二件，一辩教案，一指本署大臣漏泄六条于各馆。[指合肥而言，并称翁某为所钦仰，张某官熟三洲商务，惟有一位漏言各馆，盖有所指（翁同龢夹注）]"。② 指的是李鸿章将六条内容泄漏给其他国家，这就使得中德的交涉陷入被动。

李鸿章请求俄国的干涉，派兵船以压制德国，使得张荫桓非常担心。十月二十七日（11月21日），张荫桓在给翁同龢的函中写道："今日仪公在署，言曾晤俄署使，谓德船并非久占胶澳，俄船不往，云省此枝节，前此骚骚过虑，徒自苦耳。"③ 李鸿章所说的俄国不去胶澳与德国对峙，使张荫桓悬着的心放下了，其实他没有想到这正是俄国的野心所在，由于俄国不打算去胶澳，所以出动的兵船只好停泊在旅顺和大连，这样，就为俄国侵占旅大埋下了伏笔。

十一月初十日（12月3日），俄署使巴布罗福与李鸿章进行会谈，他当时表面上提出了俄国替中国办到让德国退兵的两个条件，即"吉

---

① 青岛市博物馆、第一历史档案馆、青岛市社会科学研究所主编：《德国侵占胶州湾史料选编》，山东人民出版社1987年版，第152~153页。

② 翁同龢著，陈义杰整理：《翁同龢日记》，第六册，中华书局1998年版，第3062页。

③ 翁万戈：《外交·借款》，翁同龢文献丛编之六，台湾艺文印书馆2003年版，第245页。

林及京都东北各铁路建造时,用俄人及俄款,并松花江行船二事"。①李鸿章的意思是只要德国退兵,一切都可以商办。二十二日(12月15日),俄国三只兵船抵达旅顺,李鸿章曾致函翁同龢,对俄国三只兵船到达旅顺有一番说法,翁同龢在日记中有所描述:"昨夜仪公函言见巴使,谓接外部电,兵船三只已由长崎起椗赴旅,廿二(12月15日)晚可到,仪已发电,详告北洋,令宋提督及船坞委员照料一切,并告以俄系实心亲密,一杜英窥伺,一催德退胶,无他意等语。"②李鸿章给翁的信中透露出李对俄国的充分信赖,"俄系实心亲密,一杜英窥伺,一催德退胶,无他意",这种想法未免过于天真!

俄国的兵船虽然开进旅顺,但并没有做到当初答应李鸿章的使德国退兵,十二月初三日(12月26日),翁同龢诘问李鸿章"俄船究能退否",李鸿章"自任保必退",③对俄国相当有信心。但到了初五日(12月28日),翁同龢就明白了俄国的真正意图,在谈判铁路问题时,德国想将铁路与胶澳问题归入"另案"解决,遭到翁同龢的反对,翁说这样会使其他帮助归辽者援例索取,这时海靖道出了俄国占领旅顺的真实意图,"俄已得旅顺何再索为?"④翁同龢这才恍然大悟,俄国与德国是早已经串通好的。初六日(12月29日),俄国的真相毕露,"俄巴使来晤,先以松花江章程请立刻商定,语亦极横。李相诘以旅大退兵当在何日,伊反诘胶州如何办法,言外胶若德踞,我常泊彼也,可恨可

---

① 青岛市博物馆、第一历史档案馆、青岛市社会科学研究所主编:《德国侵占胶州湾史料选编》,山东人民出版社1987年版,第163页。
② 吴永:《松禅老人尺牍墨迹》,台北"故宫博物院"1977年版,第52页。
③ 翁同龢著,陈义杰整理:《翁同龢日记》,第六册,中华书局1998年版,第3073页。
④ 翁同龢著,陈义杰整理:《翁同龢日记》,第六册,中华书局1998年版,第3074页。

恨"。① 而且巴布罗福还无耻地说："我看德国在胶州多住日子，或于中国有益，免得他国来占。"② 这句话将侵略者的丑恶嘴脸暴露无遗。这时的李鸿章也明白了俄国占领旅顺的真正意图，非但没有帮助中国，反而使中国失了利权。他只能无力地让俄国出示一个证明不是长期占据旅顺的所谓"暂泊"照会来自我安慰，完全不能控制局面。

十二月初九日（1898年1月1日），翁、张与海靖进行了第五次谈判，德国口气非常强硬，一定要全面租借胶州湾。第二天，翁同龢致函张荫桓，表达了自己对割让胶澳的忧虑，"六条之外商埠一节，俄外部既称不愿，则亦必阻挠，即澳内屯船，俄实阴许而显必不允，不允则旅大之船不退，而我失一口岸矣。英虽不阻而借口均沾，或舟山、或长江亦索一地，而我又失一口岸矣，此不能不虑者也。俄船由仪公召来，当有法退去，吴王致仪公电，仆不知也。商埠巴使欣然而外部怫然，巴使与仪公如何说法，仆亦不闻也。以大局论，我于胶口粗有补救，而不能舒各口之祸，终成危局；以一端论，英以均沾之说挟制我，俄又借英挟制者添一层挟制我，我将何术以处哉？仪公卸责而我辈任咎，奈何！"③ 翁同龢表达了对李鸿章借俄制德策略的无奈。

（2）李鸿章从一开始就把希望寄托在借助俄国进行干预上，对翁、张与海靖的交涉根本不予重视。李鸿章越权干预翁同龢和张荫桓行使职权，引来翁、张二人的不满。十一月十二日（12月5日），翁同龢在日记中记载："诣总署，李相作照会讫，余不谓然，钩十馀行；樵野来，直云不可，须勿行。"④ 本来照会稿应该由谈判大臣来拟定，翁同龢不

---

① 翁同龢著，陈义杰整理：《翁同龢日记》，第六册，中华书局1998年版，第3075页。
② 青岛市博物馆、第一历史档案馆、青岛市社会科学研究所主编：《德国侵占胶州湾史料选编》，山东人民出版社1987年版，第178页。
③ 吴永：《松禅老人尺牍墨迹》，台北"故宫博物院"1977年版，第25~28页。
④ 翁同龢著，陈义杰整理：《翁同龢日记》，第六册，中华书局1998年版，第3065页。

赞成李鸿章越权所做的照会稿,但只是钩去不合适的十余行,张荫桓干脆就直接予以否决。十五日(12月8日),张荫桓致函翁同龢,"今晡到署,仪公接晤俄署使后,意兴甚豪,云託以代索胶澳,俄署使欣然发电,此澳决非尔两人所能索回。恳以稍缓需臾,容我两人索不回时再设法,[此系公法(张荫桓夹注)],仪公不允,筠丈和之。当会晤时,仲山婉阻,[筠丈瞋目视之(张荫桓夹注)],不纳,仲山即回西堂续阅问答。託俄之言甚切实,恐生波澜[仪公又言,我一人主意,有乱子我自当之(张荫桓夹注)]"。① 这封信将李鸿章在总理衙门的亲俄表现刻画得非常生动,他不顾国际公法,直接借助第三国,让俄国插手中国事务,而且完全不把翁、张二人的工作放在眼里,简直可以说是目空一切,这种表现肯定会招致翁、张的反感。翁同龢知道李鸿章邀俄干预的消息,慨叹道:"事在垂成,横生枝节,可叹可叹。"

但对于张荫桓反对李鸿章邀俄干预以及种种越权的做法,张荫桓本人没有留下直接记载,翁同龢日记中有多处记载:"樵发许电[二百四十字(翁同龢夹注)]。详告原委,令转电杨使咨外部,中国不欲俄为华事与德失欢,若议不成再电告,此时勿调船云云,我二人名发之。"这里,张荫桓委婉地拒绝了俄国的干预。同时,张荫桓对李鸿章不重视他与翁同龢谈判而直接插手的做法表示反感,"樵又拟旨,谓已派某二人与海商办,此后如非该大臣之电,国家不承认云云"。翁同龢一向主

---

① 翁万戈:《外交·借款》,翁同龢文献丛编之六,台湾艺文印书馆2003年版,第246页。此书第245和246页是张荫桓写给翁同龢的关于描述李鸿章邀俄向德代索胶澳的两函,名为《张荫桓言邀俄向德代索胶澳二函》,显然这个题目不恰当,属于内容与题目不符。此书在对这二函的介绍中将第二封信函的时间界定为1897年11月21日也是不正确的。第一封信函署明了时间为"十月廿七",可以判断写于1897年11月21日,但第二封的时间只写了"即夕",并不能借此定为这一函与上一函是出自同一天。经笔者考证,第二封信函的时间应该为1898年12月8日,因为经过比照,此函中内容与《翁同龢日记》12月8日所记"樵野书来"所描述的内容是一致的,而且张荫桓与翁同龢每天"笔墨往还如织",所有信函都是当天送达,由此可以断定这封信函写于12月8日。

张稳健，他认为这样的谕旨"恐太讦直，明日酌之"。① 张荫桓几乎把矛盾公开化，他所拟的这个谕旨并没有采用。第二天，翁同龢将张荫桓起草的电报和谕旨交给恭亲王看，翁同龢将恭亲王的反应告诉了张荫桓："昨拟件邸不欲，云且缓且缓，照会稿已遍谕，再写一分，乞约康民书之。"② 这样，张荫桓只能压住心中的不满了。

张荫桓对李鸿章的意见没有公开，李鸿章依然我行我素，甚至直接派人与海靖接触，十一月二十六日（12月19日），李鸿章令德商包耳问海靖胶澳开通商如何，翁同龢无奈地说："此密商事而李又诘之，真拆局矣。"李鸿章还派人与俄国直接接触，"李相又派萨荫图赴旅顺当俄翻译，不谋于众，独断独行，奈何。"③ 对于李鸿章的做法，翁、张不满，但也没有办法阻止。

张荫桓主张中德"两国自商"，尽量不动用其他国家的力量，以避免其他国家对中国的进一步勒索，使东方局势保持稳定，以加快事情的进展。但这只能是一厢情愿，除俄国一直在干预外，其他列强也在密切关注着事件的解决，随时准备插手，都准备"均沾"些利益。张荫桓在主张"两国自商"原则的时候与李鸿章发生了诸多矛盾，对日后外交事务的处理产生了不良影响。

五、旅大租借谈判

俄国在德国派兵进占胶州湾之后，就插手了中德胶澳交涉，并派兵船占领旅顺，之后就一直谋求将旅大归为己有。

当时的清政府面临着复杂的局面，既有胶澳问题，又有俄国谋求旅

---

① 翁同龢著，陈义杰整理：《翁同龢日记》，第六册，中华书局1998年版，第3067页。
② 吴永：《松禅老人尺牍墨迹》，台北"故宫博物院"1977年版，第2页。
③ 翁同龢著，陈义杰整理：《翁同龢日记》，第六册，中华书局1998年版，第3071页。

大，同时日本的偿款又届期，各国争相借款给中国，总之各个国家都对中国有所企图。光绪二十四年二月初九日（1898年3月1日），中国对英德的续借款签字，再过几天又要同德国签订《胶澳租界条约》，俄国看到其他国家的要求都实现了，也急于实现自己侵占旅大的要求。十一日（3月3日），俄国代办公使巴布罗福来到总理衙门要求租旅大，"未正巴使偕博百福来，专言旅大租地及造支路达黄海两事，以为其君决定要办，限五日照复"，简直是在给中国下命令。当时"恭语塞，庆稍申，馀皆默"。① 整个总理衙门面临这样一个难以应付又没有很好的解决办法的局面。第二天，巴使又照会总理衙门，措辞更加严厉，总理衙门没有理会巴使。二十日（3月12日），他来到总理衙门大闹，"旅大租地开通铁路断不能改，已奉训条在此议论，限一日复，至缓两日"，② 足见俄使的嚣张气焰。

张荫桓在旅大租借的谈判过程中，和其他总理衙门大臣一样，采取了趋避政策。翁同龢传旨给李鸿章，让李鸿章、张荫桓与俄使进行商办，但张荫桓得到消息后表示推托，他认为："须候竹赟来电，刻难与俄参赞晤商（巴布罗福当时为署使），且枢中迄无办法，从何说起"，并"以寒疾不能往为辞"。③ 李鸿章也不愿经办此事，于是李鸿章致信翁同龢，也表示推托，"已而仪公信来，云樵野颊肿不能出门，彼一人不能独往"。④ 张荫桓说有"寒疾"，李鸿章说"一人不能独往"，两人都想找一个借口逃避经办旅大租借的差事。二十六日（3月18日），许

---

① 翁同龢著，陈义杰整理：《翁同龢日记》，第六册，中华书局1998年版，第3098页。

② 翁同龢著，陈义杰整理：《翁同龢日记》，第六册，中华书局1998年版，第3101页。

③ 任青、马忠文整理：《张荫桓日记》，世纪出版集团、上海书店出版社2004年版，第518页。

④ 翁同龢著，陈义杰整理：《翁同龢日记》，第六册，中华书局1998年版，第3101页。

景澄致电张荫桓，交代了俄国任命巴为全权专使。二十八日（3月20日），张荫桓与李鸿章又奉派与俄使面议，其他王大臣会商，这算是李、张负主要责任。"巴出条款一摺，常熟阅竟即离座。仲山来，余嘱以详阅。仲山阅过，亦行。傅相与之辨论。余饥甚，回西堂午食。复出晤，皆无切要语。巴索再会期，订以初二日三点钟，巴遂去。其时，常熟、仲山、筠丈早行矣。受之旋去。傅相亦以仲彭今日到京，回寓料理"。这个描写，反映了当时总理衙门内部包括张荫桓，对于谈判都采取了趋避的态度。张荫桓曾对李鸿章感叹，"奉派俄事，毁我两人而已"，李鸿章说道："同归于尽，何毁两人之足云。"① 光绪皇帝知道事情难办，担心大家互相推诿，于三月初一日（3月22日）见起时，专门责成张荫桓、李鸿章二人办理总理衙门事。张荫桓认为，"俄情不测，拒之即生变，此在人人意中；允之，而俄交能否永固，实不可必。且各国能无违言亦不可必，以故委决不下"。② 张荫桓将自己的这种想法向光绪禀报，得到的回答是"好好办去"。张荫桓"力辞不获"，三月初六日（3月27日），李鸿章、张荫桓与俄使在《旅大租地条约》上签字画押。

张荫桓在旅大租借谈判时是否收受了俄国的贿赂问题，学界流行肯定观点。③ 但马忠文《旅大租借交涉中李鸿章、张荫桓的"受贿"问题》④ 一文认为，单纯根据俄国方面的资料，确实可以得出清廷官员李

---

① 任青、马忠文整理：《张荫桓日记》，世纪出版集团、上海书店出版社2004年版，第519页。
② 任青、马忠文整理：《张荫桓日记》，世纪出版集团、上海书店出版社2004年版，第520页。
③ 王敦书《沙俄侵占旅大及其与其他帝国主义的争夺》（《历史教学》1979年第7期），刘存宽《关于帝俄租借旅大的几个问题》（《近代史研究》1989年第6期），魏长洪、李晓琴《张荫桓述评》（《新疆大学学报》1998年第1期）等文章均认为张荫桓在俄国租借旅大过程中收受了俄方的重金贿赂。
④ 马忠文：《旅大租借交涉中李鸿章、张荫桓的"受贿"问题》，《学术界》2003年第2期。

鸿章与张荫桓在1898年初的旅大租借交涉中接受过俄国人的贿赂的结论，而且这种说法在史学界颇有影响。然而，从目前已知情况看，俄文资料本身尚存在自相矛盾之处。对照《张荫桓日记》《翁同龢日记》等中文文献，俄国人在借款谈判中试图收买李、张之事大致属实；至于俄国档案称旅大交涉中又对李、张二人进行利诱并付款给他们的说法，与中文文献相悖处甚多，其可靠性值得怀疑。何炳棣认为仅靠维特的回忆录来断定张荫桓受贿是值得商榷的。单凭维特的回忆是不可靠的，其中不免诲饰。而且根据张荫桓平日主张判断，接受俄国贿赂是不可能的。①

张荫桓锋芒外露的风格使他在办理外交的过程中遭到同列所忌。张荫桓不是科举正途出身，而是靠办洋务起家，因此历来受到正途出身的其他官僚的鄙夷，"荫桓不由科目起家，浡跻京秩，言官有议之者"。②而且张荫桓个性张扬，这更容易使他成为别人攻击的目标。汪辟疆分析认为，张荫桓"以其才具非凡，而气足凌人，睥睨一切，致祸之由，固有自矣"。③张荫桓个性张扬还体现在他对于自己熟悉外交这一点比较自负，在他与李提摩太的交谈中就曾说道："仅有他（即张荫桓）及李鸿章明瞭外国事情，〔张荫桓曾任驻美公使〕总理各国事务衙门的事务皆系他亲自办理，其他的人仅是些傀儡而已。"④

张荫桓在从事外交事务的过程中，屡遭弹劾。弹劾张荫桓的首先就是顽固守旧势力，光绪二十四年闰三月二十七日（1898年5月17日），徐桐上专章弹劾张荫桓，说他"居心鄙险，惟利是图"，对于外国人的

---

① 何炳棣：《张荫桓事迹》，《清华学报》1941年第1期（第13卷）。
② 《南海县志》卷一六，《中国地方志丛书》第181号，第六册，成文出版社有限公司印行1974年版，第1589页。
③ 汪辟疆：《光宣以来诗坛旁记》，辽宁教育出版社1998年版，第9页。
④ 中国史学会主编：《戊戌变法》，第三册，上海人民出版社、上海书店出版社2000年版，第557页。

要索,"从无一字之争,一事之补救,凡所要挟无不如志"。① 1896年《中日通商行船条约》谈判结束后,有人弹劾张荫桓在谈判中专擅、受贿。张荫桓无奈地说:"我议此约,费无数唇舌,事后有谓我专擅者,有谓我揽权者,更有谓我得贿甚巨者,殊令人寒心。"② 关于言官针对续英德借款的弹劾,张荫桓认为"此事虽我一人主持,然在危急,谓人无策,我不能再不出头,乃事后谤讟纷兴,咸谓我专擅营私,我何辩哉?"③ 张荫桓在被派充驻外公使临行前,慈禧太后对他有一番语重心长的交代:"尔向来办事认真,能办事人往往招忌。"④ 这句话是公允的,反映了当时以张荫桓这种出身、才能和性格的人,在办理外交中必然要遭到攻击。

第二节 改革清廷接见礼仪——以光绪帝接见德国亨利亲王为例

光绪皇帝自亲政后,在外国公使的觐见程序上多有变革,但关于具体的接见礼仪问题少有涉及。⑤ 1898年5月,德国亨利亲王来华,接待德国亲王的具体礼仪问题被提到了议事日程,并由此引发了清廷接见礼仪的变革,而张荫桓就是这场礼仪变革的倡导者。"德王进见礼节,张

---

① 中国第一历史档案馆,档案号:03-5359-082,录副奏折,《徐桐奏为特参户部侍郎张荫桓奸贪误国事》,光绪二十四年闰三月二十七日。
② 任青、马忠文整理:《张荫桓日记》,附录《驿舍探幽录》,世纪出版集团、上海书店出版社2004年版,第566页。
③ 任青、马忠文整理:《张荫桓日记》,附录《驿舍探幽录》,世纪出版集团、上海书店出版社2004年版,第567页。
④ 任青、马忠文整理:《张荫桓日记》,世纪出版集团、上海书店出版社2004年版,第3页。
⑤ 王开玺:《隔膜、冲突与趋同——清代外交礼仪之争透析》,北京师范大学出版社1999年版,第345页。

公所定也"。① 张荫桓在清廷官员中思想开放，对外交涉有着丰富的经验，在改革接见礼仪方面是比较有发言权的。光绪帝在甲午战争之后，锐意改革，其中就包含外交礼仪方面的改革，所以在这方面，张荫桓成了光绪皇帝的重要谋臣。

一、礼仪改革的强大后盾——光绪帝

在进行这场礼仪变革的过程中，慈禧太后和光绪帝的支持无疑是张荫桓能进行大刀阔斧改革的最强大后盾，尤其是光绪帝，他在外交事务方面对张荫桓多有咨询。王照对此曾有所揭示，"是时张荫桓蒙眷最隆，虽不入枢府，而朝夕不时，得参秘沕，权在军机王大臣以上"。②"是时德宗亲信之臣，以张荫桓为第一"。③"南海张侍郎曾使外洋，晓然于欧美富强之机，每为皇上讲述，上喜闻之，不时召见。其为人虽无足取，然启诱圣聪，多赖其力"。④ 从《戊戌日记》正月初一日到七月初六日，即被捕前32天的记载中，可以看到这最关键的大半年里，除例行朝见外，光绪皇帝曾24次单独召见张荫桓面议诸事。这是光绪帝倚重张荫桓的明证。

"光绪二十年至二十一年（1894～1895）的甲午战争扫荡了'天朝'体系的残余，'天朝'的观念随之崩溃，然在此时，清朝并没有能立即掌握另一套西方样式的国际关系、国际惯例的知识，因而在国际事务上表现出外交技巧的笨拙。光绪二十四年（1898）戊戌变法期间，

---

① 翁同龢著，陈义杰整理：《翁同龢日记》，第六册，中华书局1998年版，第3106页。
② 中国史学会主编：《戊戌变法》，第二册，上海人民出版社、上海书店出版社2000年版，第356页。
③ 中国史学会主编：《戊戌变法》，第二册，上海人民出版社、上海书店出版社2000年版，第355页。
④ 中国史学会主编：《戊戌变法》，第一册，上海人民出版社、上海书店出版社2000年版，第331页。

光绪帝于此有所改变，企图掌握更多的西方知识，使清朝的外交在程式上更能与西方相接"。① 这是光绪帝能够最大程度支持并依靠张荫桓进行外交改革的最主要动因。

在亨利来华之前，光绪帝对于外交礼仪的改革就有想法，在4月俄使巴布罗福要求带俄国国电觐见时，光绪帝就主张"巴使进见，著上纳陛亲递国电"，即额外允许俄使亲自将俄国国电呈递给光绪帝。翁同龢对此表示反对，他认为既然俄国没有这个格外的要求，不必主动加礼。光绪帝对此不以为然，"谓此等小节何妨先允，若待请而允便后着矣，并有尽用西礼之语"。② 到了接见巴使的时候，光绪帝不仅让巴使亲递国书，而且一反常规，用汉语宣谕，翁同龢慨然道："此皆从前所未有也。此次仪节，庆邸不知，臣等亦不知，真辟门达聪之意矣。"③ 光绪帝的这些举动体现了他对于学习西礼的迫切愿望，希望在外交礼仪的改革上能够有所作为，他的这一理想的实现必须有一个很好的顾问，而张荫桓就是最佳人选。张荫桓有多年涉外经历，任驻美国、西班牙、秘鲁三国公使，并在总理衙门任职近十年，而且他素以敢想敢干著称，具有革新精神，因此光绪帝对他最为倚重。

光绪帝在亨利来华之前曾多次召见张荫桓，询问各项事宜。对于皇上的召对，张荫桓在日记中均有所记录：正月二十一日，"蒙召问德国亲王来华事，跪对两刻余"；④ 正月二十九日，"旋入见，承询德国事。

---

① 茅海建：《戊戌变法史事考》，生活·读书·新知三联书店2005年版，第413页。
② 翁同龢著，陈义杰整理：《翁同龢日记》，第六册，中华书局1998年版，第3108页。
③ 翁同龢著，陈义杰整理：《翁同龢日记》，第六册，中华书局1998年版，第3109页。
④ 任青、马忠文整理：《张荫桓日记》，世纪出版集团·上海书店出版社2004年版，第511页。

跪对三刻馀";① 三月初二日,"蒙召见。仍赐垫。询俄事及德亲王到京接待之仪";② 三月十四日,"上召见,……跪对四刻";③ 三月十七日有召对;三月十八日,"到班,蒙召见,跪对三刻,……旋由德和园诣乐寿堂,跪对四刻";④ 闰三月初十日,"蒙召问昨日海靖商论典礼"。⑤这么多次的召对中,时辰分别为两刻、三刻、四刻不等,对于单独召见一个大臣,时间可谓不短。虽然我们只能从日记的只言片语中窥知召见的大概内容,但由此即可以想见光绪帝对亨利来华的关注程度以及对于张荫桓的充分信赖。光绪帝把张荫桓当作自己外交礼仪变革的最佳顾问。

二、礼仪改革实践

张荫桓屡蒙召见,光绪帝多次询及"德亲王到京接待之仪",可见,在礼仪改革方面,光绪帝对张荫桓的信赖程度之高。张荫桓针对接见礼仪问题旁征博考,他首先致电前驻德公使许景澄进行请教,许景澄复电:"遵考西礼,亲王将到,派提督、副将、都司三员先迎于陆境,或舟次。主国亲王迎于车站,同车导至所舍客邸。君主即以是日延见,用客礼。旋偕至外殿内,亲王筵请其从僚。此后,辞行再见,或有事另

---

① 任青、马忠文整理:《张荫桓日记》,世纪出版集团、上海书店出版社 2004 年版,第 513 页。
② 任青、马忠文整理:《张荫桓日记》,世纪出版集团、上海书店出版社 2004 年版,第 520 页。
③ 任青、马忠文整理:《张荫桓日记》,世纪出版集团、上海书店出版社 2004 年版,第 522 页。
④ 任青、马忠文整理:《张荫桓日记》,世纪出版集团、上海书店出版社 2004 年版,第 523 页。
⑤ 任青、马忠文整理:《张荫桓日记》,世纪出版集团、上海书店出版社 2004 年版,第 526 页。

见,无常例。所派官常值照料,出门则提督陪乘。送如迎礼。"① 此复电内容后来成为张荫桓制定接见德亲王礼仪的重要参考。

张荫桓在变革清廷接见礼仪的过程中,进行了艰难的尝试。

(一) 接见礼仪的制定

张荫桓制定了所有觐见的礼节,在闰三月二十五日(5月15日)接见亨利亲王时,光绪帝就是按照张荫桓所拟定的方案进行的。张荫桓在日记中对于关键的礼仪问题都有所记载,"德亲王入殿门,免冠鞠躬,上立受。……上徐谕庆邸导上暖阁,与之握手,指杌子令坐。……(按张荫桓拟定'口敕'询问)礼成后,上握手送之。……午正,上御南配殿慰劳德亲王,赠以头等第二宝星。德亲王立于殿阶,自领步兵两排,请上阅视。各兵双手举枪修敬,上笑颔之"。② 这些内容中的立受、握手、令坐、握手送之、亲临慰劳、检阅兵队等项目,都是过去清廷对外礼仪中所没有的,体现了光绪皇帝对外观念的变化,更体现了张荫桓在光绪帝转变对外观念的进程中所起到的重要作用,正是有了张荫桓为光绪帝出谋划策,这些内容才得以实现,成为中国近代外交礼仪改革中的重要一页。

(二) 口敕的拟定

敕,即帝王自上命下之辞。口敕,即皇帝口头的命令,这里指皇帝接见外国使臣所说的话。光绪帝接见亨利亲王的口敕就由张荫桓拟定,"见德亲王口勅语,张侍郎所拟也"。③ 张荫桓有三年多驻外公使的历练,1897年又作为庆贺英国女王在位六十周年的专使赴英道贺,并游

---

① 王彦威纂辑、王亮编、王敬立校:《清季外交史料》,卷一二九,书目文献出版社1987年版,第22页。
② 任青、马忠文整理:《张荫桓日记》,世纪出版集团、上海书店出版社2004年版,第530页。
③ 翁同龢著,陈义杰整理:《翁同龢日记》,第六册,中华书局1998年版,第3109页。

历多国，可谓见多识广，在拟定口敕方面，"自是合适的人选"。① 张荫桓所拟口敕如下：

张荫桓谨拟德国亲王觐见时皇上口敕

贵亲王何时在柏林起程？

贵国大皇帝好？

贵亲王此行经历几处口岸？何时到中国境？

我已吩咐沿途督抚加意接待，究能周到否？

听说光绪五年贵亲王到过上海，现在贵国商务比前数年更旺了。我两国向来友好，此次贵亲王来见，我甚欢喜。就怕中国与欧洲政俗不同，接待不周，还要原谅为好。②

从以上的口敕内容可以看出：

（1）口敕内容设计得简要而全面。口敕内容主要分三部分，首先是询问亨利亲王方面的情况；其次是询问我方照料情况；最后回顾了中德两国的友谊。这三方面内容不仅体现出对于亨利亲王的关切，对中德友谊的重视，更重要的是体现了中国的大国风范。

（2）追求国际外交通则中的平等精神。张荫桓使用了"贵国""贵亲王"等平等用语，而且在自我称谓上，使用"我"，而并没有用"唯我独尊"的"朕"，表现出对于传统思想的突破。

（3）对话方式的变革。首次采用问答式对话方式，③ 增强了皇帝的亲和力。

（三）酒宴上的外交礼仪细节

宴请亨利亲王的一些细节，也体现了张荫桓的改革思想。酒宴的过程中播放了外国音乐，这显然是经过张荫桓精心安排，乐曲是从赫德处

---

① 茅海建：《戊戌变法史事考》，生活·读书·新知三联书店2005年版，第419页。

② 转引自茅海建：《戊戌变法史事考》，生活·读书·新知三联书店2005年版，第419页。

③ 茅海建：《戊戌变法史事考》，生活·读书·新知三联书店2005年版，第419页。

借来的，给宴会带来了意外的惊喜，"所假赫德音乐节奏并谐，德亲王极口称谢，海靖亦以为意外之喜"。① 宴会制作的是洋菜，并且有张荫桓的家厨参与其中，"今日洋菜［张公厨亦办席，一切家伙皆梁诚经理。（翁同龢夹注）］"云云。② 这些外交礼仪细节给宴会增色不少。

三、礼仪改革遇到的阻力

清朝承袭中国传统的宗藩观念，对于外交没有国际的概念，因此在礼仪方面一直是天朝上国对藩属小国的礼仪，要想改变这种现状以适应近代的外交，只能进行改革，但改革必然会遇到各种问题以及传统势力的阻挠。

德国亲王觐见礼节的整体流程由张荫桓所拟定，但其中的细节问题引起了争论，"议德王弟觐见礼，内有握手回拜两端，诸臣皆以为不可，至在宫在园，亦未敢定"。③ 倒是光绪帝非常开明，主张总理衙门"办摺双请"，④ 但是庆亲王认为这两端不可行。觐见的地点问题成为讨论的焦点，光绪帝认为在毓庆宫接见德亲王比较好，以免德亲王请见慈禧（事实是慈禧主动要求接见德国亲王），并开前星门，于东配殿设宴，允许其乘轿入东华门。翁同龢表示反对，认为"优待极矣，然有窒碍"，并举出了五点理由："毓庆前殿曰懋本殿，东间供孝静皇后御容，万不能辟中间为路也，一也。配殿极隘无容席地，二也。参随无别处可见，三也。前星门近百年未启，框木沉陷，四也。乘轿入门非礼，

---

① 任青、马忠文整理：《张荫桓日记》，世纪出版集团、上海书店出版社2004年版，第531页。
② 翁同龢著，陈义杰整理：《翁同龢日记》，第六册，中华书局1998年版，第3124页。
③ 翁同龢著，陈义杰整理：《翁同龢日记》，第六册，中华书局1998年版，第3106页。
④ 翁同龢著，陈义杰整理：《翁同龢日记》，第六册，中华书局1998年版，第3107页。

五也。"光绪帝对此非常生气,对这几条理由一一进行了驳斥,并传张荫桓,"将前日所开礼节照旧递上"。① 光绪帝告诫总理衙门大臣,在外交礼仪方面不要"争小节吃大亏"。② 最后经过多次召对,定下了方案,在颐和园的乐寿堂和玉澜堂接见亨利亲王,"樵野昨今两次召对,今日皇太后见于乐寿堂,详论洋务,拟先召见德王于乐寿堂,[立见。(翁同龢夹注)]然后上召见于玉澜堂,仍赐游赐食,以尽邦交之礼"。③

最后的方案是慈禧太后与光绪帝先后在乐寿堂和玉澜堂接见亨利亲王是有缘由的,张荫桓刚开始筹划接待问题,向慈禧奏报接待仪节时,慈禧表示想要先见德亲王,张荫桓奏以"外国使臣入觐,理宜先见皇上"。慈禧太后认为,"德藩此来,并无国书,与使臣不同,皇上亦可与我处同见,见时令走廊子,不赐坐"。张荫桓向光绪帝汇报此情,光绪帝"意颇不怿",但也没有办法,只能按照慈禧的意思办理。但中国并无太后接见外国亲王的先例,而且在"不赐坐"问题上也无先例可循。张荫桓与德使交涉太后接见亨利亲王"不赐坐"问题时,颇费了一番周折,"我下来后向德使通知,惟不赐坐一节,再三为难,我告以皇上在太后侧,亦系侍立,尔国亲王不尊似我皇上,议至此,未定而散。嗣闻有某翻译向德使陈说,便亦应允"。④

李鸿章对于张荫桓的外交礼仪改革举动有所奉劝,闰三月初八日(4月29日),张荫桓在日记中写道:"合肥谓余有和世泰之愆,为余

---

① 翁同龢著,陈义杰整理:《翁同龢日记》,第六册,中华书局1998年版,第3108~3109页。
② 任青、马忠文整理:《张荫桓日记》,世纪出版集团、上海书店出版社2004年版,第522页。
③ 翁同龢著,陈义杰整理:《翁同龢日记》,第六册,中华书局1998年版,第3110~3111页。
④ 任青、马忠文整理:《张荫桓日记》,附录《驿舍探幽录》,世纪出版集团、上海书店出版社2004年版,第571页。

危。"① "和世泰之怨"是指嘉庆十二年"秋七月乙卯，和世泰、穆克登额、苏楞额以带领英吉利国使臣，不谙事体，不克入觐，俱黜降"。② 此处指李鸿章提醒张荫桓他主持的外交礼仪改革，很可能会因为违反天朝体制而遭到罢黜。深谙外交之道的李鸿章对于外交礼仪改革尚如此畏惧，改革之难可见一斑。

矢野文雄在翁同龢被开缺回籍之后拜会过张荫桓，张荫桓与其谈到了翁同龢在这次接见德亲王过程中的表现，"德国亲王谒见皇帝之时，翁固拒绝皇帝与其行握手之礼，而皇帝则采用其他革新派之意见，与之行握手礼。于是翁对皇帝大放怨词"。③ 可见，饱读诗书的翁同龢在外交礼仪的改革方面是个保守派。

与李鸿章的规劝不同，顽固守旧势力的代表徐桐在宴请亨利亲王的两天以后，即闰三月二十七日（5月17日），就上专折参奏张荫桓，要求给张荫桓以严谴。

此次德使亨利来觐，一切礼仪闻皆张荫桓主持，事关中外交际，体制攸关，宜如何慎重拟议以维大局。乃该国使觐见入宫门时桀骜无礼，众目骇观，是张荫桓止知曲徇夷情，不顾有伤国体，朝廷亦安用此熟习洋务之人耶？臣又闻张荫桓与其同乡人道员梁诚、容闳等与洋人等时相往还，行踪诡密。该侍郎本译署大臣，乃与梁诚等串为一局，国家之密谋大计，何一不可输于洋人？近来交涉事件常有密之又密，为大小臣工所不知而西人报纸遽以传播者，论者皆谓梁诚、容闳泄之。臣窃料张荫桓屡蒙召对，其敷陈时事必有耸动圣听之处。然其平日联络外夷，无非以暗通消息为固邦交，借以行其勾串营私之计，此诚国家之隐忧，及今

---

① 任青、马忠文整理：《张荫桓日记》，世纪出版集团、上海书店出版社2004年版，第526页。
② 赵尔巽等撰：《清史稿》，第三册，卷一六，中华书局1976年版，第608页。
③ 郑匡民、茅海建选译：《日本政府关于戊戌变法的外交档案选译（一）》，《近代史资料》总111号，第12页。

不除，久之挟外夷以自固，朝廷更莫可如何。待其奸状大著，皇上虽有天威，决然去之，恐外夷为之缓颊，且以势力挟制朝廷，必至恩威俱穷，召衅纳侮，后患曷极？书曰知人则哲惟帝，其虽唐虞之世犹有四凶，要在能知之而能去之，自无损于日月之明。伏冀皇上特伸乾断，将张荫桓立予严谴，禁锢终身，勿贻后肘腋之患，大局幸甚。①

从这个措辞严厉的奏折中我们看出，徐桐等顽固保守势力对于改革的反对意见之大，以他的地位和影响，能够激起清廷中很多人对于改革的反对，张荫桓改革接见礼仪的难度之大可想而知。

众所周知，所有的改革都不是一帆风顺的，封建时代的礼仪变革更具冒天下之大不韪的风险。"戊戌年时封建传统礼仪观念依然根深蒂固。反对变革传统外交礼仪的力量，并非来自清廷的中下层官员或一般的封建士大夫，而主要是来自中枢决策机关的清廷高级大吏，如庆亲王奕劻、军机大臣翁同和等人。他们总是自觉不自觉地系恋着在中国流传了数千年之久的传统礼仪，而不管其是否适应已经发生巨大变化的现实需要。这一情况预示出清廷外交礼仪与世界的接轨将是何等的艰难，变改者需要具有何等的勇气与魄力"。② 张荫桓就是站在风口浪尖上的改革者。

四、礼仪改革的评价

（一）积极意义

张荫桓所主持的外交礼仪改革，体现了其主动的变革精神及与国际礼仪惯例接轨的进步倾向。虽然这些礼仪改革在一定程度上是迎合了外国方面的要求，但更主要的是体现出他努力使中国适应与世界各国正常

---

① 中国第一历史档案馆，档案号：03-5359-082，录副奏折，《徐桐奏为特参户部侍郎张荫桓奸贪误国事》，光绪二十四年闰三月二十七日。
② 王开玺：《隔膜、冲突与趋同——清代外交礼仪之争透析》，北京师范大学出版社1999年版，第348页。

交往的诉求。他所拟定的各项改革措施，使西方国家对于中国外交礼仪的认识有所改变，对于改变中国外交作风、融洽各国关系起到了积极的作用。尽管改革遇到了相当多的阻力，但张荫桓依然能够坚持改革的目标，这是一种难能可贵的精神，是值得后人学习的。

张荫桓的改革措施使清政府内部尤其是顽固保守势力对于国际外交礼仪有所了解，尽管这种了解对他们来说是被动的，是他们所极不情愿的，但对于他们固守传统礼仪的僵化思想造成了冲击。

张荫桓在改革礼仪的同时，时刻铭记维护国家利益。在清王朝，只有皇家才能乘坐黄轿，其他人对于黄色的使用是有严格要求的。"彼时闻德王至闽、粤等省，乘坐黄轿，此节是我主议不行，旋议定用绿轿黄绊"。① 这个细节体现了张荫桓在改革礼仪的过程中，对于国家形象的维护是相当注意的，并不是没有原则的改革。

鉴于中国外交礼仪改革所取得的成绩以及现实需要，在戊戌变法的高潮时期，总理衙门上陈《遵议款接外宾参酌中西体制详定章程折》，② 很快得到批准，这个章程的制定加快了清廷与世界各国外交礼仪对接的进程。

（二）局限性

由于主客观原因，张荫桓的外交礼仪改革也有很大的局限性。他所制定的外交礼仪，虽然较以前有很大变化，但与西方外交礼仪惯例仍有一定的差距。在慈禧太后接见亨利亲王的问题上，张荫桓与清廷的意见是统一的，即"若须赐坐便不见"，③ 张荫桓依然难以彻底摆脱传统礼

---

① 任青、马忠文整理：《张荫桓日记》，附录《驿舍探幽录》，世纪出版集团、上海书店出版社2004年版，第571页。
② 王彦威纂辑、王亮编、王敬立校：《清季外交史料》，卷一三二，书目文献出版社1987年版，第9～10页。
③ 任青、马忠文整理：《张荫桓日记》，世纪出版集团、上海书店出版社2004年版，第528页。

仪观念的束缚。

张荫桓所主持的外交礼仪改革，是在清政府蒙受列强侵略的巨大压力下进行的，尽管改革前进了一大步，但在半殖民地半封建的中国，由于自身软弱，礼仪改革只能在一定程度上减少与列强的矛盾，并不能从根本上减少列强对中国的侵略。外交礼仪改革虽有成效，但随着戊戌变法的失败，改革成果受到很大影响。

第三节　富强思想与实践

一、富强实践

张荫桓通过办理外交，认识到了中国与其他西方国家的差距，因此由外交而产生的思想上的升华也应该看成是他的外交成果。对于中国的积贫积弱，他认为要从科技和教育方面去进行改造，因此他编写《西学富强丛书》、举荐人才，并积极建言、支持办学。张荫桓富强理论的指导思想是"中体西用"，他是稳健的改革派。

（一）编写《西学富强丛书》

张荫桓认识到科技和教育可以使国家强大，回国后便积极致力于学习西方科技以求富强。他组织编写了一套《西学富强丛书》，希望国人通过此书重视科技、学习西方，以强壮国力。光绪二十二年（1896年），李鸿章亲自为此书作序，对张荫桓的富强观念很推崇：

泰西诸国以格致算学致富强，日新月异，窃尝歆美，每晤使者自泰西诸国受代以归者，莫不盛称其政治彬彬可观，不泯于古而暗合于古，鸿章犹以为不过杨墨绪余，安得如我尧、舜、禹、汤、文、武、周公、孔子之教光明正大，历久而弥新也，言或过实，私心每弗熹之。今年夏，衔命使俄，归途游历诸国，见其善政良法其有本末，似诸使者所言仍未详且尽也，始叹前此所见之不广。近年中日之役创巨痛深，自我皇太后皇上以逮天下臣民，莫不愧愤交集，思所以一洒其耻辱，于是诏开官书局、建铁路、兴矿政、立水陆师学堂、设同文馆于天下，以收揽才俊。广南张尚书樵野，悯学人不谙门径之何以从也，复辑测算格致之书，凡八十余种，计三百二十余卷，都为一集，名曰《富强丛书》以行世。樵野伉爽有大志，恒以天下事为己任，是役也，不过觇其一二斑，其用意为深且厚矣。从此家置一编，师弟相授受，定收事半功倍之效，变贫弱为富强，直指顾闲事耳。鸿章老矣，衰病侵寻，何幸得观盛业安所，得如樵野之志者散之中国以养以教，使天下才俊不泥于古而暗合于古，以上佐圣天子郅治之隆而一释举国人心之愧愤，谨拭目俟之。

张荫桓于光绪二十二年十月亲自撰写《凡例》：

昔韩昌黎口非两汉之书不敢观，以为舍此不足以继圣贤之道统。居今之世而尚论时事，又非中外测算、格致之书不敢读，实舍此不足以致国家于富强。盖制造船械、开采矿产等事，不自格致、测算以得之，不足以精益求精。不揣固陋，爰自中国，远及五洲，举凡有用之书而计乎斯二术之精者，共选得八十余种，凡三百卷，汇刊巨帙，名曰《西学富强丛书》，以备天下学人之涉猎。

张荫桓在《凡例》之首指出，以"格致、算学"为根本，共选辑中外优秀图书八十多种，共三百卷，可谓卷帙浩繁。后面的《凡例》详细列出丛书中所涵盖的学科，其先后顺序依次为算学、地学、史记兵略、法学、兵学、炮学、电学、化学、矿学、汽机学、工学、艺学等。虽然张荫桓谦虚地说丛书"所选不出测算、格致二术之藩篱"，但内容的确已经相当丰富。从逻辑编排上看，张荫桓对于这套丛书的编辑有着细致的思考，每一科目与下一科目的学习都环环相扣，体现了丛书的系统性与严密性。在《凡例》的末尾，张荫桓提出了自己编辑这部丛书的目的,并向学人提出了殷切期望,"是编之辑,不过为讲求斯道之学人渔猎筌蹄,毋以握珠自足,仍望博极旁通,是则鄙人之私愿也"。①《西学富强丛书》的编辑,凝聚了张荫桓的心血,表明了他振兴国家的美好愿望,也为后人学习中西科技,特别是西方科技提供了一部重要资料。

(二) 举荐人才

1. 举荐外交人才黄遵宪

黄遵宪(1848~1905),广东嘉应州(今梅县)人,字公度,别号人境庐主人,举人出身。光绪元年(1875年),黄遵宪随父客居烟台,开始结识张荫桓。黄遵宪对张荫桓非常崇敬,张荫桓也很赏识黄遵宪的才华,此后二人联系密切,并有诗相唱和。黄遵宪的《人境庐诗草》中有多首关于张荫桓的诗,《福州大水行同张樵野丈荫桓龚蔼人丈易图作》《将应顺天试仍用前韵呈蔼人樵野丈》《述怀再呈蔼人樵野丈》《题樵野丈运甓斋话别图》《感怀呈樵野尚书丈即用话别图灵字韵》。这些诗有的是与张荫桓论当世之务,有的是表达对张荫桓外交才干的推崇,说明二人在外交及现实方面有很多的共同语言。黄遵宪在光绪二年(1876年)应顺天乡试中举之后,随何如璋出使日本,开始了他的外交生涯。光绪八年(1882年)春,黄遵宪以驻日本参赞调驻旧金山总领事,光绪十三年(1887年),张荫桓赴美,热情邀请刚从美国卸任归国的黄遵宪,希望他继续担任驻旧金山总领事一职,黄遵宪以"虑不胜任"进行了婉拒,但这并没有影响二人的交往。光绪十七年(1891年),黄遵宪调任新加坡总领事,这期间,他作《岁暮怀人诗》以怀念国内好友,其中"释之廷尉由参乘,博望封侯自使槎。官职诗名看双

---

① 张荫桓:《西学富强丛书》,光绪丙申(1896年)冬月鸿文书局石印。

好，纷纷冠盖逊清华"① 这首诗就是怀念张荫桓的。诗中对他虽然出身低微，但凭借出众才华位极人臣极表赞美。甲午战争爆发之后，张荫桓赴日议和被拒之后，由李鸿章继续赴日议和，李鸿章请张荫桓推荐熟悉外交又有文笔的人才作为随员，张荫桓就以"熟倭掌故，文笔智略均佳"② 为由积极举荐刚从新加坡归国的黄遵宪，虽然最后没有成行，但可以看出张荫桓对于黄遵宪的赏识。此后，由于二人均倾向维新，关系越来越密切。③

2. 举荐改革人才康有为

康有为首次与张荫桓见面应该是在光绪二十一年二月二十九日（1895年4月4日），当时是凌福彭（字闰台）邀请张荫桓到法源寺赏花、吃饭。据《张荫桓日记》记载："客座有康长素，……晚宿山舅寓庐，长素、闰台夜话将曙。"④ 三月二十四日（4月29日），张荫桓又见到了康有为，"申正返寓。康长素、梁少山、梁卓如已来，检埃及图与观，诧叹欲绝。长素屡言谋国自强，而中外形势惜未透辟，席间不免呶呶，此才竟不易得，宜调护之"。⑤ 此次见面，张荫桓对康有为才华有所认可，尽管他觉得康有为对于中外大势还不是很精通，但认为他是个不可多得的人才，应该好好加以利用。四月十九日（5月23日）

---

① 黄遵宪著，钱仲联笺注：《人境庐诗草》（上），中国青年出版社2000年版，第416页。
② 《李鸿章全集》，第26册，电报六，安徽出版集团、安徽教育出版社2008年版，第66页。
③ 关于张荫桓与黄遵宪的关系，马忠文进行了详细的论述，参见马忠文：《黄遵宪与张荫桓关系述论》，《学术研究》2002年第9期。
④ 任青、马忠文整理：《张荫桓日记》，世纪出版集团、上海书店出版社2004年版，第465~466页。
⑤ 任青、马忠文整理：《张荫桓日记》，世纪出版集团、上海书店出版社2004年版，第472页。

和四月二十六日（5月30日），二人均有见面，并且"夜谈甚畅"。①祁景颐记载，"康南海之进身，外传翁文恭所保，其实由于侍郎密奏也"。② 此后，二人往来相当频繁，张荫桓在康有为和光绪帝之间起到了非常重要的作用，才有了后来的戊戌变法。由于张荫桓与戊戌变法的关系不是本文重点，因此不在此赘述。总之，张荫桓举荐维新党人康有为成为戊戌政变之后被捕下狱的最主要原因。

（三）积极建言

光绪二十四年七月二十日（1898年9月5日），张荫桓以个人名义上了关于军事、举荐人才和内政方面的《请饬实行团练》《胪举将才请旨擢用》《请增修内政以戢民志》三道奏折。虽然都不是"新政"，但反映了他希望国家强大的愿望。对于这三道奏折，光绪帝分别有三道谕旨加以肯定，体现了对他建议的重视。

对于《请饬实行团练》一折的上谕：

奉上谕张荫桓奏《请饬实行团练》一折，据称近来臣工屡有仿西法练民兵之请，若各省实行团练，即以民团为民兵约定更番替换之法，较之遽练民兵为有把握等语。办理团练既可补兵力之不足，亦即为举办民兵根本，实为目前功要之图，广西会匪滋事，尤宜迅速办理，以收捍御之功，兹各省督抚按照张荫桓所奏，一律切实筹办，各省限三月内，广东、广西限一月内，各将筹办情形先行复奏，以付朕保卫闾阎至意，钦此。

上谕对于张荫桓主张实行团练的建议非常肯定，认为"既可补兵力之不足，亦为举办民兵根本，实为目前功要之图"，并要求"各省督抚按照张荫桓所奏，一律切实筹办"，并将各省复奏时间加以限定，

---

① 任青、马忠文整理：《张荫桓日记》，世纪出版集团、上海书店出版社2004年版，第480页。
② 黄濬：《花随人圣盦摭忆》，上海古籍书店1983年版，第466页。

以示对此事的重视。

对于《胪举将才请旨擢用》一折的谕旨：

奉上谕张荫桓奏《胪举将才请旨擢用》一折，补用总兵郑润材署通永镇总兵李大霆，署通州协付将龙殿扬，已革广东南韶连镇总兵黄金福，均著交部带领引见，另片奏保已革山东济东泰武临道张上达，山东候补道黄玑，降补通判临清直隶州知州陶锡祺，均著开复原官原衔，发往山东河工交张汝梅差遣委用，俟此次河工事竣，由该抚给咨送部引见，钦此。

上谕对张荫桓举荐的李大霆、龙殿扬、黄金福三人"均著交部带领引见"，对于另片奏保的三名革员则"均著开复原官原衔"，可谓有求必应。

对于《请增修内政以戢民志》一折的上谕：

奉上谕张荫桓奏《请增修内政以戢民志》一折，国家振兴庶务尤以通达民隐为先，各直省州县于听讼一事，久不讲求，往往于户婚、田土、钱财、细故任意积压，累月经年，书役门丁因之借端讹索愚民，受累无穷，亟应实力整顿，以除积弊而恤民隐。前大学士直隶总督曾国藩所撰《清讼事宜》及《清讼功过章程》于清厘积案之法巨细靡遗，曾经颁行各省，著各将军、督抚、府尹重为刊印颁发各属，并著照该侍郎所请，于原定《功过章程》外增补《道府功过章程》，所属州县局员有记大过三起以上者、道府记过一次六起以上者，记大过一次，记功者亦如之。其有徇隐在先，续经举报或揭参隐违提案清结，将州县局员分别轻重参撤、记过外，道府亦经即比例记功。凡实缺计典候补委属及年终密考，俱以清讼之功过分别予夺优劣。该将军、督抚、府尹等务当认真考核，实力奉行，以期政平讼理，不准虚应故事，视同具文，并将遵办情形迅速具奏。钦此。①

---

① 《邸钞》，第85册，北京图书馆出版社，第44035~44037页。

上谕对张荫桓的请求予以肯定,并"著照该侍郎所请",在《清讼功过章程》外,加增张荫桓所拟定的《道府功过章程》,要求各直省"认真考核,实力奉行","不准虚应故事,视同具文,并将遵办情形迅速具奏"。

(四) 支持教育

张元济(1867~1959),浙江海盐人,字菊生,光绪年间进士。张荫桓对他的才能非常赏识,"张元济考取总理各国事务衙门章京第一名,入直即分管文书,见衙门各种条约公文案卷堆置紊乱,于是上条陈建议改革,为大臣张荫桓所器重,又加维新倾向一致,颇投合,时有'二张'之说。张荫桓又为引见李鸿章"。①

张荫桓积极支持张元济等人在北京创办专门讲授西方实学的通艺学堂,张元济后来在《戊戌政变的回忆》中说:"经费无所出。由我和倡办诸人向总理衙门各大臣递个呈文。请他们提倡。张荫桓最为热心。约了同僚数人联名写信向各省督抚募捐。一共捐了好几千元。"② 1949年,83岁高龄的张元济在回忆这段往事的时候,依然清晰记得最为热心学堂事务的是张荫桓,可见张荫桓在当时大员中的突出表现。

二、"中体西用"的指导思想

笔者认为张荫桓改革的指导思想是"中学为体、西学为用",与康有为"治今文公羊之学,附会孔子改制以言变法"的主张并不完全相同。

梁启超在《康有为向用始末》中说道:"时国是之诏既下,维新之议已决,而大臣等有所挟持,腹诽特甚。康有为正月所上请开制度局及增设十二局之疏,交总署议覆者,至五月犹未覆。皇上震怒,促其即

---

① 张树年主编:《张元济年谱》,商务印书馆1991年版,第18页。
② 张元济:《张元济诗文》,商务印书馆1986年版,第234页。

覆，至是覆上，尽行驳斥。皇上召张荫桓切责之，谓：'汝等尽驳康某之奏，汝等欲一事不办乎？'张叩头俯伏曰：'此事重大，非臣数人所能决。请再派枢臣会议。'皇上乃命军机大臣会议，复驳斥。皇上复亲书朱谕责之，发令再议。至六月始议上，然不过择其细端末节准行而已，余仍驳斥，皇上无如之何。盖皇上因西后之忌康，故欲借廷臣之议以行之，所以屡次发议也；而廷臣亦知皇上之无权，故敢于屡次驳斥也。"① 以张荫桓的性格，有这种拖拉的表现，除了当时正处在"谤书盈匣"时期，有"自保"的考虑之外，对于康有为的主张有不完全同意之处应该也是一个原因。

在张荫桓的日记中，可以看出他的改革观点。光绪二十四年六月十六日（1898年8月3日），他写道："签注《校邠庐抗议》，溥玉岑另签十三条，意主于驳，与余见异，只可各行其是而已"。② 说明张荫桓同意《校邠庐抗议》中的"采西学""制洋器""以中国之伦常名教为原本，辅以诸国富强之术"的主张。六月十八日（8月5日），提到"香帅《劝学篇》精美无伦，救时良药也"。③《劝学篇》所主张的就是典型的"中体西用"的思想，张荫桓对它相当推崇，用"精美绝伦""救时良药"来形容。七月初五日（8月21日），他又写道："及鄂督《劝学篇·明纲》篇中述西俗婚配一段，若删去则成善本，请颁行天下，俾得家喻户晓，裨益良多"。④ 张荫桓对于《劝学篇》中的不符合实际的一处进行删除，认为这样就成为善本，并主张颁行天下，成为全国学习的范本，这说明他的思想就是"中体西用"的思想。

---

① 夏晓虹编：《追忆康有为》，中国广播电视出版社1997年版，第303页。
② 任青、马忠文整理：《张荫桓日记》，世纪出版集团、上海书店出版社2004年版，第548页。
③ 任青、马忠文整理：《张荫桓日记》，世纪出版集团、上海书店出版社2004年版，第549页。
④ 任青、马忠文整理：《张荫桓日记》，世纪出版集团、上海书店出版社2004年版，第554页。

结　语

第一次鸦片战争之后，中国开始了半殖民地半封建化的历程，在西方坚船利炮一次次无情的打击下，昔日"天朝上国"的地位不复存在，传统的朝贡体制已不适应现实的需要，清政府不得不重新选择一种新的外交制度以应对时需。新的外交体制需要新式外交人才，综合时代机遇与个人才华等多方面因素，张荫桓以非科举正途出身，走到了历史的前台，成为晚清外交舞台上一位要员，这不是偶然的。

时至今日，学术界对张荫桓外交才能的看法趋于一致，即充分肯定他的外交才能。林斌称赞张荫桓"实为晚清一代奇才"；[①] 祝秀经认为张荫桓是"一位外交上的异才"；[②] 王树槐认为张荫桓"为人权变多谋，颇有才具"；[③] 汪辟疆认为他"为一时异才"；[④] 唐振常认为张荫桓是我国第一代外交家成员之一，是有眼光、有成就的外交家，"在总理衙门办事多年，是一位能员，出使美、日、秘亦有成"；[⑤] 岳谦厚认为"有识之士在外交局面极为恶化的情势下，莫不幡然体认使事与中外外交交涉之重要，以及外交官，特别是使节选拔任用等应

[①] 林斌：《红棉老人张荫桓》，《艺文志》第45期，1969年。
[②] 祝秀经：《张荫桓其人其事》，《广东文献》第二卷，第1期，1972年。
[③] 王树槐：《外人与戊戌变法》，上海书店出版社1998年版，第191页。
[④] 汪辟疆：《光宣以来诗坛旁记》，辽宁教育出版社1998年版，第9页。
[⑤] 唐振常：《序》，高克：《外交家与战争——顾维钧外交官生涯片断》，上海人民出版社1995年版，第1~2页。

审慎从优",① 其中张荫桓就是清季"外交界俊彦人物"② 之一，认为他是不可多得之才，是当时有成就的外交官。③

张荫桓是一位明干勤能、勇于任事、举重若轻、才大心细的外交家。在重大外交事件面前，"他人呶呶聚讼或畏避不敢前，公挺身任之，片言解纷，皆中机要"，④ 体现其明干勤能、勇于任事的一面。吴永所写的《庚子西狩丛谈》一书中说道，张荫桓"精强敏赡，殊出意表，在总署多年，尤练达外势"。吴永还讲述了他在追随张荫桓时期的一个细节。当时同为总理衙门大臣的张荫桓与翁同龢关于外交方面的信函往来十分频繁，张荫桓在游戏之余依然能够镇定自若，妥善处理重大的外交事务，为吴永称叹。一次，张荫桓正在玩"押宝"的游戏，仆人送来翁同龢的包封，"封中文件杂沓，多或至数十通"，张荫桓暂停游戏，对文件"随阅随改，涂抹勾勒，有原稿数千字而仅存百余字者，亦有添改至数十百字者"，虽然他处理文件、回复信函"如疾风扫叶，顷刻都尽"，但总是得到翁同龢的"手函致谢"，说他"一言破的""点铁成金"。吴永称赞他"举重若轻、才大心细"，⑤ 这是对张荫桓处理外交事务能力的恰当评价。

评价张荫桓的外交贡献，首先要看他是否认真履行清政府交付的外交任务。考量张荫桓履行外交任务的情况，不仅要看具体的外交成果，还必须考虑客观环境下张荫桓实际的工作空间；不仅要看到张荫桓外交工作取得的直接成效，还要重视张荫桓外交活动产生的间接影响。

正如绪论中所说，外交的目的就是在外交活动中维护本国的国家利

---

① 岳谦厚：《民国外交官人事机制研究》，东方出版社2004年版，第20~21页。
② 岳谦厚：《民国外交官人事机制研究》，东方出版社2004年版，第68页。
③ 岳谦厚：《民国外交官人事机制研究》，东方出版社2004年版，第96页。
④ 蔡乃煌、吴永：《故光禄大夫、尚书衔户部左侍郎、南海张荫桓事状》，国家图书馆藏；《中华历史人物别传集》第61册，线装书局2003年版，第26页。
⑤ 吴永口述、刘治襄笔记：《庚子西狩丛谈》，沈云龙主编：《近代中国史料丛刊》第一辑，4号，文海出版社1966年版，第42~43页。

益。张荫桓认真履行外交任务，凭借自己的外交才能，在处理各种外交事务的过程中才得心应手，取得重要的外交成绩，维护了国家的主权。早在为地方官时期，张荫桓的外交才能就得到了崭露，并成为总理衙门的一员，得到了短暂的外交历练。他在担任驻外公使期间，对于美国的排华法案进行艰难交涉，最大限度地为华工争得了权益。他严正交涉在美华工各案，并成功地索赔，合理地分配赔款，处理问题有理、有力、有节。他非常关注侨民的民生问题，为华人的教育、医疗积极筹款，费尽心血，解决了华人的后顾之忧，为华侨所称颂。为了进一步保障华人的利益，他对完善领事制度建设积极交涉、献言献策。在办理各种交涉的同时，他积极参加各种外交界的各种交谊活动，并在使馆多次举办宴会活动，对于扩大中国的影响及为以后外交活动的顺利展开打开局面，具有一定的远见卓识。他认真撰写出使日记，从政治、经济、社会、文化等各方面记录下对西方文明的深刻认识，这部珍贵的日记成为日后国人了解并学习西方的重要资料。在总理衙门任职期间，他参与了各项重大外交活动，尤其在谈判方面，特别是《中日通商行船条约》的谈判，为国家最大限度地争得了权益。虽然他并不是总理衙门职衔最高的一位，但他是一位实干家，成为对外谈判的要角。翁同龢为户部尚书、总理衙门大臣，是张荫桓的上级和同事，共事的机会比较多。翁同龢对张荫桓的外交才能就非常倚重，"倚之直如左右手，凡事必谘而后行。每日手函往复，动至三五次。翁名辈远在张上，而函中乃署称'吾兄''我兄'，有时竟称'吾师'"。① 翁同龢通过与张荫桓在外交方面的合作，对于他的外交才能有比较清晰的认识，而且从不吝惜对张荫桓的赞美。这些褒美之词一方面反映了翁同龢本人的谦逊，另一方面也反映了他对张荫桓外交才能的叹服。光绪二十一年十月初六日（1895年11月

---

① 吴永口述、刘治襄笔记：《庚子西狩丛谈》，沈云龙主编：《近代中国史料丛刊》第一辑，4号，文海出版社1966年版，42～43页。

22日），翁同龢在日记中赞叹道："张樵野来长谈，此人才调究胜于吾。"① 在《松禅老人尺牍墨迹》中，对于张荫桓外交方面的能力更是多次赞叹，如"深服雄略不次"，②"一字之师，剖晰微至"，③"以此更服公之明决"，④"甚服见事之透"⑤等。其中翁同龢基本都以"弟"来自称，并于落款处对张荫桓尊称为"樵野仁兄大人阁下，"⑥ 表现出对于张荫桓外交胆略的佩服。作为一名驻外公使与总理衙门大臣，张荫桓认真履行职责，以自己的才能最大限度地为国家争取权益，是一位称职的外交官，同时他还认识到了学习西方的重要性，倡导用科技和教育来实现国家的富强，这种思想也是难能可贵的。

在对外交涉中，尽管包括张荫桓在内的所有总理衙门大臣作了很大的努力，中国还是损失了相当多的利权，但从当时外交的空间来看，弱国无外交，在列强环伺的时代，最大限度地减少损失是当时最为现实的做法。张荫桓在为贫弱的中国争取权益方面尽了自己最大努力，不能以他没有为清廷争得更大的利权去贬低他的外交成就，这是时代的原因，要历史地看待问题，不能苛待前人。

---

① 翁同龢著，陈义杰整理：《翁同龢日记》，第五册，中华书局1997年版，第2852页。
② 吴永：《松禅老人尺牍墨迹》，台北"故宫博物院"1977年版，第89页。
③ 吴永：《松禅老人尺牍墨迹》，台北"故宫博物院"1977年版，第168页。
④ 吴永：《松禅老人尺牍墨迹》，台北"故宫博物院"1977年版，第20页。
⑤ 吴永：《松禅老人尺牍墨迹》，台北"故宫博物院"1977年版，第8页。
⑥ 翁同龢的这种自谦态度不仅表现在和张荫桓的交往方面，在与其外甥们的书信中，除了称"养浩吾甥""养浩贤甥""金门吾甥""金门贤甥"外，甚至还称呼"养浩先生""金门吾兄台"等，而且在落款处经常使用"顿首"一词，让人感到翁同龢实在是有些过谦。见俞钟銮辑：《翁松禅（同龢）手札》，沈云龙主编：《近代中国史料丛刊》第四辑，31号，文海出版社1967年版。

附 录

张荫桓生平大事年表

(1837年2月8日~1900年7月31日)

1837年（道光十七年）
2月8日（正月初四日），生于广东南海县佛山镇。
1864年（同治三年）
捐纳知县，受到山东巡抚阎敬铭赏识。
以克复淄川白莲教，加同知衔。
1866年（同治五年）
分省湖北，仍留在山东，任营务处文案。
以攻剿捻军出力，赏戴花翎。
1867年（同治六年）
继续得到山东巡抚丁宝桢重用，赴东三省调练马队。
1868年（同治七年）
剿办直隶捻军、治理黄河出力，以同知补用，加知府衔。
克复饶阳，以知府补用。
肃清全捻，擢升为道员，加按察使衔，分省湖北。
1869年（同治八年）
4月27日（三月十六日），入都引见。

十月赴湖北，任鄂督李瀚章军事幕僚，在湖广营务处任职。

1874年（同治十三年）

12月28日（十一月二十日），山东巡抚丁宝桢请调张荫桓回山东协办海防，得到批准。

1875年（光绪元年）

奉丁宝桢指派，到天津向北洋大臣李鸿章请示构筑防御工事事宜。

1876年（光绪二年）

署登莱青道。

九月，协助李鸿章与英人谈判马嘉理案。

1876~1878年（光绪二年至光绪四年）

主持修筑烟台通伸冈炮台。

1879年（光绪五年）

在山东巡抚周恒祺委派下，负责营务处兼洋务总文案。

1881年（光绪七年）

山东盐运使。

九月，简授安徽徽宁池太广道，驻芜湖关，革除积弊，税收大增。

1884年（光绪十年）

署山东按察使。

奉旨入京，6月8日（五月十五日），授三品卿衔，在总理衙门学习行走。

在中法战争中与李鸿章互为表里，力主议和。

9月3日（七月十四日），被弹劾出总理衙门。

10月29日（九月十一日），补授直隶大顺广道。

1886~1889年（光绪十二年至十五年）

以四品京堂任出使美日秘三国公使，保护华侨权益，关注民生，考察西方文明。

1886年5月26日，上《请定国旗形式片》，奏请制定海外国旗。

1886年10月30日（光绪十二年十月初四日），补授太常寺少卿。

1886年12月28日（光绪十二年十二月初四日），补授通政使司副使。

1887年5月14日（光绪十三年四月二十二日），补授太仆寺卿。

1890年（光绪十六年）

3月29日（闰二月初九日），回国后继续在总理衙门行走。

1891年（光绪十七年）

九月，大理寺卿。

十二月，都察院左副都御史兼署礼部右侍郎。

1892年（光绪十八年）

五月，户部右侍郎兼管钱法堂事务，仍兼署礼部右侍郎。

六月，转户部左侍郎兼管三库事务，仍兼署礼部右侍郎。

1894年（光绪二十年）

12月20日（十一月二十四日），赏加尚书衔，奉派为全权大臣，与邵友濂赴日议和。

1895年（光绪二十一年）

1月24日（光绪二十年十二月二十九日），上《请饬下关内外统兵大员实力防剿，勿以议和意存观望折》。

2月12日（正月十八日），以全权不足，对日议和被拒，回国。

3月14日（二月二十二日），回京本任。

1896年（光绪二十二年）

7月21日（六月十一日），与日本代理公使林董签订《中日通商行船条约》。

出使日记《三洲日记》出版。

1897年（光绪二十三年）

二月，受命出使英国，贺英女王即位六十周年。

赐紫禁城内骑马。

1898年（光绪二十四年）

1月22日（正月初一日）到8月22日（七月初六日），被光绪帝召见24次。

主持英德续借款。

与翁同龢一起负责胶澳问题谈判。

交涉俄国旅大租地问题，3月27日（三月初六日），与李鸿章一起负责签订《中俄旅大租地条约》。

3月27日（三月初六日），兼署吏部右侍郎。

5月（闰三月至四月），负责拟接见德国亨利亲王礼仪。

8月10日（六月二十三日），京师设矿务铁路总局，被命主其事。

9月5日（七月二十日），张荫桓上《请饬实行团练》、《胪举将才请旨擢用》、《请增修内政以戢民志》三道奏折。

9月23日（八月初八日），被捕。

1899年（光绪二十五年）

3月31日（二月二十日），到达新疆戍所。

1900年（光绪二十六年）

7月31日（七月初六日），被斩于新疆戍所。

参考文献

中文参考文献

一、文献

中文文献

任青、马忠文整理：《张荫桓日记》，世纪出版集团、上海书店出版社2004年版。

张荫桓撰：《铁画楼诗钞》，光绪二十三年京都刻本。

张荫桓撰：《铁画楼骈文》，光绪二十三年京都刻本。

张荫桓撰：《铁画楼诗续钞》，光绪二十八年观复斋刻本。

张荫桓编：《西学富强丛书》，光绪二十二年上海鸿文书局刻本。

蔡乃煌、吴永：《故光禄大夫、尚书衔户部左侍郎、南海张公事状》，国家图书馆分馆编：《中华历史人物别传集》第61册，线装书局2003年版。

赵尔巽：《清史稿》，中华书局1976~1977年版。

《南海县志》卷一六，《中国地方志丛书》第181号，第六册，成文出版社有限公司印行1974年版。

闵尔昌：《碑传集补》卷六，沈云龙主编：《近代中国史料丛刊》第100辑，文海出版社1973年版。

沃丘仲子：《近现代名人小传》，上册，北京图书馆出版社2003年版。

费行简：《近代名人小传》，沈云龙主编：《近代中国史料丛刊》第

8辑，文海出版社1967年版。

金梁：《近世人物志》，沈云龙主编：《近代中国史料丛刊续集》第68辑，文海出版社1974年版。

佛山市地方志编纂委员会编：《佛山市志》，广东人民出版社1994年版。

侯国隆、侯月祥主编：《广东省志·人物志》，广东人民出版社2002年版。

李浚之：《清画家诗史》，中国书店出版社1990年版。

《张荫桓履历单》，《历史档案》1985年第1期。

陈力权：《晚清佛山闻人张荫桓》，政协广东省佛山市委员会文史资料委员会编：《佛山文史资料》1989年第9辑。

中国第一历史档案馆藏：光绪朝录副奏折、光绪朝宫中档硃批奏折。

王彦威纂辑，王亮编，王敬立校：《清季外交史料》，书目文献出版社1987年版。

《中美往来照会集（1846～1931）》，广西师范大学出版社2006年版。

青岛市博物馆、第一历史档案馆、青岛市社会科学研究所主编：《德国侵占胶州湾史料选编》，山东人民出版社1987年版。

北平故宫博物院编：《清光绪朝中日交涉史料》，北平故宫博物院1932年版。

中国史学会主编：《中法战争》，上海人民出版社、上海书店出版社2000年版。

中国史学会主编：《中日战争》，上海人民出版社、上海书店出版社2000年版。

中国史学会主编：《戊戌变法》，上海人民出版社、上海书店出版社2000年版。

张振鹍主编：《中法战争》，中华书局1996～2006年版。

戚其章主编：《中日战争》，中华书局1989～1996年版。

中国第一历史档案馆编：《光绪朝硃批奏折》，中华书局1996年版。

中国第一历史档案馆：《光绪宣统两朝上谕档》，广西师范大学出版社1996年版。

朱寿朋撰，张静庐点校：《光绪朝东华录》，中华书局1958年版。

《清实录·德宗景皇帝实录》，中华书局1987年版。

沈桐生：《光绪政要》，沈云龙主编：《近代中国史料丛刊》第35辑，文海出版社1969年版。

国家档案局明清档案馆编：《戊戌变法档案史料》，中华书局1958年版。

清华大学历史系编：《戊戌变法文献资料系日》，上海书店出版社1998年版。

陈翰笙主编：《华工出国史料汇编》，第一辑，中华书局1985年版。

陈翰笙主编：《华工出国史料》，第四辑，中华书局1981年版。

吕芳上主编：《清季华工出国史料（一八六三——一九一〇）》，"中央研究院近代史研究所"1995年版。

王铁崖：《中外旧约章汇编》，生活·读书·新知三联书店1957年版。

千家驹：《旧中国公债史料》，财政经济出版社1955年版。

张蓉初译：《红档杂志有关中国交涉史料选译》，三联书店出版社1957年版。

《日本政府关于戊戌变法的外交档案选译》（一），《近代史资料》总111号。

《日本政府关于戊戌变法的外交档案选译》（二），《近代史资料》

总113号。

《张荫桓致翁同龢函》,《近代史资料》,总28号,1963年。

吴永:《松禅老人尺牍墨迹》,台北"故宫博物院"1977年版。

王尔敏、陈善伟:《近代名人手札真迹》,香港中文大学出版社1987年版。

《道咸同光名人手札》,沈云龙主编:《近代中国史料丛刊》第3辑,文海出版社1967年版。

黄氏忆江南馆藏:《清代名人翰墨续集》,沈云龙主编:《近代中国史料丛刊续集》第63辑,文海出版社1974年版。

《李鸿章全集》,安徽出版集团、安徽教育出版社2008年版。

谢俊美编:《翁同龢集》,中华书局2005年版。

陈铮主编:《黄遵宪全集》,中华书局2005年版。

丁贤俊、喻作凤编:《伍廷芳集》,中华书局1993年版。

丁宝桢:《丁文诚公遗集》光绪十九至光绪二十年刻,光绪二十五年补刻。

许同莘:《许文肃公(景澄)遗集》,《近代中国外交史资料汇刊三十种》清代编6,文海出版社有限公司1988年版。

翁同龢著,陈义杰整理:《翁同龢日记》,中华书局1989～1998年版。

崔国因著,刘发清、胡贯中点注:《出使美日秘国日记》,黄山出版社1988年版。

王文韶著,袁英光、胡逢祥整理:《王文韶日记》,中华书局1989年版。

中国历史研究社编:《东行三录》,上海书店出版社1982年版。

王照:《小航文存》,沈云龙主编:《近代中国史料丛刊》第27辑,文海出版社1968年版。

蒋英豪编著:《黄遵宪师友记》,上海书店2002年版。

张树年、张人凤编：《张元济书札》（增订本），商务印书馆1997年版。

上海图书馆编：《汪康年师友书札》，上海古籍出版社1986年版。

商务印书馆编辑部编：《张元济诗文》，商务印书馆1986年版。

吴永口述、刘治襄笔记：《庚子西狩丛谈》，沈云龙主编：《近代中国史料丛刊》第1辑，文海出版社1966年版。

黄濬：《花随人圣庵摭忆》，上海古籍书店1983年版。

刘体仁著，张国宁点校：《异辞录》，山西古籍出版社1996年版。

章伯锋、顾亚主编：《近代稗海》第13辑，四川人民出版社1988年版。

陈夔龙：《梦蕉亭杂记》，中华书局2007年版。

徐珂：《清稗类钞》，中华书局1984~1986年版。

《李鸿章事略（外八种）》，北京古籍出版社1999年版。

徐凌霄、徐一士：《凌霄一士随笔》，山西古籍出版社1997年版。

李伯元：《南亭笔记》，上海古籍书店1983年版。

翻译文献

1. 〔俄〕维特著，〔美〕亚尔莫林斯基编，傅正译，中央民族学院研究室校：《维特伯爵回忆录》，商务印书馆1976年版。

2. 孙瑞芹译：《德国外交文件有关中国交涉史料选译》，第一卷，商务印书馆1960年版。

3. 骆惠敏编，刘桂梁等译：《清末民初政情内幕——〈泰晤士报〉驻北京记者袁世凯政治顾问乔·厄·莫理循书信集》，上卷，知识出版社1986年版。

4. 〔英〕李提摩太著，李宪堂、侯林莉译：《亲历晚清四十五年——李提摩太在华回忆录》，天津人民出版社2005年版。

二、著作（按姓名首字母排序）

中文著作

陈泽泓编著：《广东历史名人传略续集》，广东人民出版社2004年版。

戴逸、李文海主编：《清通鉴》，山西人民出版社2000年版。

黄升任：《黄遵宪评传》，南京大学出版社2006年版。

金正昆：《外交学》，中国人民大学出版社2004年版。

孔祥吉：《晚清佚闻丛考》，巴蜀书社1998年版。

《晚清史探微》，巴蜀书社2001年版。

梁碧莹：《艰难的外交——晚清中国驻美公使研究》，天津古籍出版社2004年版。

李春辉、杨生茂主编：《美洲华侨华人史》，东方出版社1990年版。

李吉奎：《晚清名臣张荫桓》，广东人民出版社2005年版。

李扬帆：《走出晚清——涉外人物及中国的世界观念之研究》，北京大学出版社2005年版。

林文仁：《派系分合与晚清政治——以"帝后党争"为中心的探讨》，中国社会科学出版社2005年版。

罗香林：《梁诚的出使美国》，复兴印务图书文具有限公司1977年版。

茅海建：《戊戌变法史事考》，生活·读书·新知三联书店2005年版。

钱钟书：《七缀集》，生活·读书·新知三联书店2001年版。

孙孝恩：《光绪评传》，辽宁教育出版社1985年版。

沈云龙：《近代外交人物论评》，台北传记文学出版社1981年版。

汤志钧：《戊戌变法人物传稿》，中华书局1961年版。

《乘桴新获——从戊戌到辛亥》，江苏古籍出版社1990

年版。

王尔敏：《晚清政治思想史论》，广西师范大学出版社 2005 年版。

吴福环：《清季总理衙门研究》，新疆大学出版社 1995 年版。

王开玺：《隔膜、冲突与趋同——清代外交礼仪之争透析》，北京师范大学出版社 1999 年版。

汪辟疆：《光宣以来诗坛旁记》，辽宁教育出版社 1998 年版。

王栻：《维新运动》，上海人民出版社 1986 年版。

王绍坊：《中国外交史——鸦片战争至辛亥革命时期（1840～1911）》，河南人民出版社 1988 年版。

王树槐：《外人与戊戌变法》，上海书店出版社 1998 年版。

吴天任：《黄公度先生传稿》，香港中文大学 1972 年版。

吴天任编著：《清黄公度先生遵宪年谱》，《新编中国名人年谱集成》第十九辑，台湾商务印书馆股份有限公司 1985 年版。

王芸生：《六十年来中国与日本》，生活·读书·新知三联书店 2005 年版。

谢俊美：《翁同龢评传》，中华书局 2000 年版。

《政治制度与近代中国》（增补本），上海人民出版社 2000 年版。

杨公素：《晚清外交史》，北京大学出版社 1991 年版。

岳谦厚：《民国外交官人事机制研究》，东方出版社 2004 年版。

杨天石：《海外访谈录》，社会科学文献出版社 1998 年版。

郑海麟：《黄遵宪传》，中华书局 2006 年版。

张礼恒：《从东方到西方——伍廷芳与近代中国社会的演进》，商务印书馆 2002 年版。

周轩：《清宫流放人物》，紫禁城出版社 1993 年版。

政协上海市委文史资料委员会等编：《列强在中国的租界》，中国文史出版社 1992 年版。

张永芳：《黄遵宪新论》，中国文联出版公司、中国社会科学出版社2004年版。

中文译著

〔英〕戈尔·布思主编，杨立义、曾寄萍、曾浩等译：《萨道义外交实践指南》，上海译文出版社1984年版。

〔美〕韩德著，项立岭、林勇军译：《一种特殊关系的形成——1914年前美国与中国》，复旦大学出版社1993年版。

〔美〕恒慕义主编：《清代名人传略》，青海人民出版社1995年版。

〔美〕马士：《中华帝国对外关系史》，第三卷，商务印书馆1960年版。

〔美〕许烺光：《美国与中国——两种生活方式比较》，华夏出版社1990年版。

〔澳〕颜清湟著，粟明鲜、贺跃夫译：《出国华工与清朝官员——晚清时期中国对海外华人的保护（1851~1911）》，中国友谊出版公司1990年版。

三、论文、论文集（按姓名首字母排序）

房德邻：《戊戌政变史实考辨》，胡绳武主编：《戊戌维新运动论集》，湖南人民出版社1983年版。

范耀登：《张荫桓与戊戌维新》，《汕头大学学报》1992年第4期。

《张荫桓与中日〈通商行船条约〉》，《汕头大学学报》1999年第3期。

《张荫桓对早期华侨权益的保护》，《学术研究》2000年第5期。

高　阳：《翁同龢给张荫桓的两封信》，《大成》1977年第44期。

孔祥吉、村田雄二郎：《翁同龢为什么被罢官——张荫桓与日本公使矢野密谈理读》，《光明日报》2003年10月14日。

《掀开历史人物的面纱——读〈张荫桓日记〉有感》,《福建论坛》2007年第11期。

林　斌:《红棉老人张荫桓》,《艺文志》1969年第45期。

李恭蔚:《张荫桓的〈三洲日记〉及其出使美国(一八八六至一八八九)》,《初等教育研究》1992年第4期。

《张荫桓的早年生涯(一八三七至一八八五)》,《屏东师院学报》1992年第5期。

罗红希:《张荫桓的外交思想与实践》,湖南师范大学硕士学位论文,李育民教授指导,2007年。

梁　建:《张荫桓与中美限禁华工谈判》,《佛山科学技术学院学报》2008年第6期。

李吉奎:《张荫桓与戊戌变法》,王晓秋主编:《戊戌维新与近代中国的改革》,社会科学文献出版社2000年版。

林克光:《戊戌变法史事考实》,《近代史研究》1987年第1期。

马忠文:《张荫桓流放新疆前后事迹考述》,《新疆大学学报》1996年第4期。

《黄遵宪与张荫桓关系述论》,《学术研究》2002年第9期。

《旅大租借交涉中李鸿章、张荫桓的"受贿"问题》,《学术界》2003年第2期。

戚其章:《论张、邵东渡与日本广岛拒使》,《齐鲁学刊》1989年第5期。

任青、马忠文:《张荫桓甲午日记稿本及其价值》,《广东社会科学》2004年第1期。

苏　晨:《张荫桓和戊戌变法之谜》,《东方文化》1994年第4期。

《张荫桓与戊戌英德借款和胶州湾、旅大租借》,《学术研究》1994年第6期。

魏长洪、李晓琴：《张荫桓述评》，《新疆大学学报》1998年第1期。

王贵忱：《张荫桓其人其著》，《学术研究》1993年第6期。

  《〈张荫桓戊戌日记〉后记》，《新疆大学学报》1998年第3期。

王秀俊：《张荫桓、邵友濂赴日求和被拒》，《吉林省教育学院学报》2006年第5期。

萧一山：《戊戌变法的真相》，台北《大陆杂志》1963年第7期（第27卷）。

云　海：《张荫桓遣戍经纬》，《春秋》1965年第4期（第2卷）。

  《张荫桓托庇异国》，《春秋》1976年第1期（第6卷）。

左舜生：《记张荫桓（1837～1900）》，《中国近代史话集》，传记文学出版社1986年版。

周　轩：《维新人士张荫桓》，《紫禁城》1989年第3期。

  《张荫桓和他的〈荷戈集〉》，《西域研究》1999年第4期。

祝秀经：《张荫桓其人其事》，《广东文献》1972年第1、2期（第2卷）。

常熟市人民政府、中国史学会编：《戊戌变法与翁同龢》，中央文献出版社2000年版。

王晓秋、尚小明主编：《戊戌维新与清末新政》，北京大学出版社1995年版。

王晓秋主编：《戊戌维新与近代中国的改革——戊戌维新一百周年国际学术讨论会论文集》，社会科学文献出版社2000年版。

〔日〕板野正高：《清季一个外交家的西洋社会观——张荫桓撰〈三洲日记〉札记》，中华书局编辑部编：《纪念辛亥革命七十周年学术讨论会论文集》下，中华书局1983年版。

〔美〕何炳棣：《张荫桓事迹》，《清华学报》1941第1期（第13卷）。

英文参考文献

一、著作

Arthur W. Hummel: *Eminent Chinese of the Ching Period* (1644~1912), Wash., D.C.: United States Govt. Print. Office, 1943. 台北南天书局有限公司 1991 年 10 月影印。

Huung-chan Kim: *Dictionary of Asian American History*, Green Wood Press., 1986, New York·Westport, Connecticut·London.

二、论文

李恭蔚, "Comments on the Study of Chang Yin-huan: the Diplomat and Reformer of the Late Nineteenth Century China (1837~1900)",《初等教育研究》1993 年第 5 期。

"War and Peace: Chang Yin-huan［张荫桓］and the Sino-Japanese War (1894~1898)", *Chinese Culture Quarterly*, Vol. 36, No. 2, 1995.

"The Background of Chang Yin-huan's［张荫桓］Diplomatic and Reform Careers", *Chinese Culture Quarterly*, Vol. 37, No. 3, 1996.

"Chang Yin-huan and the 1898 Reform",《屏东师院学报》1996 年第 9 期。

"Chang Yin-huan and the Boxer Rebellion", *Chinese Culture Quarterly*, Vol. 38, No. 1, 1997.

"Chang Yin-huan's［张荫桓］Image of the United States and other Nation", *Chinese Culture Quarterly*, Vol. 38, No. 4, 1997.

跋

时间飞逝，走上工作岗位已经一年有余。从博士毕业至今，对于博士论文的修改一直没有停止。如今，在博士论文基础之上形成的这本书就要出版了，心情颇为激动。博士论文的写作倾注了很多心血，毕业之后也一直在思考里面的有关问题，如今成果付梓出版，自然感慨很多。

拙著能够出版，我首先要感谢的就是导师王开玺教授。王老师治学严谨、和蔼可亲，对学生的认真负责是我们有目共睹的。他平时工作非常忙，但每次我在论文写作方面有新的想法时，只要和老师联系，都能得到他非常及时的答复。每次和老师谈完论文，我都有豁然开朗的感觉。毕业论文的写作过程中，大到框架结构，小到标点符号，王老师都对我的论文进行了细致的修改。他严谨的治学精神和渊博的知识对我有多方面的启迪。走上工作岗位之后，老师也一直关心我的工作情况。要出书了，我给老师打电话求序，老师欣然答应，让我格外高兴，老师能够在百忙之中为我这本书作序，是对我莫大的鼓励和鞭策。

感谢北京师范大学近代史教研室的各位老师，各位老师在我论文开题时提出的宝贵意见，使我的论文视野更加开阔。感谢马忠文先生无私地为我提供台湾方面有关张荫桓的论文。感谢答辩委员会主席杨东梁教授及答辩委员魏光奇教授、何瑜教授、陈桦教授、迟云飞教授对我博士毕业论文提出的宝贵的修改建议，使我的论文更加完善。感谢诸位同窗好友及各位同门，三年结下的深厚友谊我会永远珍惜。

感谢我的父母，他们作为地地道道的农民，却深知知识可以改变命运的道理，执着地供我连续读完本科、硕士、博士。父母的养育之恩，为我付出的一切，我永远铭记在心！感谢公婆对我的关心，为我们工作上些许的进步高兴不已，加油鼓劲。我一定加倍努力，不辜负二老的期望！

我和爱人董劭伟博士同以历史学作为研究领域，经常一起讨论学界动态、论文写作等，走着志同道合的学术之路；在生活上，他对我有着无微不至的照顾和关怀。爱人的携手同行是我前进的无穷动力！

东北大学各位领导、同事对我的支持和帮助以及良好的工作环境，是我能够安心写作、顺利出书的有力保障。

由于本人才疏学浅，拙著有不足之处，敬请专家和广大读者批评指正。

后 记

2011年5月,我的博士学位论文正式出版发行,迄今已经八年有余。自论文出版以来,得到学界较好评价,但因印量有限,流传不广,殊为遗憾。此次再版,全书并没有做太大改动,基本保持原貌,但由于时间较长,学界研究已有新的进展,故在此处对2011年至今张荫桓相关研究状况做一简要概括。

(一)张荫桓相关资料的整理出版。自王贵忱先生将张荫桓日记等珍贵资料予以刊布后,相关资料的整理和研究工作随即逐步开展。2004年,任青、马忠文两位先生整理的《张荫桓日记》出版,成为张荫桓研究的重要依托。另外,彼时藏于国家图书馆北海分馆的张荫桓诗文,也是研究张荫桓的重要一手资料。限于当时条件,这些诗文还没有实现影印和电子化,所以我只能骑自行车到北海用铅笔抄录,遥想当年,倒也乐在其中,只是效率比较低。近几年,关于张荫桓资料的整理工作取得了很大进展,陆续出版了《张荫桓集》(孔繁文、任青整理,中华书局2012年版)、《张荫桓诗文珍本集刊》(曹淳亮、林锐选编,上海古籍出版社2013年版),《张荫桓日记》又于2015年由中华书局重新出版,这是学术界的幸事,为进一步推动张荫桓学术研究奠定重要基础、提供极大方便。当然,除张荫桓的个人资料外,清史学界近年陆续出版的史料与学术著作,都为张荫桓相关研究的不断拓展与深化奠定了坚实的资料基础。

(二)关于张荫桓的研究成果越来越丰富。自我博士论文首次出版以来，张荫桓的相关研究热度有增无减，学界已经陆续发表出几十篇期刊论文。马忠文先生在张荫桓研究方面多有创见，发表多篇分量厚重的文章，其中《张荫桓、翁同龢与戊戌年康有为进用之关系》（《近代史研究》2012年第1期）指出维新运动中真正的荐康者应是张荫桓，甲午至戊戌时期康有为在京政治活动的"谋主"正是张氏；《张荫桓与英德续借款》（《近代史研究》2015年第3期）一文以张荫桓的活动为中心，探讨英德续借款达成的原委，展现甲午战后清廷内政外交的诸多面相，有助于了解戊戌年朝局变迁的远因。欧阳跃峰先生《张荫桓与康有为关系论辨》（《安徽史学》2012年第5期）一文认为张荫桓以朝廷大员的身份鼓动光绪变法、安排康有为私见皇帝，并因此而获罪，不应被视为"康党"。这几篇文章作为深度研究的典型代表，观点新颖、论据充分，让人信服。随着近几年张荫桓相关资料陆续整理出版，有关张荫桓的研究成果每年都有新的增长，已出成果涉及政治、外交、思想等各个方面，有关文学艺术方面的成果也相继出现，确实令人欣喜，说明张荫桓人物研究的广度在不断加大。除了期刊论文外，近年关于张荫桓研究的学位论文也有所增加，其中博士论文一篇，硕士论文陆续出现若干篇，分别各有侧重、各有亮点。相关研究成果的不断增多使张荫桓这一历史人物的面纱一层层被揭开，形象越来越清晰，对于研究晚清史大有裨益，这是学界同仁共同努力的结果。

我的博士导师、北京师范大学王开玺教授，在本书初版之际就欣然应邀为我作序，从求学到工作，导师始终给予学生无私的关怀与帮助，师恩永远铭记！感谢马忠文先生对后学的鼓励和帮助！感谢一直以来关心、提携本人学术成长进步的所有师长朋友！感恩家人对我无私的爱与支持，这是我前进的不竭动力！